Das Bayerische

Malzaufschlaggesetz

vom 18. März 1910

mit den

Ausführungsbestimmungen, Formularen und einem alphabetischen Sachregister.

2. durchgesehene und ergänzte Auflage.

1913.

München und Berlin.

J. Schweitzer Verlag (Arthur Sellier)

Abkürzungen.

AusfB. = Ausführungsbestimmungen vom 24. März 1910 zum Malzaufschlaggesetz.

MA. = Malzaufschlag.

Druck von Dr. F. P. Datterer & Cie. (Inh. Arthur Sellier) München und Freising.

Inhaltsverzeichnis.

Malzaufschlaggesetz

vom 18. März 1910.

(GVBl. S. 113.)

Im Namen seiner Majestät des Königs.

Luitpold,

von Gottes Gnaden Königlicher Prinz von Bayern,

Regent.

Wir haben nach Vernehmung des Staatsrats mit Beirat und Zustimmung der Kammer der Reichsräte und der Kammer der Abgeordneten beschlossen und verordnen was folgt:

1. Abschnitt.

Allgemeine Bestimmungen.

Gegenstand des Malzaufschlags.

Art. 1. (1) Dem Malzaufschlag unterliegt das zur Bierbereitung innerhalb Bayerns bestimmte, in Bayern geschrotete Malz.

(2) Der Malzaufschlag kam auch von dem zur Bereitung bierähnlicher Getränke bestimmten Malze erhoben werden. Die Herstellung solcher Getränke kann unter Steueraufsicht gestellt werden. Die näheren Bestimmungen werden im Verwaltungsweg erlassen.

(3) **Unter Malz wird alles künstlich zum Keimen gebracht Getreide verstanden.**

AusfB. zu Art. 1 Abs. 2 und Art. 2 Abs. 3.[1])

Bierähnliche Getränke.

§ 1. [1] Malz, das zur Bereitung bierähnlicher Getränke verwendet wird, unterliegt dem Malzaufschlage.

[2] Als bierähnlich im Sinne des Gesetzes sind diejenigen Getränke anzusehen, welche als Ersatz für Bier in den Handel gebracht oder genossen zu werden pflegen.

[3] Die Verwendung von Ersatzstoffen jeder Art für Malz bei der Herstellung bierähnlicher Getränke ist verboten.

[4] Die Herstellung bierähnlicher Getränke unterliegt den gleichen Überwachungsvorschriften wie die Herstellung von Bier.

AusfB. zu Art. 1 Abs. 3.

Spitzmalz.

§ 2. Angekeimtes Getreide, bei dem die Keimung so zeitig unterbrochen worden ist, daß die gebildete Diastase ohne Hinzunahme anderen Malzes zur Verzuckerung der Maische nicht ausreicht — Spitzmalz und dergl. —, ist nicht als Malz im Sinne des Gesetzes anzusehen.

Verbot der Verwendung von Ersatzstoffen.

Art. 2. (1) **Zur Bereitung von Bier dürfen andere Stoffe als Malz (Dörr- oder Luftmalz), Hopfen, Hefe und Wasser nicht verwendet werden.**

(2) **Zur Bereitung von untergärigem Biere darf nur aus Gerste bereitetes Malz verwendet werden.**

(3) **Für die Herstellung bierähnlicher Getränke kann die Verwendung von Malzersatzstoffen verboten werden.**

(4) **Zur Herstellung von Bier oder bierähnlichen**

---

[1]) Die Ausführungsbestimmungen zum Malzaufschlaggesetze wurden auf Grund von Art. 76 Abs. 4 des Malzaufschlaggesetzes durch Bekanntmachung der K. Staatsministerien des Innern und der Finanzen am 24. März 1910 erlassen. (Amtsblatt d. GenDir. d. Zölle u. indirekten Steuern 1910 Nr. 16 S. 179 ff.)

Getränken bestimmte Zubereitungen dürfen nicht in den Verkehr gebracht werden.

(5) Der Zusatz von Wasser zum Biere durch Brauer nach Feststellung des Extraktgehalts der Stammwürze im Gärkeller oder durch Bierhändler und Wirte ist untersagt.

AusfB. zu Art. 2 Abs. 1.

Ersatzstoffe.

§ 3. 1 Bei der Bereitung von Bier ist nicht nur die Verwendung von Malzersatzstoffen aller Art sondern auch die Verwendung aller Hopfenersatzstoffe sowie aller Zutaten irgendwelcher Art, auch wenn sie nicht unter den Begriff der Malz- oder Hopfenersatzstoffe gebracht werden können, verboten.

2 Die Verwendung von Farbebier, das der Bestimmung in Art. 2 Abs. 1 und 2 des Gesetzes entsprechend innerhalb Bayerns hergestellt ist, fällt nicht unter das Verbot der Verwendung von Ersatzstoffen bei der Bierbereitung.

3 Die Verwendung von Bierklärmitteln, die rein mechanisch wirken und vollständig wieder ausgeschieden werden, verstößt nicht gegen das Verbot der Verwendung von Ersatz- und Zusatzstoffen bei der Bierbereitung. Dagegen ist die Verwendung von Bierklärmitteln, die nur unvollständig wieder ausgeschieden werden, bei der Bierbereitung nicht zulässig.

AusfB. zu Art. 2 Abs. 2.

Ober- und untergäriges Bier.

§ 4. Als untergärig gelten die mit untergäriger, ausschließlich zu Boden gehender Hefe bereiteten, als obergärig die mit obergäriger, Auftrieb gebender Hefe hergestellten Biere.

AusfB. zu Art. 2 Abs. 3.

(siehe oben zu Art. 1 Abs. 2).

AusfB. zu Art. 2 Abs. 4.

Verbotene Zubereitungen.

§ 5. Das Verbot des Art. 2 Abs. 4 des Gesetzes bezieht sich auf Zubereitungen, die nach ihrer Bezeichnung,

Gebrauchsanweisung oder Anpreisung usw. zur Herstellung von Bier oder von bierähnlichen Getränken bestimmt sind.

AusfB. zu Art. 2 Abs. 5.

Zusatz von Wasser zum Bier.

§ 6. [1] Die Feststellung des Extraktgehalts der Stammwürze im Gärkeller (Anstellwürze) hat durch den Brauer für jeden Sud entweder im Sammelbottich oder, wo ein solcher fehlt, in den Gärbottichen spätestens in 10 Stunden nach der Befüllung zu erfolgen.

[2] Unter das Verbot des Art. 2 Abs. 5 des Gesetzes fällt nicht ein Zusatz von Wasser zur Bierwürze oder zum Bier, der in der Brauerei während des Brauverfahrens lediglich aus Gründen des Betriebs und nicht zum Zwecke der Verdünnung erfolgt.

Eintritt der Steuerpflicht.

Art. 3. (1) Das Malz wird steuerbar, sobald es für den Zweck der Erzeugung von Bier zum Schroten in die Mühle eingebracht wird.

(2) Das Malz gilt als in die Mühle eingebracht

1. bei einer öffentlichen Malzmühle, sobald es in ein zu dem Mühlanwesen gehöriges Gebäude oder in dessen unmittelbare Umgebung gebracht ist;
2. bei einer eigenen Malzmühle, sobald es das Wägegefäß der selbsttätigen Wägevorrichtung durchlaufen hat;
3. bei einer anderen zum Schroten von Malz benützbaren Vorrichtung, sobald es in den Raum, in welchem sich diese Vorrichtung befindet, oder, falls die Vorrichtung im Freien aufgestellt ist, in deren unmittelbare Umgebung gebracht ist.

AusfB. zu Art. 3.

Eintritt der Steuerpflicht.

§ 7. Unter Schroten ist jede Art der Zerkleinerung zu verstehen, welche das Malz zur Bierbereitung tauglich macht, z. B. Quetschen, Brechen, Mahlen.

Befreiung vom Malzaufschlage.

Art. 4. (1) Dem Malzaufschlag unterliegt nicht Malz, welches unter Einhaltung der von der Steuerverwaltung erlassenen Vorschriften zu einem anderen Zwecke als zur Bierbereitung geschrotet und verwendet wird.

(2) Werden diese Vorschriften nicht beachtet, so unterliegt das Malz dem Malzaufschlage zu dem höchsten Steuersatze.

(3) Die Verwendung von aufschlagfreiem Malze zur Bierbereitung ist verboten.

AusfB. zu Art. 4.

Befreiung vom Malzaufschlage.

§ 8. ¹ Wer Malz zu aufschlagfreien Zwecken schroten und verwenden will, hat hiefür beim zuständigen Hauptzollamte die Genehmigung zu erholen. Das Hauptzollamt kann eine genaue Beschreibung des Verwendungszwecks, der Art und Weise der Verwendung, des Ortes der Lagerung des Malzes und der daraus herzustellenden Erzeugnisse verlangen. Das Hauptzollamt setzt unter Berücksichtigung der Betriebsverhältnisse die erforderlichen Überwachungsmaßregeln fest. Im übrigen finden die Vorschriften des Gesetzes über das Schroten von Malz zum Zwecke der Bierbereitung entsprechende Anwendung.

² Der auf Grund von Art. 4 Abs. 2 des Gesetzes zu dem höchsten Satze zu entrichtende Malzaufschlag ist im Falle der Vermischung des Malzes mit anderen Stoffen vor dem Schroten von dem Gewichte des ganzen Gemisches zu erheben.

³ Die Verwendung von aufschlagfreiem Malz zur Herstellung bierähnlicher Getränke ist verboten.

Betrag des Malzaufschlags.

Art. 5. (1) Der Malzaufschlag beträgt für einen Doppelzentner des in einem Brauereibetrieb steuerbar gewordenen ungeschrotenen Malzes bei einem Gesamtmalzverbrauch innerhalb eines Kalenderjahrs

	bis zu	1000 dz	15,— *M*	für 1 dz
von mehr als 1000 dz	„ „	1500 dz	15,50 *M*	„ 1 dz
„ „ „ 1500 dz	„ „	2000 dz	16,— *M*	„ 1 dz
„ „ „ 2000 dz	„ „	2500 dz	16,50 *M*	„ 1 dz
„ „ „ 2500 dz	„ „	3000 dz	17,— *M*	„ 1 dz
„ „ „ 3000 dz	„ „	3500 dz	17,50 *M*	„ 1 dz
„ „ „ 3500 dz	„ „	4000 dz	18,— *M*	„ 1 dz
„ „ „ 4000 dz	„ „	4500 dz	18,50 *M*	„ 1 dz
„ „ „ 4500 dz	„ „	5000 dz	19,— *M*	„ 1 dz
„ „ „ 5000 dz	„ „	6000 dz	19,50 *M*	„ 1 dz
„ „ „ 6000 dz			20,— *M*	„ 1 dz

(2) Übersteigt der Malzverbrauch in einem Brauereibetrieb innerhalb eines Kalenderjahres die erste Staffel des Abs. 1 um nicht mehr als 50 Doppelzentner oder eine der übrigen Staffeln um nicht mehr als 100 Doppelzentner, so ist nur für die überschreitende Menge der Malzaufschlag nach dem Satze der höheren Staffel zu entrichten.

(3) Übersteigt in der Zeit bis 31. Dezember 1918 der Malzverbrauch in einem Brauereibetrieb innerhalb eines Kalenderjahres den Durchschnittsverbrauch der Jahre 1907, 1908 und 1909 bei Betrieben bis zu 6000 Doppelzentner jährlichem Malzverbrauch um mehr als 10 vom Hundert, bei Betrieben von mehr als 6000 Doppelzentner jährlichem Malzverbrauch um mehr als 5 vom Hundert, so erhöhen sich für die überschreitende Menge die Malzaufschlagsätze des Abs. 1 um 10 vom Hundert. Auf Betriebe, die noch keine

drei Jahre bestehen, findet diese Bestimmung sinngemäße Anwendung.

(4) Ergeben sich für einzelne Brauereien aus der Bemessung des Durchschnittsverbrauches nach den in den Jahren 1907, 1908 und 1909 verwendeten Malzmengen besondere Härten, so kann die Steuerverwaltung aus Billigkeitsgründen einen erhöhten Durchschnittsverbrauch festsetzen.

(5) Für Personen, die Bier nur für ihren Hausbedarf bereiten und hiezu im Kalenderjahre nicht mehr als 5 Doppelzentner Malz verwenden, beträgt der Malzaufschlag 10 *M* für den Doppelzentner. Es ist verboten, Bier, das unter Inanspruchnahme der Steuerermäßigung hergestellt ist, an nicht zum Haushalte gehörige Personen gegen Entgelt abzugeben. Bierverkäufer haben auf die Ermäßigung keinen Anspruch.

(6) Für neue Brauereien, welche nach dem 1. März 1910 in Betrieb genommen werden, sowie für Brauereien, welche nach dem 1. März 1910 wieder in Betrieb genommen werden, nachdem sie mehr als zwei Jahre außer Betrieb waren, erhöhen sich die Malzaufschlagsätze des Abs. 1 um 25 vom Hundert. Von dieser Erhöhung können aus Gründen der Billigkeit befreit werden neue Brauereien, welche nach dem 1. März 1910 in Betrieb genommen werden, wenn die Verträge über den Bau des Brauereigebäudes sowie über die Lieferung der erforderlichen Maschinen und Brauereigeräte noch vor dem 1. Oktober 1909 rechtsverbindlich abgeschlossen worden sind.

(7) Als neue Brauereien im Sinne des Abs. 6 sind nicht anzusehen diejenigen Brauereien, die zwar

mehr als zwei Jahre außer Betrieb waren, für welche aber ein auf ein bestimmtes Grundstück eingetragenes Braurecht (Realrecht) besteht, das auch während der ganzen Zeit des Nichtbetriebes der Brauerei zur Gewerbsteuer veranlagt war. Soferne jedoch solche Brauereien nach dem 1. Januar 1910 durch Kauf den Besitzer gewechselt haben, unterliegen sie den Bestimmungen des Abs. 6.

(8) Mehrere Braustätten, die für Rechnung einer und derselben Person oder Gesellschaft betrieben werden, sind im Sinne des Abs. 1 als ein Brauereibetrieb anzusehen. Sind mehrere, zur Zeit des Inkrafttretens dieses Gesetzes für Rechnung einer und derselben Person oder Gesellschaft betriebene Braustätten bisher steuerlich getrennt behandelt worden, so sind sie auch nach dem Inkrafttreten dieses Gesetzes getrennt zu behandeln.

(9) Wird eine Braustätte von mehreren für eigene Rechnung brauenden Personen benutzt, so ist für die Höhe des Malzaufschlags die Menge des Malzes entscheidend, die jede einzelne dieser Personen zur Bierbereitung verwendet. Auf Braustätten, die erst nach dem 1. Oktober 1909 betriebsfähig hergerichtet worden sind, findet diese Bestimmung keine Anwendung.

AusfB. zu Art. 5 Abs. 1 mit 4.

Berechnung des Malzaufschlags.

§ 9. [1] Der für eine Brauerei anzuwendende Malzaufschlagsatz ist vorläufig nach dem Malzverbrauche des Kalenderjahrs, in dem zuletzt ein Betrieb der Brauerei stattgefunden hat, zu bemessen. Der für neu entstehende Brauereien im ersten Jahre des Betriebs vorläufig anzuwendende Malzaufschlagsatz wird vom Hauptzollamte nach Maßgabe der Betriebsverhältnisse der Brauerei bestimmt.

[2] Übersteigt der Malzverbrauch in einem Brauereibetrieb innerhalb eines Kalenderjahrs den der Malzaufschlagberechnung vorläufig zu Grunde gelegten Malzverbrauch, so unterliegt bei Überschreitung der ersten Staffel des Art. 5 Abs. 1 des Gesetzes um mehr als 50 Doppelzentner oder bei Überschreitung einer anderen Staffel um mehr als 100 Doppelzentner der gesamte Malzverbrauch der Brauerei im Kalenderjahre dem zutreffenden höheren Malzaufschlagsatze; die erforderliche Nachzahlung ist bei der nächsten Aufschlagentrichtung zu leisten, soweit nicht die ordentliche Stundung eintritt. Bleibt der Malzverbrauch in einem Brauereibetrieb in einem Kalenderjahr unter dem Malzverbrauche zurück, der der Malzaufschlagberechnung vorläufig zu Grunde gelegt war, so unterliegt der gesamte Malzverbrauch der Brauerei im Kalenderjahre nur demjenigen Satze, welcher der tatsächlichen Malzverwendung entspricht. Der Betrag, welcher durch die vorläufige Anwendung eines höheren Malzaufschlagsatzes zu Ungebühr erhoben worden ist, ist an der Aufschlagschuldigkeit in Abzug zu bringen oder, soweit eine solche nicht besteht, zu erstatten.

[3] Bei der Ermittlung des steuerpflichtigen Gesamtmalzverbrauchs eines Brauereibetriebs innerhalb eines Kalenderjahrs und des hienach anzuwendenden Steuersatzes sind diejenigen Malzmengen außer Ansatz zu lassen, für welche auf Grund des Artikel 10 des Gesetzes der Malzaufschlag nachgelassen oder vergütet worden ist.

[4] Der Durchschnittsmalzverbrauch der Jahre 1907, 1908 und 1909 (Artikel 5 Abs. 3 des Gesetzes) wird für jede Braustätte und für jede auf eigene Rechnung brauende Person durch die K. Generaldirektion der Zölle und indirekten Steuern festgesetzt. Die Festsetzung erfolgt nach dem Gewicht in der Weise, daß den in den Jahren 1907, 1908 und 1909 nach dem Hohlmaße versteuerten Malzmengen ein Hektolitergewicht von 53,5 kg zu Grunde gelegt wird. Jedem Brauer ist der für ihn festgesetzte Durchschnittsmalzverbrauch bis spätestens 1. Juni 1910 mitzuteilen. Der festgesetzte Durchschnittsverbrauch ist in

den Brauereiverzeichnissen und in den jeweiligen Malzverbrauchbüchern vorzumerken. Die Festsetzung eines erhöhten Durchschnittsverbrauchs aus Billigkeitsgründen erfolgt durch das K. Staatsministerium der Finanzen.

AusfB. zu Art. 5 Abs. 5.

Bereitung von Bier für den Hausbedarf. (Hausbrauer.)

§ 10. 1 Wer die Ermäßigung des Malzaufschlags für das zur Bereitung von Bier für seinen Hausbedarf verwendete Malz (Artikel 5 Abs. 5 des Gesetzes) in Anspruch nimmt (Hausbrauer), hat dies bei der Erholung des ersten Malzscheins im Kalenderjahre der Hebestelle schriftlich anzuzeigen. Hiebei ist unter Anwendung eines amtlichen Vordrucks die Erklärung abzugeben, daß im Kalenderjahre nicht mehr als 5 Doppelzentner Malz verwendet und das unter Inanspruchnahme der Steuerermäßigung hergestellte Bier nur im Haushalte des Anmelders verbraucht oder unentgeltlich abgegeben werden soll, ferner daß der Anmelder nicht mit Bier handelt. (Muster 1.)

2 Die Abgabe von Bier, das für den Hausbedarf unter Inanspruchnahme des ermäßigten Malzaufschlagsatzes hergestellt ist, an nicht zum Haushalte gehörige Personen gegen Entgelt oder der Handel mit Bier haben neben dem Verluste des Anrechts auf die Steuerermäßigung die Einleitung des Strafverfahrens zur Folge.

3 Vorübergehend angenommene Arbeiter oder Dienstleute werden als zum Haushalte gehörig nur dann angesehen, wenn sie im Haushalte verköstigt werden.

4 Hausbrauer haben über die Menge und den Verbrauch des von ihnen hergestellten Bieres Aufschreibungen nach Muster 2 zu führen. (Muster 2.)

5 Wenn ein Hausbrauer im Laufe des Kalenderjahrs mehr als insgesamt 5 Doppelzentner Malz zur Bierbereitung verwenden oder Bier an nicht zum Haushalte gehörige Personen gegen Entgelt abgeben oder mit Bier handeln will, so hat er der Hebestelle vorher schriftlich Anzeige zu erstatten.

6 Die Entziehung der Malzaufschlagermäßigung wegen Mißbrauchs oder, weil eine der gesetzlichen Voraus-

setzungen in Fortfall gekommen ist, erfolgt durch das Hauptzollamt. Wird die Malzaufschlagermäßigung während eines Kalenderjahrs entzogen, so unterliegt der gesamte Malzverbrauch in diesem Kalenderjahre den regelmäßigen Malzaufschlagsätzen.

AusfB. zu Art. 5 Abs. 6.

Neuerrichtung von Brauereien.

§ 11. Tritt ein Brauereibetrieb an die Stelle eines bestehenden Betriebs, so entscheidet im einzelnen Falle die K. Generaldirektion der Zölle und indirekten Steuern, ob dieser Betrieb als neu entstandene Brauerei anzusehen ist. Die Gewährung der durch Artikel 5 Abs. 6 Satz 2 des Gesetzes zugelassenen Erleichterung erfolgt durch das K. Staatsministerium der Finanzen.

AusfB. zu Art. 5 Abs. 8.

Behandlung von Brauereien, welche untergäriges und obergäriges Bier herstellen.

§ 12. Wird in einer Brauerei zugleich untergäriges und obergäriges Bier erzeugt, so sind beide Betriebe in Ansehung des Steuersatzes als ein Betrieb zu erachten. In den übrigen steuerlichen Beziehungen sind diese Brauereien als zwei für sich bestehende selbständige Betriebe zu behandeln.

Behandlung mehrerer zu einem Brauereibetriebe vereinigten Braustätten.

§ 13. [1] Eine Person oder Gesellschaft, für deren Rechnung mehrere Braustätten betrieben werden sollen, hat dies mindestens 8 Tage nach dem Besitzübergang oder mindestens 8 Tage vor Beginn des Betriebs den Steuerämtern, in deren Bezirk sich die betreffenden Braustätten befinden, anzuzeigen. In der Anzeige sind Bezeichnung und Ort sämtlicher Braustätten und die Steuerämter, in deren Bezirk sie liegen, anzugeben.

[2] Befinden sich die als ein Brauereibetrieb anzusehenden Braustätten in verschiedenen Steueramtsbezirken, so haben sich die für die einzelnen Braustätten zuständigen Steuerämter am Schlusse jeden Vierteljahrs den Malzverbrauch der in ihrem Bezirke gelegenen Braustätten und den angewendeten Steuersatz mitzuteilen.

[3] Die entsprechende Verständigung der beteiligten Steuerstellen erfolgt durch die Steuerämter.

§ 14. [1] Wird die Verbindung, wegen der mehrere Braustätten als ein Brauereibetrieb im Sinne des Art. 5 Abs. 8 anzusehen sind, aufgehoben, so ist für den fortgesetzten Betrieb der getrennt zu behandelnden Brauereien der Malzaufschlag nach derjenigen Malzmenge zu erheben, die in den einzelnen Brauereien während des Kalenderjahrs verbraucht wurde.

[2] Tritt eine solche Verbindung erst im Laufe eines Kalenderjahrs ein, so wird für den fortgesetzten Betrieb der vereinigten Brauereien der Malzaufschlag nach der Malzmenge berechnet, die in den nunmehr einen Brauereibetrieb bildenden Einzelbrauereien im Laufe des Jahres zusammen verwendet worden ist.

AusfB. zu Art. 5 Abs. 9.

Benützung einer Braustätte durch mehrere Personen.

§ 15. [1] Auf eigene Rechnung im Sinne des Artikel 5 Abs. 9 braut nur derjenige, der die Braustoffe auf eigene Rechnung beschafft, das Malz zum Schroten anmeldet, auf eigene Rechnung gesondert versiedet, das daraus hergestellte Bier gesondert lagert und auf eigene Rechnung verkauft.

[2] Geht eine Braustätte, die bisher von mehreren auf eigene Rechnung brauenden Personen benützt worden ist, während eines Kalenderjahrs in die alleinige Benützung einer Person oder einer Gesellschaft über, so ist für den Rest des Jahres der Aufschlagsatz nach derjenigen Malzmenge zu bemessen, welche während des Jahres von der Person oder Gesellschaft in der Braustätte verwendet worden ist.

Aushilfsweise Benützung einer anderen Braustätte durch Brauereibesitzer.

§ 16. Ist der Besitzer (Mitbesitzer, Brauberechtigte) einer Braustätte an deren Benützung verhindert, so kann ihm auf Antrag von der K. Generaldirektion der Zölle und indirekten Steuern vorübergehend die Benützung einer anderen Braustätte mit der Wirkung gestattet werden, daß diese Benützung hinsichtlich der Steuerberechnung als Fortsetzung des eigenen Betriebs anzusehen und der sonstige Betrieb der fremden Braustätte hievon unabhängig zu behandeln ist.

Steuerpflichtiges Gewicht.

Art. 6. (1) Der Malzaufschlag wird vom Reingewichte des in die Mühle eingebrachten ungeschroteten Malzes erhoben. Bruchteile eines Kilogramms bleiben außer Ansatz.

(2) Bei der Verarbeitung von Weizenmalz wird ein Doppelzentner Weizenmalz gleich neun Zehntel Doppelzentner Gerstenmalz gerechnet.

(3) Hat das Malz durch eine andere Bearbeitung als Reinigen oder Schroten (z. B. Enthülsen) eine wesentliche Gewichtsverminderung erfahren, so ist diese nach näherer Anordnung der Steuerverwaltung dem steuerpflichtigen Gewichte zuzurechnen.

AusfB. zu Art. 6 Abs. 1.

Ermittelung des steuerpflichtigen Gewichts des Malzes.

§ 17. 1 Das Reingewicht des Malzes ist entweder durch Verwiegung des Malzes allein oder in der Weise zu ermitteln, daß das Rohgewicht festgestellt und davon das nach der Entleerung zu ermittelnde Gewicht der Umschließungen abgezogen wird.

2 Wird das Reingewicht des mit einem Malzschein in die Mühle eingebrachten Malzes durch mehrere Einzelverwiegungen ermittelt, so haben Bruchteile eines Kilogramms lediglich bei dem ermittelten Gesamtgewicht außer Ansatz zu bleiben.

AusfB. zu Art. 6 Abs. 2.

§ 18. Wird die Vergünstigung des Artikel 6 Abs. 2 in Anspruch genommen, so ist das Weizenmalz gesondert anzumelden, zu verwiegen und zu schroten. Auf Gemischte von Weizenmalz und anderem Malze findet die Bestimmung in Artikel 6 Abs. 2 keine Anwendung.

AusfB. zu Art. 6 Abs. 3.

Ermittelung des steuerpflichtigen Gewichts für Malz, das eine Gewichtsverminderung erfahren hat.

§ 19. [1] Gelangt Malz, das vor dem Schroten durch völliges oder teilweises Schälen, völliges oder teilweises Enthülsen oder durch eine sonstige Bearbeitung mit Ausnahme des Reinigens eine wesentliche Gewichtsverminderung erfahren hat, zur Verwendung, so sind dem nach § 17 zu ermittelnden Gewichte des ungeschroteten Malzes bis auf weiteres 10 vom Hundert zuzuschlagen.

[2] Das Polieren des Malzes (Entfernen von Staub, Keimen und abstehenden Spelzenteilen) ohne weitergehendes Enthülsen bedingt in der Regel einen Gewichtszuschlag nicht.

[3] Als eine wesentliche Gewichtsverminderung im Sinne des Artikel 6 Abs. 3 des Gesetzes ist eine Verminderung um mehr als 1 vom Hundert des Gewichts des entkeimten Malzes anzusehen.

[4] Soll Malz, das eine wesentliche Gewichtsverminderung im Sinne der vorstehenden Bestimmungen erfahren hat, mit anderem Malze vermischt zur Verwendung gelangen, so sind die betreffenden Malzmengen gesondert anzumelden und zu schroten. Wird die Anmeldung unterlassen, so unterliegt, abgesehen von der etwa verwirkten Strafe, die gesamte zur Verarbeitung gelangte Malzmenge dem Gewichtszuschlage, welcher für das im Gewichte verminderte Malz vorgesehen ist.

Person des Malzaufschlagpflichtigen.

Art. 7. Den Malzaufschlag hat derjenige zu entrichten, für dessen Rechnung das Malz geschrotet wird.

Erhebung und Stundung des Malzaufschlags.

Art. 8. (1) Der Malzaufschlag ist zu entrichten:

1. für das zur Erzeugung von untergärigem Biere bestimmte Malz und zwar

für Malz, welches im ersten Viertel eines Kalenderjahrs in die Mühle gebracht wird, zur Hälfte in der Zeit vom ersten bis fünfzehnten April, zur anderen Hälfte in der Zeit vom ersten bis fünfzehnten Oktober desselben Jahres;

für Malz, welches im zweiten Viertel eines Kalenderjahrs in die Mühle gebracht wird, im ganzen Betrag in der Zeit vom ersten bis fünfzehnten Juli desselben Jahres;

für Malz, welches im dritten Viertel eines Kalenderjahrs in die Mühle gebracht wird, im ganzen Betrag in der Zeit vom ersten bis fünfzehnten Oktober desselben Jahres;

für Malz, welches im vierten Viertel eines Kalenderjahrs in die Mühle gebracht wird, zur Hälfte in der Zeit vom ersten bis fünfzehnten Januar, zur anderen Hälfte in der Zeit vom ersten bis fünfzehnten Juli des nächstfolgenden Kalenderjahrs;

2. für das zum Zwecke der Erzeugung von obergärigem Biere innerhalb eines Kalendervierteljahrs in die Mühle gebrachte Malz in der Zeit vom ersten bis fünfzehnten des auf das Vierteljahr unmittelbar folgenden Monats.

(2) Die höhere Verwaltungsbehörde kann in besonderen Fällen eine weitergehende Stundung des Malzaufschlags ausnahmsweise zulassen.

(3) Liegen Tatsachen vor, welche den Eingang des Malzaufschlags gefährdet erscheinen lassen, und leistet

der Pflichtige nicht genügende Sicherheit, so kann die Steuerbehörde die sofortige Einbezahlung des angefallenen Malzaufschlags verlangen und die Ausstellung von Malzscheinen von der vorherigen Entrichtung des Malzaufschlags abhängig machen.

AusfB. zu Art. 8.

Malzverbrauchbuch.

§ 20. [1] Die Hebestellen haben Malzverbrauchbücher nach
Muster 3. Muster 3 und der dort gegebenen Anleitung zu führen. Am Schlusse jeden Kalendervierteljahrs sind die Malzverbrauchbücher abzuschließen.

[2] Hebestellen im Sinne der Ausführungsbestimmungen sind die Steuerämter, die ihnen gleichgestellten Steuerhebestellen und die Steuerstellen.

Einsendung der Bücher und Herstellung der Abrechnung.

§ 21. [1] Die Steuerstellen haben bis längstens zum 5. des auf ein Vierteljahr folgenden Monats dem vorgesetzten Steueramte die Malzverbrauchbücher mit den dazu gehörigen Belegen, die Mühlbücher, die Braubücher der Hausbrauer und die Sudbücher einzusenden.

[2] Das Steueramt prüft die Bücher und Belege lediglich auf ihre Vollständigkeit, stellt über den gesamten Malzaufschlaganfall des Vierteljahrs eine Abrechnung
Muster 4. nach Muster 4 auf und legt diese in zweifacher Ausfertigung mit den Büchern und Belegen sowie einer ver-
Muster 5. gleichenden Übersicht nach Muster 5 bis zum 12. des auf das Vierteljahr folgenden Monats dem Hauptzollamte vor.

[3] In der Abrechnung sind die Solleinnahmen an Malzaufschlag ausgeschieden nach dem Anfall an Aufschlag für

A) untergäriges Bier,
B) obergäriges Bier,
C) bierähnliche Getränke

vorzutragen. Unter die Solleinnahme (Spalte 16) sind auch jene Malzaufschlagbeträge einzurechnen, die schon vor dem ordentlichen Zahlungstermine zur Einzahlung gelangen. Sind hienach in die Abrechnung für das 1.

oder 2. Vierteljahr auch gestundete Beträge aus dem 4. oder 1. Vierteljahre, die an sich erst für das 2. oder 3. Vierteljahr zur Sollstellung gelangen sollten, als Sollanfall einzustellen, so ist in die Abrechnungen für die betreffenden Vierteljahre eine erläuternde Bemerkung aufzunehmen.

4 Die Stundung (Spalte 12) ist von dem gesamten Aufschlaganfalle für das betreffende Vierteljahr (Spalte 11), also ohne Abzug etwaiger vorausbezahlter Beträge, zu berechnen und die Vorauszahlung daher lediglich auf die Schuld für das laufende Vierteljahr anzurechnen. Übersteigt die Vorauszahlung die für das betreffende Vierteljahr einzuzahlende Schuld, so tritt eine Kürzung der Stundung um den Mehrbetrag der Vorauszahlung ein.

5 Übersteigt der zurückzuzahlende Betrag (Spalte 15) den Aufschlaganfall für das betreffende Vierteljahr (Spalte 11), so wird von dem zurückzuzahlenden Betrage der gesamte Aufschlaganfall für das abgelaufene Vierteljahr, also ohne Berechnung einer Stundung, in Abzug gebracht und nur der hienach verbleibende Überschuß erstattet. Übersteigt der zurückzuzahlende Betrag nur den für das abgelaufene Vierteljahr sofort einzuzahlenden Betrag (Spalte 13), so ist die Stundung um den überschießenden Betrag zu kürzen, eine bare Hinauszahlung also nicht zu leisten.

6 Besitzt eine Person oder Gesellschaft mehrere Braustätten, die in Ansehung des Steuersatzes als ein Betrieb anzusehen sind, so ist in der Abrechnung bei jedem der zusammengehörigen Betriebe in den Spalten 5 und 6 der Malzverbrauch der übrigen Betriebe nachrichtlich mit roter Tinte vorzumerken und hieraus eine etwaige Nacherhebung oder Rückzahlung zu berechnen.

7 Das Hauptzollamt prüft die Bücher und Belege lediglich auf ihre Vollständigkeit, stellt eine vergleichende Übersicht nach Muster 6 her und legt diese bis spätestens 18. des auf das Vierteljahr folgenden Monats der K. Generaldirektion vor. Das Hauptzollamt fertigt ferner nach den Abrechnungen der Steuerämter eine Zusammenstellung nach Muster 7 aus und legt diese in einfacher Ausfertigung mit je einer Ausfertigung der Abrechnun-

Muster 6.

Muster 7.

gen der Steuerämter sowie mit den Büchern und Belegen bis spätestens zum 20. des auf das Vierteljahr folgenden Monats der K. Generaldirektion vor.

[3] Nach dem Ergebnisse der Prüfung durch die K. Generaldirektion der Zölle und indirekten Steuern haben die Hauptzollämter und die Steuerämter ihre Abrechnungen zu berichtigen.

Einhebung des Malzaufschlags.

§ 22. [1] Die Steuerämter haben nach Feststellung der Aufschlagschuld in der Abrechnung (§ 21 Abs. 2) unverzüglich dem Pflichtigen eine Mitteilung nach Muster 8 unter Anberaumung einer angemessenen Zahlungsfrist verschlossen zu übersenden.

Muster 8.

[2] Der Pflichtige hat den Malzaufschlag innerhalb der Zahlungsfrist, spätestens aber am 15. des auf das Vierteljahr folgenden Monats und, wenn dieser Tag ein Sonn- oder Feiertag ist, am nächstfolgenden Werktage beim Steueramte kostenfrei einzubezahlen. Ist der Malzaufschlag vorauszubezahlen, so hat die Entrichtung bei der Hebestelle mit der Erholung des Malzscheins zu erfolgen.

[3] Über die geleistete Zahlung ist vorschriftsmäßige Quittung zu erteilen.

Stundung des Malzaufschlags.

§ 23. [1] Die ordentliche Stundung des Malzaufschlags ist in der Regel allen Pflichtigen zu gewähren; ausgenommen hievon sind die Hersteller von bierähnlichen Getränken, welche die angefallenen Malzaufschlagbeträge jeweils bei Erholung des Malzscheines zu entrichten haben.

[2] Zur Gewährung einer weitergehenden Stundung im Sinne des Artikel 8 Abs. 2 des Gesetzes ist die K. Generaldirektion der Zölle und indirekten Steuern zuständig.

[3] Die ordentliche Stundung des Malzaufschlags ist zu versagen und die Ausstellung von Malzscheinen von der vorherigen Entrichtung des Aufschlags abhängig zu machen

a) wenn eine Brauerei durch Pächter oder Nichtangehörige des Deutschen Reichs betrieben wird;

b) wenn ein Aufschlagpflichtiger den Malzaufschlag nicht rechtzeitig entrichtet, solange er nicht den Ausstand berichtigt oder nach Maßgabe des Art. 8 Abs. 2 des Gesetzes weitergehende Stundung erlangt hat;

c) wenn eine Brauerei veräußert wird, ohne daß der Erwerber die Berichtigung der bestehenden Aufschlagschuld vertragsmäßig übernimmt;

d) wenn die Zwangsversteigerung einer Brauerei angeordnet wird;

e) wenn über das Vermögen eines Aufschlagpflichtigen das Konkursverfahren eröffnet wird;

f) wenn Tatsachen vorliegen, die einen Ausfall am schuldigen Aufschlage befürchten lassen, z. B. Tatsachen, welche die Gefahr der heimlichen Veräußerung einer Brauerei befürchten lassen, oder stattgefundener Besitzwechsel, solange im Grundbuche der Besitztitel auf den Erwerber des Anwesens nicht berichtigt ist usw.

4 Die Aufsichtsbeamten haben sich über die Vermögensverhältnisse der Aufschlagpflichtigen in geeigneter Weise zu vergewissern und über besondere Tatsachen, welche die Aufhebung der ordentlichen Stundung angezeigt erscheinen lassen, unverzüglich dem vorgesetzten Hauptzollamt Anzeige zu erstatten.

5 Die sofortige Einhebung des Malzaufschlags und die Verweigerung der Ausstellung eines Malzscheins ohne gleichzeitige Gefälleentrichtung kann durch Sicherheitsleistung abgewendet werden. Auf die Sicherheitsleistung finden die Vorschriften über die Bestellung von Sicherheit für gestundete Zollgefälle entsprechende Anwendung.

Vorauszahlung des Malzaufschlags.

§ 24. 1 Freiwillige Vorauszahlungen des Malzaufschlags sind nur mit Genehmigung des Hauptzollamts zulässig.

2 Ergibt sich bei der Vorauszahlung des Malzaufschlags (§ 23 Abs. 3 und § 24 Abs. 1), daß das ermittelte steuerpflichtige Gewicht des Malzes mit der angemeldeten Malzmenge nicht übereinstimmt, so hat der Aus-

gleich bei Erholung des nächsten Malzscheins, für das letztmalige Schroten von Malz in einem Kalendervierteljahr aber sowie bei Einstellung des Betriebs durch entsprechende Nacherhebung oder Rückzahlung zu erfolgen.

³ Über die Aufschlagpflichtigen, welche zur Vorauszahlung des Malzaufschlags verpflichtet sind, ist bei jeder

Muster 9. Hebestelle ein Verzeichnis nach Muster 9 zu führen.

Rückstände des Malzaufschlags.

§ 25. ¹ Das Steueramt hat diejenigen Aufschlagpflichtigen, welche innerhalb der gesetzlichen Zahlungsfrist mit ihrer Malzaufschlagschuld im Rückstande geblieben sind, unter Angabe der Höhe des Rückstandes dem vorgesetzten Hauptozllamt unverzüglich zur Anzeige zu bringen.

² Das Hauptzollamt hat wegen des rückständigen staatlichen Malzaufschlags das Beitreibungsverfahren nach den für die Beitreibung von Staatsgefällen geltenden Vorschriften einzuleiten. Rückstände an gemeindlichem Malzaufschlage sind der beteiligten Gemeinde anzuzeigen, welcher auch die zwangsweise Beitreibung obliegt. Ebenso ist die beteiligte Gemeinde sofort zu verständigen, wenn ein Ausfall am Aufschlage zu befürchten ist.

Rückvergütung des Malzaufschlags bei der Ausfuhr von Bier.

Art. 9. (1) Bei der Ausfuhr von Bier, das in Bayern aus versteuertem Malze hergestellt worden ist, kann der Malzaufschlag rückvergütet werden.

(2) Die näheren Anordnungen, insbesondere über die Mindestmenge des Bieres, für welche bei der Ausfuhr eine Vergütung beansprucht werden kann, dann über die Höhe der Vergütung werden von der Steuerverwaltung erlassen.

AusfB. zu Art. 9.

Vergütung des Malzaufschlags bei der Ausfuhr von Bier.

§ 26. Die Bestimmungen über die Vergütung des Malzaufschlags bei der Ausfuhr von Bier sind in der An-

Anlage A. lage A (Malzaufschlagvergütungsordnung) enthalten.

Malzaufschlagnachlaß.

Art. 10. (1) Der Malzaufschlag wird, abgesehen von der Bestimmung von Art. 9, dem Pflichtigen auf Ansuchen erlassen oder vergütet:

1. wenn das nach Art. 3 steuerbar gewordene Malz nachweislich nicht geschrotet worden ist;
2. wenn geschrotetes Malz, das dem Malzaufschlag unterlegen hat, zugrunde gegangen, verdorben oder so verändert worden ist, daß es zur Bierbereitung nicht mehr verwendet werden kann;
3. wenn das aus versteuertem Malze hergestellte Erzeugnis in der Braustätte, noch bevor es aus dem Lagerkeller entfernt ist, zugrunde gegangen, verdorben oder so verändert worden ist, daß die Verwertung des Erzeugnisses zum Genuß als Bier nicht möglich erscheint.

(2) Erlaß oder Vergütung des Malzaufschlags wird nur dann gewährt, wenn der Betrag desselben sich im einzelnen Falle auf mindestens 5 *M* berechnet und wenn die von der Steuerverwaltung erlassenen Vorschriften eingehalten worden sind.

(3) Der Pflichtige hat nachzuweisen, daß die für den Erlaß oder die Vergütung geforderten Voraussetzungen zutreffen.

(4) Die Steuerbehörde kann den Erlaß oder die Vergütung des Malzaufschlags davon abhängig machen, daß das Malz oder das daraus hergestellte Erzeugnis unter amtlicher Aufsicht vernichtet oder zur Herstellung von Bier oder zur Verwertung als solches unbrauchbar gemacht wird.

AusfB. zu Art. 10.

Malzaufschlagnachlaß.

§ 27. [1] Zur Verbescheidung der Gesuche um Malzaufschlagnachlaß ist die K. Generaldirektion der Zölle und indirekten Steuern zuständig. Gegen deren Entscheid ist Beschwerde an das K. Staatsministerium der Finanzen zulässig.

[2] Für das aus steuerbar gewordenem Malze hergestellte Erzeugnis wird ein Nachlaß oder eine Vergütung des Malzaufschlags nur dann gewährt, wenn es in der Brauerei zu Grunde gegangen oder zur Verwertung zum Genusse als Bier unbrauchbar geworden ist. Sobald daher das aus steuerpflichtigem Malze gewonnene Erzeugnis aus dem Lagerkeller der Brauerei entfernt ist, kann ein Nachlaß oder eine Vergütung des Malzaufschlags nicht mehr eintreten.

[3] Wer Nachlaß oder Vergütung des Malzaufschlags auf Grund des Artikel 10 des Gesetzes beansprucht, hat den Tatbestand und die Ursachen des den Anspruch begründenden Ereignisses der Hebestelle so zeitig anzuzeigen, daß eine genaue Feststellung des Sachverhalts noch erfolgen kann. Der Antragsteller hat auch dafür zu sorgen, daß der Tatbestand bis zur Feststellung durch die Hebestelle unversehrt erhalten bleibt. Ist dies zur Verhütung eines erheblichen Schadens oder aus anderen Gründen nicht möglich, so ist der Tatbestand durch die Ortspolizeibehörde oder durch eine vertrauenswürdige Person, die zu dem Gesuchsteller weder in einem Verwandtschaftsverhältnisse noch in einem Dienstverhältnisse stehen darf, feststellen zu lassen.

[4] Der Steuerbeamte hat sogleich an Ort und Stelle den Tatbestand unter Zuziehung der Ortspolizeibehörde sowie der beteiligten Personen zu ermitteln. Hiebei ist insbesondere festzustellen Ort, Zeit und Ursache des Vorfalls, Umfang des erlittenen Schadens, Menge des für den etwaigen Malzaufschlagnachlaß in Betracht kommenden ungeschroteten Malzes. Ferner ist festzustellen, ob eine Verwendung des beschädigten Malzes, der verdorbenen Bierwürze oder des verdorbenen Bieres zur Bereitung von Bier oder zum Genuß als Bier noch

möglich ist. Handelt es sich um verdorbene Bierwürze oder verdorbenes Bier, so ist zu prüfen, ob nicht eine Vermehrung durch Wasserzusatz stattgefunden hat. Erforderlichen Falles sind Sachverständige auf Kosten des Antragstellers beizuziehen.

⁵ Erscheint eine Verwendung des Malzes oder der aus Malz hergestellten Erzeugnisse zur Bierbereitung oder zum Genuß als Bier möglich, so ist der Erlaß oder die Vergütung des Malzaufschlags von der Vernichtung des Malzes oder des daraus hergestellten Erzeugnisses abhängig zu machen. An die Stelle der Vernichtung kann auf Antrag des Pflichtigen die Unbrauchbarmachung treten. Die Unbrauchbarmachung erfolgt bei Malz durch Vermischung mit einer genügenden Menge Häckſel oder anderem ungemälzten Viehfutter, bei Würze oder Bier durch Ausgießen derselben über Viehfutter oder durch Vermischen mit Essig. Auch kann beschädigtes Malz, verdorbene Würze oder verdorbenes Bier unter entsprechender Überwachung zur Branntweinbereitung verwendet werden.

⁶ Über das Ergebnis der Ermittelungen und die getroffenen Anordnungen ist eine Verhandlung aufzunehmen, welche von den Beteiligten zu unterzeichnen und dem vorgesetzten Hauptzollamte mit den einschlägigen Belegen (beglaubigte Abschriften des Malzscheins oder der Anzeige, beglaubigte Auszüge aus den Malzverbrauch-, Mühl- und Sudbüchern usw.) alsbald vorzulegen ist. Kommt auch ein Nachlaß von gemeindlichem Malzaufschlag in Frage, so ist zuvor die Erklärung der beteiligten Gemeinde zu erholen, ob sie mit der Nachlaßgewährung einverstanden ist.

⁷ Das Hauptzollamt prüft die eingelaufenen Schriftstücke, veranlaßt gegebenenfalls deren Richtigstellung oder Ergänzung, fertigt sodann eine Nachweisung nach Muster 10, in welcher es sich über das Gesuch sowie über die allenfallsige Vernichtung und Unbrauchbarmachung des Malzes oder des daraus hergestellten Erzeugnisses (Artikel 10 Abs. 4 des Gesetzes) äußert, und legt diese Nachweisung in zweifacher Ausfertigung der Generaldirektion vor. Muster 10.

³ Im Falle der Genehmigung des Nachlaßgesuchs hat das Hauptzollamt einen Nachlaßschein nach Muster 11 auszustellen und dem Aufschlagpflichtigen auszufolgen. Der Nachlaßschein kann bei der nächsten Aufschlagzahlung statt barer Zahlung in Anrechnung gebracht oder, sofern der Betrag des Nachlaßscheins den zu entrichtenden Malzaufschlagbetrag übersteigt, bar abgehoben werden.

Muster 11.

Uebergangsabgabe.

Art. 11. (1) Von dem über die Landesgrenze eingeführten Biere und geschroteten Malze wird die Übergangsabgabe erhoben, soweit nicht für die Einfuhr über die Zollgrenze sowie für die Durchfuhr die reichsgesetzlichen Bestimmungen Platz greifen. Die Übergangsabgabe ist vom Einbringer zu entrichten.

(2) Der Übergangsabgabesatz für Bier und geschrotetes Malz wird durch Königliche Verordnung bestimmt.

(3) Eine Stundung der Übergangsabgabe findet nicht statt.

(4) Die Erhebung und Sicherung der Übergangsabgabe erfolgt nach den Bestimmungen für den Übergangsverkehr.

AusfB. zu Art. 11.

§ 28. Die Bestimmungen über den Übergangsverkehr mit Bier und geschrotetem Malze sind in der Übergangsabgabeordnung enthalten.[1])

Verjährung.

Art. 12. Für die Verjährung des Anspruchs auf Zahlung und Nachzahlung von Malzaufschlag und

---

[1]) Die Übergangsabgabeordnung ist noch nicht erlassen.

Für die Erhebung und Überwachung der Übergangsabgaben haben bis auf weiteres die Anweisung vom 12. Juni 1882 (ABl. d. GDir. d. Z. S. 219) und die hiezu erlassenen Vorschriften Anwendung zu finden. FinMinEntschl. v. 24. März 1910 Nr. 9851 (ABl. S. 395).

K. VO., die Übergangsabgabe von Bier betreffend v. 21. August 1911 und Vollzugsvorschrift hierzu s. Anhang I.

Übergangsabgabe sowie des Anspruchs auf Erstattung zu viel oder zu Unrecht entrichteter Malzaufschlaggefälle oder Übergangsabgaben sind die Vorschriften der Artikel 124, 125 des Ausführungsgesetzes zum Bürgerlichen Gesetzbuche maßgebend.

II. Abschnitt.

Überwachungsvorschriften.

1. Allgemeine Bestimmungen.

Vertretung der Gewerbetreibenden.

Art. 13. (1) Inhaber von Betrieben, die nach dem Malzaufschlaggesetze der steuerlichen Aufsicht unterliegen, haben die ihnen durch das Gesetz und die hiezu ergangenen Vorschriften auferlegten Verpflichtungen entweder selbst zu erfüllen oder einen geeigneten Vertreter aufzustellen.

(2) Die Aufstellung eines Vertreters muß erfolgen, wenn der Inhaber des Betriebs an der Erfüllung der Verpflichtungen verhindert ist.

(3) Von der Aufstellung eines Vertreters ist der Steuerbehörde Anzeige zu erstatten; die Steuerbehörde entscheidet über die jederzeit widerrufliche Zulassung des Vertreters.

(4) Wenn und solange der Forderung der Steuerbehörde zur Aufstellung eines geeigneten Vertreters nicht entsprochen wird, kann diese die Ausstellung eines Malzscheines verweigern oder die Genehmigung zum Betrieb einer Malzmühle zurücknehmen.

AusfB. zu Art. 13.

Vertretung der Gewerbetreibenden.

§ 29. 1 Die Aufstellung eines Vertreters ist namentlich dann erforderlich, wenn der unter Steueraufsicht stehende

Betrieb von einer minderjährigen oder aus anderen Gründen unter Vormundschaft stehenden Person, einer juristischen Person, einer Gesellschaft, Genossenschaft oder einem Vereine betrieben wird, ferner dann, wenn der Betriebsinhaber häufig abwesend oder aus anderen Gründen an der Erfüllung der ihm obliegenden Verpflichtungen verhindert ist.

² Hält das Hauptzollamt die Aufstellung eines Vertreters für notwendig, so hat es hievon dem Betriebsinhaber schriftlich mit der Aufforderung Mitteilung zu machen, innerhalb einer bestimmten Frist einen Vertreter zu bezeichnen und die zur Bestätigung desselben erforderlichen Nachweise zu erbringen. Im Bedarfsfall ist diese Aufforderung zu wiederholen; bleibt sie auch dann erfolglos, so ist gemäß Artikel 13 Abs. 4 des Gesetzes zu verfahren.

³ Die Personen, welche als Vertreter aufgestellt werden sollen, müssen einen guten Leumund haben und zur ordnungsmäßigen Erfüllung der ihnen obliegenden Verpflichtungen fähig sein. Von der Aufstellung eines Vertreters ist dem Hauptzollamt Anzeige zu erstatten und damit der Nachweis zu verbinden, daß der aufgestellte Vertreter zur ordnungsmäßigen Erfüllung der ihm obliegenden Verrichtungen bereit ist. Soll ein Vertreter nur bestimmte Geschäfte verrichten, z. B. nur das Mühlbuch oder nur das Sudbuch führen und die hiemit zusammenhängenden Geschäfte besorgen, so ist dies in der Anzeige zum Ausdrucke zu bringen.

⁴ Über die Zulassung des Vertreters entscheidet das Hauptzollamt. Gegen die Entscheidung des Hauptzollamts ist die Beschwerde im Verwaltungswege zulässig.

Anmeldepflichtige Betriebe.

Art. 14. Wer in den Besitz einer Brauerei oder einer Malzmühle gelangt, hat hierüber innerhalb acht Tagen nach der Besitzerlangung der Steuerbehörde Anzeige zu erstatten.

AusfB. zu Art. 14.

Anmeldepflichtige Betriebe.

§ 30. [1] Die in Artikel 14 des Gesetzes vorgeschriebene Anzeige ist der Hebestelle zu erstatten. Die Hebestellen haben über die in ihrem Bezirke befindlichen Brauereien ein Brauereiverzeichnis nach Muster 12, über die an- Muster 12.
meldepflichtigen Mühlen ein Mühlenverzeichnis nach Muster 13 zu führen. Muster 13.

[2] Je eine Ausfertigung dieser Verzeichnisse ist dem Steueramte, dem Hauptzollamt und der Generaldirektion der Zölle und indirekten Steuern vorzulegen.

Besitzveränderungen.

§ 31. [1] Jeder Wechsel im Besitz eines anmeldepflichtigen Betriebs, z. B. durch Erbgang, Verkauf oder Verpachtung, ist der Hebestelle innerhalb 8 Tagen von dem neuen und in Fällen freiwilliger Besitzübertragung auch vom bisherigen Besitzer anzuzeigen.

[2] Sämtliche Anzeigen über vorgekommene Besitzveränderungen sind in eine fortlaufende Verhandlung aufzunehmen. Einkommende schriftliche Anzeigen sind in der Verhandlung vorzumerken und dieser als Beilagen anzureihen. In der Verhandlung sind auch jene Veränderungen in den überwachungspflichtigen Betrieben vorzutragen, welche bei dem Mangel einer Anzeigepflicht anderweitig wahrgenommen werden, sofern sie auf den Vortrag im Brauerei- oder Mühlverzeichnisse von Einfluß erscheinen.

[3] Auf Grund der eingekommenen Anzeigen ist die Berichtigung der Brauerei- und Mühlverzeichnisse alsbald vorzunehmen und hierüber in der Verhandlung entsprechender Vermerk zu machen. Bei Malzmühlen und bei sonstigen zum Schroten von Malz geeigneten Vorrichtungen, deren Besitz oder Benützung der Genehmigung bedarf, ist die Berichtigung der Verzeichnisse erst vorzunehmen, wenn die Genehmigung erteilt ist. Bei Änderungen im Besitze von Brauereien ebenso wie bei deren Neuerrichtung hat sich die Hebestelle davon Überzeugung zu verschaffen, daß die gesetzlichen Voraussetzungen zum Beginne des Geschäftsbetriebs bzw. zur

Gewährung der ordentlichen Stundung des Aufschlags vorhanden sind. Ebenso ist darauf zu achten, daß den gesetzlichen Vorschriften in Betreff der Sicherung des angefallenen Malzaufschlags bei Veräußerung und Verpachtung von aufschlagpflichtigen Geschäften Genüge geschieht.

4 Die Verhandlung über die eingetretenen Besitzveränderungen ist vierteljährlich abzuschließen, dem Steueramte bis zum 5. des auf ein Vierteljahr folgenden Monats und von diesem nach Ergänzung seines Brauerei- und Mühlenverzeichnisses dem Hauptzollamte bis zum 12. des auf das Vierteljahr folgenden Monats mit den dazu gehörigen Beilagen vorzulegen. Das Hauptzollamt ergänzt die hauptamtlichen Brauerei- und Mühlenverzeichnisse und legt sodann die Verhandlung mit einem entsprechenden Vermerke versehen bis zum letzten des auf das Vierteljahr folgenden Monats der K. Generaldirektion der Zölle und indirekten Steuern vor.

Wagen und Gewichte.

Art. 15. **(1) Bierbrauer und Inhaber von Malzmühlen sind verpflichtet, zum Abwägen des Malzes geeignete, vorschriftsmäßige Wagen und Gewichte zu halten.**

(2) Der Aufstellungsort der Wage wird im Einvernehmen mit der Steuerbehörde bestimmt.

AusfB. zu Art. 15.

Wagen und Gewichte.

§ 32. 1 Alle zur steuerlichen Verwiegung von Malz dienenden Wagen und Gewichte müssen vorschriftsmäßig geeicht sein und sind stets in gebrauchsfähigem Zustande zu erhalten.

2 Die Aufsichtsbeamten haben die Wägegeräte von Zeit zu Zeit zu prüfen. Ergeben sich hiebei Zweifel an der Richtigkeit der Geräte, so kann der Bezirksoberkontrolleur oder, falls ein solcher nicht vorhanden ist, der Steueramtsvorstand die sofortige Vornahme der eichamtlichen Nachprüfung fordern.

[3] Den Aufstellungsort der Wage bestimmt die Hebestelle im Einvernehmen mit dem Betriebsinhaber. Etwaige Beschwerden verbescheidet das Hauptzollamt. An dem von der Hebestelle bestimmten Aufstellungsorte muß sich die Wage nur dann befinden, wenn sie zu steuerlichen Zwecken benötigt wird.

2. Bestimmungen über das Schroten von Malz.

Zugelassene Malzmühlen.

Art. 16. (1) Malz darf nur geschrotet werden:

1. auf öffentlichen Malzmühlen, d. h. auf solchen öffentlichen feststehenden Mühlen, auf welchen gewerbsmäßig für Dritte Malz geschrotet wird und welche von der Steuerbehörde als öffentliche Malzmühlen zugelassen sind;
2. auf eigenen Malzmühlen, d. h. auf solchen zum Schroten von Malz geeigneten Mahleinrichtungen, deren Besitz und Benützung dem Inhaber für seine Person und für seinen Gebrauch zum Schroten von Malz besonders genehmigt worden ist.

(2) Es ist verboten, Malz in eine Mühle einzubringen, auf welcher Malz nicht geschrotet werden darf.

AusfB. zu Art. 16.

Zugelassene Malzmühlen.

§ 33. [1] Die Zulassung einer Mühle als Malzmühle erfolgt durch das Hauptzollamt.

[2] Die Zulassung wird dem Inhaber der Mühle nur für seine Person erteilt. Wechselt die Mühle den Besitzer, so kann in unbedenklichen Fällen die Genehmigung zur vorläufigen Fortbenützung der Mühle von der Hebestelle erteilt werden.

a) Das Schroten von Malz auf öffentlichen Malzmühlen.

Malzschein.

Art. 17. (1) Wer Malz auf einer öffentlichen Malzmühle schroten lassen will, hat dies vor der Verbringung des Malzes in die Mühle bei der Steuerbehörde seines Wohnortes anzumelden und einen Malzschein zu erholen.

(2) Die Anmeldung und der Malzschein müssen enthalten:

1. Den Namen und Wohnort desjenigen, auf dessen Rechnung das Malz geschrotet werden soll,
2. die Bezeichnung der Mühle, auf welcher das Malz geschrotet werden soll,
3. den Tag, an dem das Malz in die Mühle eingebracht werden soll (Gültigkeitstag),
4. das Gewicht des Malzes,
5. die Art der beabsichtigten Verwendung des Malzes.

(3) Der Malzschein muß außerdem Ort und Zeit der Ausstellung sowie die Unterschrift des ausstellenden Steuerbeamten enthalten.

(4) Zu den Anmeldungen ist nach näherer Anordnung der Steuerverwaltung ein Einschreibbuch zu benützen; das Einschreibbuch ist den Steuerbeamten auf Verlangen jederzeit vorzulegen.

AusfB. zu Art. 17 und 18.

Einschreibbuch.

§ 34. [1] Wer Malz auf einer öffentlichen Malzmühle
Muster 14. schroten lassen will, hat ein Einschreibbuch nach Muster 14 zu führen und dieses bei Erholung eines Malzscheins mit den vorgeschriebenen Eintragungen versehen der Hebestelle seines Wohnorts vorzulegen.

[2] Die Einschreibbücher sind gegen Ersatz der Herstellungskosten von der Hebestelle zu beziehen.

Ausstellung des Malzscheins.

§ 35. [1] Die Hebestelle hat die Anmeldung auf ihre Vollständigkeit und Richtigkeit zu prüfen und sich dabei insbesondere darüber zu vergewissern, ob die Mühle, auf welcher das Malz geschrotet werden soll, als Malzmühle zugelassen ist. Gibt die Anmeldung zu einer Beanstandung keinen Anlaß, so ist sie in das Malzverbrauchbuch einzutragen und ein Malzschein nach Muster 15 auszustellen. Muster 15.

[2] Für jeden einzelnen Sud ist ein besonderer Malzschein auszustellen. Die gleichzeitige Ausstellung mehrerer Malzscheine ist zulässig, wenn die angemeldeten Malzmengen innerhalb der nächsten 8 Tage, den Tag der Ausstellung nicht mitgerechnet, geschrotet werden.

[3] Soll Malz, welches eine wesentliche Gewichtsverminderung im Sinne des Artikel 6 Abs. 3 des Gesetzes erfahren hat, geschrotet werden, so ist dies bei Erholung des Malzscheins anzugeben. Im Malzschein ist zu vermerken, auf wie viel vom Hundert der Gewichtszuschlag festgesetzt worden ist.

[4] Wird ein Malzschein zum Schroten von Malz auf einer nicht im Bezirke der Hebestelle gelegenen Mühle ausgestellt, so ist der Hebestelle, in deren Bezirk die Mühle liegt, hievon Mitteilung zu machen. In diesem Falle kann die Nachschau in der betreffenden Mühle auch von der Hebestelle ausgeübt werden, welche den Malzschein ausgestellt hat.

[5] Der Anmeldepflichtige hat vor der Verbringung des Malzes in die Mühle zu prüfen, ob die Einträge im Malzscheine mit der Anmeldung im Einschreibbuch übereinstimmen. Ergeben sich hiebei Beanstandungen, so hat er eine Berichtigung des Malzscheins zu veranlassen. Das Gleiche hat zu geschehen, wenn der Anmeldepflichtige eine Änderung des Malzscheins aus anderen Gründen herbeiführen will; in diesem Falle ist von der Hebestelle auch der Vortrag im Einschreibbuch entsprechend zu berichtigen oder durch einen neuen Vortrag zu

ersetzen. Alle Änderungen sind in der Weise vorzunehmen, daß die ursprüngliche Niederschrift lesbar bleibt; sie sind durch Beifügung des Namenszugs des ändernden Beamten und des Tages der Änderung zu bescheinigen. Die Umschreibung des Malzscheins auf eine andere Person ist unzulässig.

Verlust des Malzscheins.

§ 36. [1] Geht ein Malzschein vor oder während der Verbringung des Malzes zur Mühle verloren, so hat derjenige, auf dessen Namen der Malzschein ausgestellt war, hievon die Hebestelle ohne Verzug zu benachrichtigen und die Ausfertigung einer Zweitschrift des Malzscheins zu beantragen. Die Hebestelle hat, wenn Bedenken nicht bestehen, einen neuen Malzschein auszustellen, welcher ausdrücklich als Zweitschrift zu bezeichnen ist. Bis zur Beibringung des neuen Malzscheins darf das Malz in die Mühlräume nicht eingebracht werden.

[2] Geht der Malzschein nach der Übergabe an den Müller, jedoch noch vor der Niederlegung des Verwiegungsergebnisses zu Verlust, so obliegt die in Abs. 1 vorgeschriebene Verpflichtung zur Anzeige und Erholung einer Zweitschrift dem Müller.

[3] Tritt der Verlust des Malzscheins nach der Niederlegung des Verwiegungsergebnisses, jedoch noch vor der Ablieferung an den Aufsichtsbeamten oder die Steuerbehörde ein, so hat der Müller sogleich Anzeige bei der Hebestelle zu erstatten und im Mühlbuche das Geeignete zu vermerken.

Gültigkeit des Malzscheins.

Art. 18. (1) Der Malzschein ist nur für den Tag, auf den er ausgestellt ist, und nur für die Person, die Mühle und die Art der Verwendung, auf die er lautet, gültig.

(2) Änderungen am Malzscheine dürfen nur von Steuerbeamten vorgenommen werden.

AusfB. zu Art. 18.
(siehe oben bei Art. 17).

Verbringung des Malzes in die Mühle.

Art. 19. (1) Die im Malzschein angegebene Malzmenge ist auf einmal und ohne Unterbrechung in die Mühle und ebenso von dort an den Verwendungsort zu bringen. Ausnahmen können von der Steuerbehörde zugelassen werden.

(2) Es ist verboten, eine Malzmenge, deren Gewicht das im Malzschein angegebene Gewicht um mehr als 5 vom Hundert übersteigt, in die Mühle zu verbringen.

(3) Ohne gültigen Malzschein darf Malz nicht in die Mühle eingebracht werden.

(4) Der Malzschein ist dem Müller mit dem Malze zu übergeben.

AusfB. zu Art. 19 und 20.

Verbringung des Malzes in die Mühle.

§ 37. Ausnahmen von der Bestimmung des Artikel 19 Abs. 1 und des Artikel 20 Abs. 1 des Gesetzes können für einzelne Fälle von der Hebestelle bewilligt werden; allgemeine Ausnahmen von diesen Vorschriften können nur vom Hauptzollamte zugelassen werden.

Art. 20. (1) In der Zeit von 8 Uhr abends bis 6 Uhr morgens darf Malz in eine öffentliche Malzmühle weder eingebracht, noch dort bearbeitet oder von dort fortgebracht werden.

(2) Die Steuerbehörde kann Ausnahmen zulassen.

AusfB. zu Art. 20.

(siehe oben bei Art. 19).

Schroten von Malz auf einer außerbayerischen Mühle.

Art. 21. (1) Wer Malz auf einer nicht in Bayern gelegenen Mühle schroten lassen will, hat die Vorschriften in Artikel 17, 18 und 19 Abs. 1 einzuhalten.

(2) Bei der Ausfuhr und Wiedereinfuhr ist das Malz mit dem Malzscheine der zuständigen Zoll- oder Steuerbehörde vorzuführen.

AusfB. zu Art. 21.

Schroten von Malz auf einer außerbayerischen Mühle.

§ 38. 1 Wird Malz zum Schroten auf einer nicht in Bayern gelegenen Mühle angemeldet, so hat die Hebestelle, in deren Bezirk das geschrotete Malz verwendet werden soll, die Anmeldung in das Malzverbrauchbuch D unter besonderer Abteilung einzutragen und einen Malzschein auszustellen.

2 Das Malz darf nur auf einer Übergangs- oder Zollstraße aus- und wiedereingeführt werden.

3 Bei der Ausfuhr des Malzes hat die Zoll- oder Übergangssteuerstelle die Ladung mit dem Malzscheine zu vergleichen und die Zahl der Säcke auf der Rückseite des Malzscheins vorzumerken. Bei der Wiedereinfuhr hat die Zoll- oder Übergangssteuerstelle das Gewicht des geschroteten Malzes zu ermitteln, wobei die Vorschriften der §§ 17 bis 19 entsprechende Anwendung finden, und die Übergangsabgabe zu erheben. Auf dem Malzschein ist hierüber Vermerk zu machen. Zu der Verwiegung des Malzes hat der Anmeldepflichtige gegebenenfalls vorschriftsmäßige Wagen und Gewichte zur Verfügung zu stellen und die erforderlichen Hilfsdienste zu leisten oder leisten zu lassen.

4 Bei der Ermittelung der steuerpflichtigen Gesamtmalzmenge einer Brauerei und des hienach anzuwendenden Steuersatzes sind die Malzmengen, welche auf einer nicht in Bayern gelegenen Mühle geschrotet worden sind, mit in Ansatz zu bringen. Im Malzverbrauchbuch sind diese Malzmengen geeignet vorzumerken.

5 Soll Malz auf einer im Zollauslande gelegenen Mühle geschrotet werden, so sind die zollgesetzlichen Bestimmungen zu beachten.

Einfuhr von Malz zum Schroten mit der Bestimmung der Wiederausfuhr.

Art. 22. Wer Malz zum Schroten auf einer öffentlichen Malzmühle mit der Bestimmung der Wiederausfuhr nach der Bearbeitung nach Bayern einführen will, hat vor der Einfuhr bei der Steuerbehörde des Eintrittsorts das Malz anzumelden und einen Malzschein zu erholen. Die Hinterlegung des Malzaufschlags im gesetzlich zulässigen Höchstbetrage kann gefordert werden.

AusfB. zu Art. 22.

Einfuhr von Malz zum Schroten mit der Bestimmung der Wiederausfuhr.

§ 39. 1 Wird Malz zum Schroten auf einer in Bayern gelegenen öffentlichen Malzmühle mit der Bestimmung der Wiederausfuhr nach der Bearbeitung angemeldet, so hat die Hebestelle des Eintrittsortes die Anmeldung in das Malzverbrauchbuch D unter besonderer Abteilung einzutragen und den hiefür treffenden Malzaufschlag nach dem höchsten Satze hinterlegen zu lassen. Von der Hinterlegung des Malzaufschlags kann in unbedenklichen Fällen mit Genehmigung des Hauptzollamts abgesehen werden.

2 Bei der Wiederausfuhr ist das geschrotete Malz nebst dem mit den vorgeschriebenen Einträgen des Müllers versehenen Malzscheine der Hebestelle, welche den Malzschein ausgestellt hat, vorzuführen. Die Hebestelle prüft die Übereinstimmung der Ladung mit den Einträgen des Müllers und erstattet, wenn sich hiebei keine Beanstandung ergibt, nach erfolgter Ausfuhr den hinterlegten Malzaufschlag zurück.

3 Die Einfuhr und Wiederausfuhr des Malzes darf nur auf Zoll- und Übergangsstraßen stattfinden.

4 Wird im Falle des Abs. 1 Malz aus dem Zollausland eingeführt, so sind die zollgesetzlichen Bestimmungen zu beachten.

Genehmigungspflicht für öffentliche Malzmühlen.

Art. 23. (1) der Inhaber einer öffentlichen Mühle, welcher auf dieser Mühle gewerbsmäßig Malz für Dritte schroten will, hat vorher die Genehmigung der Steuerbehörde einzuholen.

(2) Die Genehmigung ist jederzeit widerruflich.

AusfB. zu Art. 23.

Genehmigungspflicht für öffentliche Malzmühlen.

§ 40. Die Genehmigung zum Besitz und zur Benützung einer öffentlichen Malzmühle erteilt das Hauptzollamt. Die Genehmigung ist zu widerrufen, wenn der Betriebsberechtigte sich einer Gefährdung des Malzaufschlags schuldig macht oder den für das Schroten von Malz auf öffentlichen Mühlen geltenden Vorschriften fortgesetzt zuwiderhandelt.

Selbsttätige Wägevorrichtungen an öffentlichen Malzmühlen.

Art. 24. (1) Öffentliche Malzmühlen, deren Mahlgänge mit Zylinderwalzen betrieben werden, müssen mit einer von der Steuerverwaltung genehmigten, selbsttätig das Ergebnis der Verwiegung anzeigenden Vorrichtung versehen sein. Die Wägevorrichtungen müssen mit den Malzmühlen in feste Verbindung gebracht und beide so eingerichtet sein, daß nach Anbringung des steueramtlichen Verschlusses ohne Anwendung erkennbarer Gewalt Malz zum Mühlwerke nur gelangen kann, nachdem es die Wägevorrichtung durchlaufen hat.

(2) Die Steuerverwaltung ist ermächtigt, auch andere Sicherheitsmaßnahmen anzuordnen.

Aufbewahren von Malz und Betrieb einer Brauerei durch den Inhaber einer öffentlichen Malzmühle.

Art. 25. (1) Der Inhaber einer öffentlichen Malzmühle (Müller) darf auf eigene Rechnung weder geschrotetes noch ungeschrotetes Malz aufbewahren. Er darf weder auf der Mühle Malz zum eigenen Bedarf schroten, noch innerhalb einer Entfernung von 35 km von der Mühle gewerbsmäßig Bier bereiten oder für seine Rechnung bereiten lassen.

(2) Ausnahmen können von der Steuerbehörde unter Anordnung der erforderlichen Überwachungsmaßnahmen zugelassen werden.

AusfB. zu Art. 25.

Aufbewahren von Malz und Betrieb einer Brauerei durch den Inhaber einer öffentlichen Malzmühle.

§ 41. Ausnahmen von der Vorschrift in Artikel 25 Abs. 1 Satz 1 des Gesetzes können vom Hauptzollamt, Ausnahmen von der Vorschrift in Satz 2 daselbst von der K. Generaldirektion der Zölle und indirekten Steuern zugelassen werden.

Mühlbuch.

Art. 26. (1) Der Müller hat nach näherer Anordnung der Steuerverwaltung ein Mühlbuch zu führen, in welches jedes Schroten von Malz sogleich einzutragen ist.

(2) Der Müller hat das Mühlbuch sorgfältig an dem von der Steuerbehörde zu bestimmenden Orte aufzubewahren, den Steuerbeamten auf Verlangen jederzeit vorzulegen, zur bestimmten Frist abzuschließen und an die Steuerbehörde abzuliefern.

AusfB. zu Art. 26.

Mühlbuch.

§ 42. 1 In öffentlichen Malzmühlen ist für jeden Mahlgang, der zum Schroten von Malz bestimmt ist, ein Mühlbuch nach Muster 16 und der dort gegebenen Gebrauchsanleitung in vierteljährigen Zeitabschnitten zu führen. Muster 16

² Den Aufbewahrungsort des Mühlbuchs bestimmt die Hebestelle. Hiebei ist darauf Rücksicht zu nehmen, daß sich das Mühlbuch in tunlichster Nähe der Mühle befindet.

³ Die Hebestelle hat die ihr nach Ablauf eines Vierteljahrs zurückgelieferten Mühlbücher mit den Einträgen auf den Malzscheinen und im Malzverbrauchsbuche genau zu vergleichen und etwaige Unterschiede zu beheben.

Übernahme des Malzes durch den Müller.

Art. 27. (1) In einer öffentlichen Malzmühle darf Malz ohne gültigen Malzschein nicht übernommen werden.

(2) Das Malz gilt als übernommen, wenn es in die Mühlräume eingebracht ist.

(3) Es ist verboten, das im Malzscheine bezeichnete Malz in einer öffentlichen Malzmühle nur zu einem Teile, an einem anderen als dem im Malzscheine bestimmten Tage oder zu der in Art. 20 bestimmten Zeit zu übernehmen.

(4) Wird Malz ohne gültigen Malzschein in eine öffentliche Malzmühle gebracht, so hat der Müller sogleich Anzeige bei der Steuerbehörde zu erstatten. Vor Eintreffen des Steuerbeamten darf das Malz weder in die Mühlräume verbracht, noch verabfolgt werden.

AusfB. zu Art. 27 und 28.

Übernahme des Malzes durch den Müller.

§ 43. Vor der Übernahme des Malzes hat der Müller den Malzschein insbesondere dahin zu prüfen

1. ob der Malzschein vollständig ausgestellt ist;
2. ob derselbe auf seine Mühle und auf den Tag lautet, an welchem das Malz in die Mühle eingebracht wird;
3. ob etwaige Änderungen im Vortrag amtlich bescheinigt sind.

Verwiegung des Malzes durch den Müller.

Art. 28. (1) Nach der Übernahme hat in den nicht mit einer selbsttätigen Wägevorrichtung versehenen öffentlichen Malzmühlen der Müller das Gewicht des Malzes vor dem Schroten durch Verwiegung festzustellen.

(2) Mit dem Wiegen des Malzes darf erst begonnen werden, wenn die gesamte auf dem Malzscheine bezeichnete Malzmenge in die Mühlräume verbracht ist.

(3) Übersteigt das bei dieser Verwiegung ermittelte Gewicht das im Malzscheine angegebene um mehr als 5 vom Hundert, so kann derjenige, auf dessen Rechnung das Malz geschrotet wird, oder sein Vertreter, solange mit dem Schroten des Malzes nicht begonnen ist, vom Müller eine neuerliche Verwiegung des Malzes verlangen.

(4) Das Ergebnis der Verwiegung ist vom Müller sofort und noch vor Verbringung des Malzes auf den Mahlgang auf dem Malzschein und im Mühlbuche zu vermerken. Der Vortrag auf dem Malzschein ist vom Müller sofort zu unterzeichnen.

AusfV. zu Art. 28.
(siehe oben bei Art. 27).

AusfB. zu Art. 28.

Verwiegung des Malzes durch den Müller.

§ 44. 1 Als Vertreter im Sinne des Artikel 28 Abs. 3 des Gesetzes ist derjenige zu erachten, welcher im Auftrage des Anmeldepflichtigen das Malz zur Mühle bringt.

2 Der Müller hat das Ergebnis der Verwiegung auf dem Malzscheine deutlich mit Ziffern und unter Angabe der Zahl der verwogenen Säcke sowie des Tages des Schrotens vorzutragen und den Vortrag zu unterzeichnen. Wird das Malz in einzelnen Abteilungen verwogen, so ist das Ergebnis jeder einzelnen Verwiegung auf dem Malzscheine gesondert anzuschreiben.

Schroten des Malzes.

Art. 29. (1) Das Malz ist sogleich nach dem Verwiegen zu schroten und nach dem Schroten in kürzester Frist aus der Mühle zu bringen.

(2) Das geschrotete Malz darf nur in seiner Gesamtmenge verabfolgt werden, auch darf dasselbe in der Zeit von 8 Uhr abends bis 6 Uhr morgens nicht von der Mühle fortgebracht werden.

AusfB. zu Art. 29.

Schroten des Malzes.

§ 45. Von besonderen Ausnahmefällen abgesehen, ist das Malz an dem Tage, an welchem es zur Mühle kommt, auch von da wieder zurückzubringen. Treten wegen besonderer Umstände im Schroten oder im Zurückbringen des Malzes von der Mühle Verzögerungen ein, so hat der Müller hierüber unter Angabe des Grundes auf dem Malzschein und im Mühlbuche Vormerkung zu machen.

Aufbewahrung des Malzscheins durch den Müller.

Art. 30. Der Müller hat die erledigten Malzscheine sorgfältig aufzubewahren und dem Steuerbeamten bei dessen nächster Anwesenheit in der Mühle zu übergeben oder der Steuerbehörde mit dem Mühlbuch einzuliefern (Artikel 26 Abs. 2).

AusfB. zu Art. 30.

Aufbewahrung des Malzscheins durch den Müller.

§ 46. 1 Die erledigten Malzscheine sind beim Mühlbuch aufzubewahren.

2 Der Steuerbeamte hat bei jeder Nachschau in der Mühle die erledigten Malzscheine an sich zu nehmen und hierüber auf der letzten Seite des Mühlbuchs Empfangsbescheinigung zu erteilen.

3 Der Steuerbeamte hat beim Rückempfange der Malzscheine diese auf ihre Richtigkeit und Übereinstim-

mung mit den Vorträgen im Mühlbuche zu prüfen und vorgefundene Unrichtigkeiten, insofern sie lediglich auf Versehen beruhen, sogleich berichtigen zu lassen.

4 Ist Malz, welches eine wesentliche Gewichtsverminderung im Sinne des Artikel 6 Abs. 3 des Gesetzes erfahren hat, in der Mühle geschrotet worden, so ist auf der Rückseite des erledigten Malzscheins die aufschlagpflichtige Gesamtmalzmenge durch Hinzurechnung des Zuschlags festzustellen.

5 Auf Grund der Malzscheine hat die Hebestelle das Malzverbrauchbuch jeweils sofort zu ergänzen und die Malzscheine als Belege dem Malzverbrauchbuche beizufügen.

Bestimmungen über den Betrieb öffentlicher, mit einer selbsttätigen Wägevorrichtung versehener Malzmühlen.

Art. 31. (1) In öffentlichen Malzmühlen, die mit einer selbsttätigen Wägevorrichtung versehen sind, darf mit dem Schroten des Malzes erst begonnen werden, wenn die gesamte auf dem Malzscheine bezeichnete Malzmenge in die Mühlräume verbracht ist.

(2) In den mit einer selbsttätigen Wägevorrichtung versehenen öffentlichen Malzmühlen hat der Müller sofort nach dem Schroten des Malzes die geschrotete Malzmenge nach der Anzeige der Wägevorrichtung auf dem Malzschein und im Mühlbuche zu vermerken. Der Vortrag auf dem Malzschein ist vom Müller sofort zu unterzeichnen.

(3) Die Bestimmungen in Artikel 39 finden auch auf öffentliche mit einer selbsttätigen Wägevorrichtung versehene Malzmühlen Anwendung.

AusfB. zu Art. 31.

Bestimmung über den Betrieb öffentlicher, mit einer selbsttätigen Wägevorrichtung versehener Malzmühlen.

§ 47. 1 Auf die Zulassung und den Betrieb öffentlicher Malzmühlen mit selbsttätiger Wägevorrichtung finden die Vorschriften in den §§ 49 bis 53 und 59 entsprechende Anwendung. Die Genehmigung zum Besitz oder zur Benützung (§ 51 Abs. 6) erteilt in allen Fällen das Hauptzollamt.

² Wird Malz auf einer öffentlichen Malzmühle mit selbsttätiger Wägevorrichtung geschrotet, so hat der Müller auf dem Malzscheine den Stand des Zählwerkes vor und nach dem Schroten deutlich mit Ziffern vorzutragen, hieraus das Ergebnis der Verwiegung zu berechnen und den Vortrag unter Angabe des Tages des Schrotens zu unterzeichnen. Wenn während des Schrotens das Zählwerk seinen höchsten Stand erreicht hat, so ist auf dem Malzschein als Stand des Zählwerkes nach dem Schroten zwar die wirklich angezeigte Ziffer vorzutragen, bei der Ermittelung des Verwiegungsergebnisses aber dem Stande des Zählwerkes nach dem Schroten die Ziffer des erreichten Höchststandes beizuzählen.

Feststellung des steuerpflichtigen Gewichts des Malzes.

Art. 32. (1) Das steuerpflichtige Gewicht des Malzes bemißt sich, sofern das Malz auf einer öffentlichen, nicht mit einer selbsttätigen Wägevorrichtung versehenen Malzmühle geschrotet worden ist, nach dem Ergebnisse der Verwiegung in der Mühle.

(2) Ist das Malz auf einer öffentlichen, mit einer selbsttätigen Wägevorrichtung versehenen Malzmühle geschrotet worden, so ist für das steuerpflichtige Gewicht des Malzes die Anzeige der Wägevorrichtung ausschließlich maßgebend, soweit nicht diese Anzeige als unrichtig festgestellt werden kann.

AusfB. zu Art. 32.

Feststellung des steuerpflichtigen Gewichts des Malzes.

§ 48. ¹ Auf die Feststellung des steuerpflichtigen Gewichts von Malz, das auf einer öfentlichen mit einer selbsttätigen Wägevorrichtung versehenen Malzmühle geschrotet worden ist, finden die Vorschriften in § 58 entsprechende Anwendung.

² Kann das in der Mühle gemäß Artikel 32 Abs. 1 des Gesetzes ermittelte steuerpflichtige Gewicht des Malzes wegen besonderer Umstände (z. B. Brand) nicht mehr in anderer Weise festgestellt werden, so bemißt sich das steuerpflichtige Gewicht nach der Anmeldung (Artikel 17 des Gesetzes). Die Entscheidung erfolgt durch die K. Generaldirektion der Zölle und indirekten Steuern.

b) Das Schroten von Malz auf eigenen Malzmühlen.

Genehmigungspflicht.

Art. 33. (1) **Wer Malz auf einer eigenen Malzmühle schroten will, hat die Genehmigung der Steuerbehörde einzuholen.**

(2) **Die Einholung der Genehmigung hat bei Neuaufstellung einer Mühle vor der Aufstellung, in anderen Fällen vor Beginn des Betriebs zu erfolgen.**

(3) **Die erteilte Genehmigung ist jederzeit widerruflich.**

AusfB. zu Art. 33 und 34.

Einrichtung und Aufstellungsort der Malzmühlen mit selbsttätiger Wägevorrichtung.

§ 49. ¹ Das K. Staatsministerium der Finanzen bestimmt, welche Arten von selbsttätigen Wägevorrichtungen zugelassen werden.

² Die Malzmühlen mit selbsttätiger Wägevorrichtung sind wagrecht und an einem Orte aufzustellen, welcher Beschädigungen der Einrichtung durch dritte Personen oder andere auf den Gang der Wägevorrichtung schädlich wirkende Einflüsse (z. B. Eindringen von Dampf aus der Brauerei, Einwirkung der Witterung u. dgl.) ausschließt. Der Aufstellungsort ist so zu wählen, daß das Zählwerk sowie nach Abnahme des Verschlusses auch die einzelnen Teile der Wägevorrichtung genau

beobachtet werden können. Der Unterbau für die Wage und die mit ihr verbundene Malzmühle muß fest und tunlichst erschütterungsfrei sein.

³ Es müssen Vorkehrungen getroffen sein, die ein gleichmäßiges Einfließen des Malzes und die Beseitigung von Fremdkörpern, die den richtigen Gang der Wägevorrichtung stören können, bewirken.

Amtlicher Verschluß.

§ 50. ¹ Der amtliche Verschluß der Umschlußdeckel der selbsttätigen Wägevorrichtung geschieht durch Steuerschlösser; die übrigen Teile der Wägevorrichtung und die dazu gehörige Malzmühle werden, soweit erforderlich, durch Anlegung von Steuerbleien verschlossen.

² Die Steuerschlösser werden von der Steuerverwaltung geliefert und bleiben im Eigentum der Steuer verwaltung.

Verfahren bei der Aufstellung von Malzmühlen mit selbsttätiger Wägevorrichtung.

§ 51. ¹ Wer eine Malzmühle mit selbsttätiger Wägevorrichtung neu aufstellen will, hat dies mindestens 14 Tage vorher der Hebestelle, in deren Bezirk die Mühle aufgestellt werden soll, anzuzeigen und um die Genehmigung zum Besitz und zur Benützung nachzusuchen. Hiebei ist die Art (System) der aufzustellenden Wägevorrichtung sowie der Tag, an welchem die Aufstellung erfolgen soll, anzugeben. Die Hebestelle hat das Gesuch sofort dem Oberkontrolleur und in Bezirken, welche keinem Oberkontrolleur zugeteilt sind, dem Steueramtsvorstande vorzulegen.

² Der Oberkontrolleur bzw. der Steueramtsvorstand bestimmt im Einvernehmen mit dem Betriebsinhaber den Ausstellungsort der Mühle.

³ Die Aufstellung der Malzmühle mit selbsttätiger Wägevorrichtung hat im Beisein des Mühlbesitzers durch einen Monteur der Fabrik, welche die Wägevorrichtung hergestellt hat, zu geschehen. Die Wägevorrichtung muß vor ihrer Absendung aus der Fabrik amtlich geeicht sein; der Eichschein muß der Wägevorrichtung beigegeben werden.

4 Der Oberkontrolleur und die übrigen Beamten, welchen die Aufsicht über die Mühle obliegt, haben der Aufstellung der Mühle anzuwohnen und sich davon zu überzeugen, ob die Wägevorrichtung mit der amtlichen Beschreibung und Zeichnung übereinstimmt.

5 Haben sich bei der Aufstellung der Mühle und der Wägevorrichtung Beanstandungen nicht ergeben und ist die Wägevorrichtung von dem Monteur für prüfungsreif erklärt, so hat der Oberkontrolleur oder, falls ein solcher nicht vorhanden ist, der Steueramtsvorstand die Prüfung vorzunehmen. Die Prüfung hat nach der in Anlage B gegebenen Anleitung zu erfolgen. Anlage B.

6 Hat die Prüfung zu einer Beanstandung keinen Anlaß gegeben oder sind die erhobenen Beanstandungen beseitigt worden, so legt die Hebestelle die aufgenommenen Verhandlungen nebst dem Gesuche des Mühlbesitzers dem Hauptzollamte vor. Die Genehmigung zur Benützung erteilt das Hauptzollamt. Die erteilte Genehmigung ist zu widerrufen, wenn der Betriebsberechtigte sich einer Gefährdung des Malzaufschlags schuldig macht oder den für das Schroten von Malz auf eigenen Mühlen geltenden Vorschriften fortgesetzt zuwiderhandelt.

Verfahren bei Veränderungen im Besitze von Malzmühlen mit selbsttätiger Wägevorrichtung.

§ 52. 1 Tritt ein Wechsel im Besitz einer Malzmühle mit selbsttätiger Wägevorrichtung ein, so kann die Genehmigung zur Benützung ohne vorherige Prüfung der Wägevorrichtung erteilt werden. Die Hebestelle hat jedoch bei Vorlage des Gesuchs unter Beifügung der letzten Prüfungsverhandlung ausdrücklich zu bemerken, daß die Mühle und die damit verbundene Wägevorrichtung in steuerlicher Hinsicht zu Bedenken keinen Anlaß geben.

2 Der neue Besitzer hat die Mühle mit jenem Stande des Zählwerkes zu übernehmen, mit welchem er sie vom Vorbesitzer überkommen hat.

Reinigung und Prüfung der Malzmühlen mit selbsttätiger Wägevorrichtung.

§ 53. 1 Jede im Betriebe befindliche selbsttätige Wägevorrichtung ist im Jahre mindestens einmal von einem

Oberkontrolleur und mindestens einmal vom Steueramtsvorstand einer eingehenden Prüfung zu unterziehen (ordentliche Prüfung). Die Prüfung hat nach der in der Anlage B gegebenen Anleitung zu erfolgen.

[2] Nach Anordnung des Bezirksoberkontrolleurs oder, falls ein solcher nicht vorhanden ist, des Steueramtsvorstandes hat der Inhaber einer Malzmühle mit selbsttätiger Wägevorrichtung von Zeit zu Zeit die inneren Teile der Wägevorrichtung und der Mühle von dem sich ansammelnden Staube unter amtlicher Aufsicht reinigen zu lassen. Bei Wägevorrichtungen, die täglich arbeiten, hat diese Reinigung mindestens einmal monatlich zu erfolgen. Mit jeder Reinigung ist eine Nachprüfung der Tätigkeit der Wägevorrichtung zu verbinden (Reinigungsprüfung), wobei nach der in Anlage B gegebenen Anleitung zu verfahren ist.

Selbsttätige Wägevorrichtungen.

Art. 34. Die in Art. 24 bezüglich der öffentlichen Malzmühlen, deren Mahlgänge mit Zylinderwalzen betrieben werden, gegebenen Vorschriften haben auch auf die eigenen Malzmühlen Anwendung zu finden.

AusfB. zu Art. 34.

(siehe oben bei Art. 33).

Umfang der Benützung.

Art. 35. (1) Auf einer eigenen Malzmühle darf nur steuerpflichtiges Malz, welches für den eigenen Bedarf des Betriebsberechtigten bestimmt ist, geschrotet werden.

(2) Ausnahmen können von der Steuerbehörde unter den erforderlichen Überwachungsmaßregeln zugelassen werden.

AusfB. zu Art. 35.

Umfang der Benützung.

§ 54. [1] Der Inhaber einer eigenen Malzmühle darf neben dieser Mühle eine andere Malzmühle nicht benützen.

² Ausnahmen hievon sowie von der Bestimmung des Art. 35 Abs. 1 können für einzelne Fälle von der Hebestelle bewilligt werden, dauernde Ausnahmen können nur vom Hauptzollamte zugelassen werden.

³ Die von der Hebestelle zugelassenen Ausnahmen sind im Malzverbrauchbuche, die vom Hauptzollamte zugelassenen Ausnahmen im Mühlenverzeichnisse zu vermerken.

Mühlbuch.

Art. 36. (1) Der Inhaber einer eigenen Malzmühle hat nach näherer Anordnung der Steuerverwaltung ein Mühlbuch zu führen, in welches sofort nach jedem Schroten von Malz der Stand des Zählwerkes der Wägevorrichtung einzutragen ist.

(2) Das Mühlbuch ist sorgfältig an dem von der Steuerbehörde bestimmten Orte aufzubewahren, den Steuerbeamten auf Verlangen jederzeit vorzulegen, zur bestimmten Frist abzuschließen und an die Steuerbehörde abzuliefern.

AusfB. zu Art. 36.

Mühlbuch.

§ 55. ¹ Das Mühlbuch ist nach Muster 16 und der dort gegebenen Gebrauchsanleitung in vierteljährigen Zeitabschnitten zu führen.

² Den Aufbewahrungsort des Mühlbuchs bestimmt die Hebestelle, wobei darauf Rücksicht zu nehmen ist, daß sich das Mühlbuch in tunlichster Nähe der Mühle befindet.

³ Die Hebestelle hat die ihr am Vierteljahrsschlusse zurückgelieferten Mühlbücher mit den Einträgen im Notizbuche (§ 57) bzw. auf den Malzscheinen und im Malzverbrauchbuche genau zu vergleichen und etwaige Mißstimmungen zu beheben.

Anzeige des jeweiligen Malzschrotens.

Art. 37. Will der Inhaber einer genehmigten eigenen Malzmühle Malz schroten, so hat er der

Steuerbehörde jeweilig rechtzeitig schriftlich Anzeige nach näherer Anordnung der Steuerverwaltung zu erstatten.

AusfB. zu Art. 37.

Anzeige des jeweiligen Malzschrotens.

§ 56. [1] Die nach Art. 37 des Gesetzes vorgeschriebene Anzeige hat zu enthalten:

1. Name und Wohnort des Inhabers der eigenen Malzmühle;
2. den Tag, an welchem das Malz geschrotet werden soll;
3. das Gewicht des Malzes, welches für jeden einzelnen Biersud gesondert anzugeben ist;
4. die Art der beabsichtigten Verwendung des Malzes.

Soll Malz, welches eine wesentliche Gewichtsverminderung im Sinne des Art. 6 Abs. 3 des Gesetzes erfahren hat, geschrotet werden, so ist dies in der Anzeige zu bemerken.

[2] Die Anzeige ist so zeitig zu erstatten, daß der Aufsichtsbeamte der Malzschrotung beiwohnen kann. Die Anzeige kann sich auf einen Zeitraum von 8 Tagen erstrecken.

[3] Zur Anzeige sind von der Hebestelle zu beziehende Muster 17. Anmeldezettel nach Muster 17 zu benützen; die Anzeigen können auch mit einer Freimarke versehen als Postkarte der Hebestelle zugesendet werden.

[4] Die Hebestelle hat die eingelaufenen Anmeldezettel auf ihre Vollständigkeit zu prüfen. Gibt die Anzeige zu einer Beanstandung keinen Anlaß, so ist sie in das Malzverbrauchbuch einzutragen und diesem Buche als Beleg beizufügen.

Notizbuch über das Schroten von Malz auf eigenen Malzmühlen.

§ 57. [1] Über das Schroten von Malz auf eigenen Malzmühlen ohne Malzschein ist für jede Mühle bei der Hebe-
Muster 18. stelle ein Notizbuch nach Muster 18 in vierteljährigen Zeitabschnitten zu führen.

² Dieses Notizbuch haben die Aufsichtsbeamten bei der Nachschau in der Mühle mit sich zu führen.

³ Die Hebestelle hat auf Grund der Einträge im Notizbuche das Malzverbrauchbuch zu ergänzen.

⁴ Die erledigten Notizbücher bilden Belege zum Malzverbrauchbuche.

Feststellung des steuerpflichtigen Gewichts des Malzes.

Art. 38. Das steuerpflichtige Gewicht des auf einer eigenen Malzmühle geschroteten Malzes bemißt sich vorbehaltlich der Bestimmung in Art. 39 ausschließlich nach der Anzeige der Wägevorrichtung, soweit nicht diese Anzeige als unrichtig festgestellt werden kann.

AusfB. zu Art. 38.

Feststellung des steuerpflichtigen Gewichts des Malzes.

§ 58. ¹ Besteht Grund zur Annahme, daß das Zählwerk der Wägevorrichtung unrichtig angezeigt hat, so hat die Hebestelle den Sachverhalt unter Einvernahme des Inhabers der Mühle genau festzustellen und dem Steueramte zur Vorlage an das Hauptzollamt hierüber zu berichten.

² Ist eine unrichtige Anzeige des Zählwerkes einwandfrei nachgewiesen, so ist die zu viel oder zu wenig angezeigte Malzmenge nach erholter Genehmigung der Generaldirektion der Zölle und indirekten Steuern im Malzverbrauchbuch an der steuerpflichtigen Malzmenge ab= oder zuzusetzen.

³ Kann das in der Mühle gemäß Art. 38 des Gesetzes ermittelte steuerpflichtige Gewicht des Malzes wegen besonderer Umstände (z. B. Brand) nicht mehr in anderer Weise festgestellt werden, so bemißt sich das steuerpflichtige Gewicht nach der Anmeldung (Art. 37 des Gesetzes). Die Entscheidung erfolgt durch die K. Generaldirektion der Zölle und indirekten Steuern.

Beschädigungen der Malzmühle oder der Wägevorrichtung.

Art. 39. Von Beschädigungen der Malzmühle oder der selbsttätigen Wägevorrichtung, welche die Benützung unterbrechen oder die Sicherheit mindern, von Unregelmäßigkeiten in der Tätigkeit der Wägevorrichtung sowie von Verletzungen des amtlichen Verschlusses haben die Inhaber eigener Malzmühlen sofort und jedenfalls binnen 12 Stunden nach gemachter Wahrnehmung der Steuerbehörde Anzeige zu erstatten. Bis zum Eintreffen des Steuerbeamten darf die Mühle nicht benützt werden. Der Steuerbeamte setzt die schadhafte oder unzuverlässige Wägevorrichtung außer Betrieb und gewährt zur Ausbesserung oder Neuaufstellung sowie zur Wiederherstellung der beschädigten Malzmühle eine angemessene Frist. Die einstweilige Benützung der Malzmühle ohne die Wägevorrichtung kann unter sichernden Maßnahmen von der Steuerbehörde gestattet werden.

AusfB. zu Art. 39.

Beschädigung der Malzmühle oder der Wägevorrichtung.

§ 59. [1] Die Anzeige über die Beschädigung einer Malzmühle usw. ist der Hebestelle zu erstatten. Der Stand des Zählwerkes ist vom Inhaber der Mühle sofort nach Wahrnehmung der Beschädigung im Mühlbuch und gegebenenfalls auch auf dem Malzscheine vorzumerken.

[2] Sofort nach Eintreffen der Anzeige bei der Hebestelle, spätestens aber innerhalb 24 Stunden ist der Sachverhalt amtlich an Ort und Stelle zu ermitteln.

[3] Handelt es sich nur um eine Störung im Gange des Mühlwerkes, welche sofort behoben werden kann, ist z. B. ein fremder Körper durch die Einlaufgosse in die Mühle gekommen, so ist die Störung zu beseitigen und die Mühle nach Wiederanlegung der abgenommenen amtlichen Verschlüsse sogleich wieder zur Benützung freizugeben.

4 Hat das Mühlwerk eine derartige Beschädigung erlitten, daß es einer nicht sofort ausführbaren Ausbesserung unterzogen werden muß oder ist eine Störung oder eine Beschädigung der selbsttätigen Wägevorrichtung eingetreten, so ist das Triebwerk unter Verschluß zu legen.

5 Über den auf Grund der eingelaufenen Anzeige festgestellten Sachverhalt und die hienach getroffenen Maßnahmen ist eine von allen Beteiligten, insbesondere auch von dem Inhaber der Mühle zu unterzeichnende Verhandlung aufzunehmen und dem Oberkontrolleur oder, wenn ein solcher nicht vorhanden ist, dem Steueramtsvorstande vorzulegen, welcher dieselbe nachprüft, gegebenenfalls ihre Richtigstellung oder Ergänzung veranlaßt und hierauf an das Hauptzollamt einsendet. Hat sich bei der Beschädigung auch eine unrichtige Anzeige des Zählwerkes ergeben, so sind die erforderlichen Feststellungen in die Verhandlungen mit aufzunehmen.

6 Für den Fall einer unabsichtlichen Beschädigung darf die Mühle innerhalb der zur Behebung der Beschädigung festgesetzten Frist nach den für öffentliche Malzmühlen ohne selbsttätige Wägevorrichtung geltenden Vorschriften (Art. 17 bis 20, 27 bis 31 und 32 Abs. 1 des Gesetzes) sowie unter den nachstehenden weiteren Bedingungen fortbenützt werden:

a) Auf die Mühle oder das Zwischenstück zwischen Mühle und Wägevorrichtung ist eine Einschüttgosse aus Eisen oder Holz fest von innen aufzuschrauben; die Gosse muß einen mit Steuerschloß verschließbaren Deckel haben und so eingerichtet sein, daß ein Einbringen von Malz nach Anlegung des amtlichen Verschlusses ausgeschlossen ist; bei hölzernen Gossen sind daher die einzelnen Bretter von innen mit eisernen Bändern zu verschrauben.

b) Alles zum Schroten bestimmte Malz muß unter amtlicher Aufsicht verwogen und in die Gosse verbracht werden.

c) Der Aufsichtsbeamte hat das Ergebnis der Verwiegung auf dem Malzscheine mit zu unterzeichnen und auf der Rückseite zu bestätigen, daß die verwogene Malzmenge nach Abnahme des unverletzten Verschlusses unter seiner Aufsicht in die Gosse verbracht und diese sogleich wieder amtlich verschlossen wurde.

⁷ Im Falle des Abs. 4 hat die Ausbesserung der beschädigten Wägevorrichtung in der Regel durch einen Monteur der Fabrik, welcher die Wage hergestellt hat, zu geschehen. Erfordert die Ausbesserung eine gänzliche oder teilweise Abtragung der Wägevorrichtung, so haben die Aufsichtsbeamten nach Vorschrift des § 51 Abs. 4 der Wiederaufstellung anzuwohnen. Ist eine Ausbesserung der eigentlichen Teile der Wägevorrichtung erfolgt, so ist die Wägevorrichtung nach Vorschrift des § 51 Abs. 5 und der Anlage B Ziff. I zu prüfen (außerordentliche Prüfung). Hat die Prüfung zu einer Beanstandung keinen Anlaß gegeben oder sind die erhobenen Beanstandungen behoben worden, so ist die Mühle sogleich zur Weiterbenützung freizugeben. Die über die Prüfung aufgenommene Verhandlung ist dem Hauptzollamte vorzulegen, das Hauptzollamt prüft die Verhandlung und gibt sie an das Steueramt zurück.

⁸ Einer Beschädigung ist es gleich zu achten, wenn wegen Veränderung des Standorts oder aus sonstigen Gründen eine gänzliche oder teilweise Abtragung und Wiederaufstellung der Mühle stattfindet oder wenn Zweifel über die richtige Tätigkeit der Wägevorrichtung entstehen, ohne daß eine Beschädigung wahrnehmbar wäre (vgl. Anlage B Ziffer I).

Ausnahmen von den für eigene Malzmühlen vorgesehenen Erleichterungen.

Art. 40. (1) Ist der Inhaber einer eigenen Malzmühle zur Vorausbezahlung des Malzaufschlags verpflichtet oder wird auf einer eigenen Malzmühle mit Genehmigung der Steuerbehörde außer aufschlagpflichtigem Malze auch aufschlagfreies Malz geschrotet oder wird eine eigene Malzmühle mit Genehmigung der Steuerbehörde von verschiedenen Personen auf eigene Rechnung benutzt, so haben nach näherer Anordnung der Steuerverwaltung ganz oder teilweise die Bestimmungen zur Anwendung zu kommen, welche für das Schroten von Malz auf öffentlichen mit einer selbsttätigen Wägevorrichtung versehenen Malzmühlen gelten.

(2) Die Steuerbehörde kann auch in anderen Fällen dem Inhaber einer eigenen Malzmühle die Erfüllung von Vorschriften auferlegen, welche für das Schroten von Malz auf öffentlichen mit einer selbsttätigen Wägevorrichtung versehenen Malzmühlen gelten.

AusfB. zu Art. 40.

Ausnahmen von den für eigene Malzmühlen vorgesehenen Erleichterungen.

§ 60. 1 Ist der Inhaber einer eigenen Malzmühle zur Vorausbezahlung des Malzaufschlags verpflichtet oder wird auf einer eigenen Malzmühle mit Genehmigung der Steuerbehörde außer aufschlagpflichtigem Malze auch aufschlagfreies Malz geschrotet oder wird eine eigene Malzmühle mit Genehmigung der Steuerbehörde von verschiedenen Personen auf eigene Rechnung benützt oder wird auf einer eigenen Malzmühle neben Gerstenmalz auch Weizenmalz geschrotet oder ist das Malz zur Herstellung bierähnlicher Getränke bestimmt, so finden die Vorschriften der Artikel 17, 18, 19 Abs. 3 u. 4, 27, 30 und 31 Abs. 2 des Gesetzes entsprechende Anwendung. Im Falle der Verpflichtung zur Vorausbezahlung des Malzaufschlags hat auch Art. 19 Abs. 2 des Gesetzes Anwendung zu finden.

2 Für den Fall der dauernden Benützung einer eigenen Malzmühle durch verschiedene Personen auf eigene Rechnung (Genossenschaftsmühlen usw.) kann das Hauptzollamt die Beobachtung der sämtlichen für die Benützung öffentlicher Malzmühlen mit selbsttätiger Wägevorrichtung geltenden Vorschriften anordnen.

c) Andere zum Schroten von Malz geeignete Vorrichtungen.

Art. 41. (1) Die Benützung von Vorrichtungen, die zum Schroten von Malz geeignet sind, kann von der Steuerbehörde untersagt werden, wenn das Malzaufschlaggefälle gefährdet erscheint.

(2) Darüber, ob eine Vorrichtung zum Schroten von Malz geeignet erscheint, entscheidet die Steuerbehörde.

AusfB. zu Art. 41.

§ 61. In den Fällen des Art. 41 entscheidet das Hauptzollamt.

Art. 42. Inhaber von Brauereibetrieben dürfen innerhalb einer Entfernung von 5 km vom Betriebsort ohne Genehmigung der Steuerbehörde eine Futterschrotmühle oder sonstige zum Schroten von Malz geeignete Vorrichtungen weder besitzen noch benützen. Die Genehmigung kann von der Anlage eines steueramtlichen Verschlusses oder von der Anbringung einer geeigneten Sicherungsvorrichtung abhängig gemacht werden.

AusfB. zu Art. 42.

Andere zum Schroten von Malz geeignete Vorrichtungen.

§ 62. [1] Inhaber von Brauereien, welche in den Besitz einer Grünmalzquetschmaschine, Futterschrotmühle, Hausmühle oder einer sonstigen zum Schroten von Malz geeigneten Vorrichtung gelangen, haben, sofern der Aufstellungsort der Vorrichtung von dem Betriebsorte 5 km oder weniger entfernt ist, der Hebestelle innerhalb acht Tagen nach der Besitzerlangung Anzeige zu erstatten und um die Genehmigung zum Besitz und zur Benützung nachzusuchen. Die Genehmigung wird vom Hauptzollamt unter Anordnung der erforderlichen Überwachungsmaßnahmen in widerruflicher Weise erteilt; die Vorschriften in §§ 30, 31 und 33 finden entsprechende Anwendung.

² Grünmalzquetschmaschinen dürfen nur zur Bearbeitung von Grünmalz, Futterschrot und Hausmühlen nur zum Schroten oder Mahlen von Getreide, Hülsenfrüchten u. dergl. — mit Ausschluß jedoch von Malz — für den eigenen Bedarf des Besitzers benützt werden. Die Hebestelle kann vorübergehend, das Hauptzollamt dauernd Ausnahmen zulassen; Malz (Luft- oder Dörrmalz) darf auf derartigen Vorrichtungen keinesfalls geschrotet werden.

³ Bei Quetschmaschinen sind während der betriebslosen Zeit die Quetschwalzen oder das Antriebsrad amtlich zu verschließen, Futterschrot- und Hausmühlen sind mit einem von der Staatsregierung genehmigten Probensammler (Kontrollapparat, § 63) zu versehen.

Probensammler.

§ 63. ¹ Die K. Generaldirektion der Zölle und indirekten Steuern bestimmt, welche Arten (Systeme) von Probensammlern zugelassen werden.

² Der Probensammler muß mit der Mühle derartig in Verbindung gebracht werden können, daß von jeder auf der Mühle bearbeiteten Frucht einzelne Körner im unbearbeiteten Zustande abgesondert und einem an der Mühle angebrachten amtlich verschlossenen Raume (Sammelkasten) zugeführt werden. Der Probensammler ist durch Steuerbleie amtlich zu verschließen; der Verschluß ist so anzulegen, daß ohne Verletzung desselben ein Eingriff in die Probenabsonderungsvorrichtung und in den Sammelkasten ausgeschlossen ist.

³ Soll eine Futterschrot- oder Hausmühle mit Probensammler aufgestellt werden, so ist der Probensammler durch die Hebestelle einer Prüfung zu unterziehen. Die Prüfung hat sich insbesondere darauf zu erstrecken, ob der Probensammler in allen seinen Teilen mit der amtlichen Beschreibung übereinstimmt sowie ob er den in Abs. 2 gestellten Anforderungen entspricht. Über die Prüfung des Probensammlers ist eine Verhandlung nach Muster 19 aufzunehmen, welche die Hebe- Muster 19.

stelle mit dem Gesuche des Mühlbesitzers dem Hauptzollamte zur Verbescheidung vorlegt.

4 Bei jedem zugelassenen Probensammler hat von Zeit zu Zeit eine Entleerung des Sammelkastens unter amtlicher Aufsicht stattzufinden. Der Zeitraum, innerhalb dessen eine solche Entleerung zu erfolgen hat, ist nach der Größe des Sammelkastens und nach dem mehr oder minder starken Gebrauche der Mühle zu bemessen. Keinesfalls darf damit solange zugewartet werden, bis der Sammelkasten in einer Weise gefüllt ist, daß er keine weiteren Körner mehr aufzunehmen vermag. Die Aufsichtsbeamten haben sorgfältig zu untersuchen, ob der Sammelkasten keine Malzkörner enthält. Die einzelnen
Muster 20. Prüfungen sind in ein Verzeichnis nach Muster 20 niederzulegen.

5 Bei Verletzungen des steueramtlichen Verschlusses oder bei Beschädigungen von Futterschrot- und Hausmühlen mit Probensammler finden die Vorschriften in § 59 sinngemäße Anwendung.

3. Verkehr mit geschrotetem Malze.

Art. 43. (1) **Geschrotetes Malz darf nicht in Verkehr gebracht werden.**

(2) **Ausnahmen können von der Steuerbehörde unter den erforderlichen Überwachungsmaßnahmen zugelassen werden.**

(3) **Wer geschrotetes Malz nach Bayern einführt, hat die hiefür von der Steuerverwaltung getroffenen Anordnungen zu beachten.**

AusfB. zu Art. 43.

Verkehr mit geschrotetem Malze.

§ 64. Ausnahmen im Sinne des Art. 43 Abs. 2 des Gesetzes werden in einzelnen Fällen vom Hauptzollamte, sonst von der K. Generaldirektion der Zölle und indirekten Steuern zugelassen.

Anmeldepflicht. **4. Bierbrauereien.**

Art. 44. (1) Wer Bier brauen will, hat vor Beginn des Betriebs Anzeige bei der Steuerbehörde zu erstatten und den Beginn des Betriebs anzuzeigen.

(2) Vor Erstattung der Anzeige darf mit dem Betriebe nicht begonnen werden.

AusfB. zu Art. 44.

Anmeldepflicht.

§ 65. Die in Art. 44 des Gesetzes vorgeschriebene Anzeige ist der Hebestelle zu erstatten. Die Anzeige ist nur erforderlich, wenn eine neu errichtete Brauerei erstmals in Betrieb gesetzt oder wenn eine ruhende Brauerei wieder in Betrieb gesetzt wird.

Sudbuch.

Art. 45. (1) Gewerbliche Bierbrauer haben nach näherer Anordnung der Steuerverwaltung ein Sudbuch zu führen, in welchem die Mengen des für die einzelnen Sude verwendeten Malzes und der daraus gewonnenen Bierwürze sowie deren Extraktgehalt vorzutragen sind.

(2) Das Sudbuch ist an dem von der Steuerbehörde bestimmten Platze sorgfältig aufzubewahren, den Steuerbeamten auf Verlangen jederzeit vorzulegen und der Steuerbehörde zur bestimmten Frist einzuliefern.

AusfB. zu Art. 45.

Sudbuch.

§ 66. [1] Gewerbliche Bierbrauer haben ein Sudbuch nach Muster 21 und der daselbst gegebenen Gebrauchsanleitung in vierteljährigen Zeitabschnitten zu führen. Wird eine Brauerei von mehreren für eigene Rechnung brauenden Personen gemeinsam benützt, so ist für jeden Brauer eine eigene Abteilung im Sudbuch einzurichten. Muster 21.

[2] Für jede Biersorte ist im Sudbuch eine Unterabteilung zu eröffnen.

[3] Im Sudbuche sind Tag und Stunde der Einmaischung jeder einzelnen Malzschüttung (Menge des

zu einem Sude verwendeten Malzes), das steuerpflichtige Gewicht des für jeden Sud eingemaischten Malzes in Kilogramm, die Menge der Ausschlagwürze in Hektolitern, der Extraktgehalt der Ausschlag- und Anstellwürze in Hundertteilen des Gewichts der Würze (ganze und Zehntel Prozent) sowie die Extraktausbeute (Sudhausausbeute) in ganzen und Zehntel Prozent nach vorheriger Feststellung durch den Brauer anzugeben. Die Angabe der Sudhausausbeute im Sudbuche kann vom Hauptzollamt erlassen werden. Hievon ist im Sudbuche Vermerk zu machen.

4 Die Einträge im Sudbuche haben so bald als möglich, jedenfalls aber am Tage der Ermittlung zu erfolgen.

5 Die Aufsichtsbeamten haben bei jeder Nachschau in der Brauerei die Einträge im Sudbuch auf ihre Vollständigkeit zu prüfen und über die vorgenommene Prüfung in die Bemerkungsspalte des Sudbuchs einen entsprechenden Vermerk aufzunehmen.

6 Die Hebestelle hat die ihr am Vierteljahresschlusse zurückgelieferten Sudbücher zu prüfen und erforderlichen Falles richtig zu stellen. Sodann sind in den Sudbüchern die Einträge in den Spalten 4 mit 6 und 8 aufzurechnen und in den Spalten 6 und 8 der durchschnittliche Extraktgehalt in der Weise zu ermitteln, daß die Summe durch die Zahl der Vorträge geteilt wird. Außerdem ist in jeder Abteilung des Sudbuchs unter Anwendung des für die betreffende Brauerei festgestellten Schwundsatzes die aus der Würzemenge (Spalte 5) sich berechnende Menge des Schwundes und sodann unter Abzug desselben von der Gesamtausschlagwürze die Gesamtmenge des fertigen Bieres zu ermitteln. Ferner ist noch die für das Vierteljahr durchschnittlich zutreffende Malzverwendung für 1 Hektoliter Bier in der Weise zu berechnen, daß die Gesamtmenge des verwendeten Malzes (Spalte 4) durch die Gesamtmenge des erzeugten Bieres geteilt wird.[1]) Über die vierteljährigen Sudbuchabschlüsse sind von den

[1]) Bei dieser Berechnung, die auf 2 Dezimalstellen zu erfolgen hat, werden 5 und mehr Tausendstel auf ein Hundertstel nach oben abgerundet. Allg. Entschl. d. GenDir. d. Zölle vom 20. Oktober 1911 Nr. 32812 I a.

Hebestellen, Steuerämtern und Hauptzollämtern Anschreibungen nach Muster 22 zu führen. Die Hebestellen haben das Ergebnis der Sudbuchabschlüsse den beteiligten Brauern auf Verlangen mitzuteilen. Muster 22.

Eigene Malzmühlen für neu entstehende Brauereien.

Art. 46. (1) Die Inhaber der nach dem 1. März 1910 entstandenen Brauereibetriebe sind verpflichtet, in ihrer Brauerei selbst oder doch in räumlicher Verbindung mit ihr zum Schroten des in der Brauerei zur Bierbereitung bestimmten Malzes eigene Malzmühlen aufzustellen und zu benützen.

(2) Ausnahmen können von der Steuerbehörde zugelassen werden.

AusfB. zu Art. 46.

Eigene Malzmühlen für neu entstehende Brauereien.

§ 67. Das Hauptzollamt kann den in Art. 46 Abs. 1 des Gesetzes bezeichneten Brauern in Ausnahmefällen die Benützung einer anderen als der eigenen Malzmühle vorübergehend gestatten.

5. Steueraufsicht.

Gegenstand der Steueraufsicht.

Art. 47. (1) Bierbrauereien und andere Betriebsstätten mit Malzverbrauch, Malzmühlen sowie sonstige zum Schroten von Malz geeignete Vorrichtungen, deren Besitz und Betrieb nach Art. 42 der Genehmigung bedarf, unterliegen der Steueraufsicht.

(2) Zum Schroten von Malz geeignete Vorrichtungen, deren Besitz und Betrieb einer Genehmigung nicht bedarf, können unter Steueraufsicht gestellt werden.

AusfB. zu Art. 47, 48 und 50.

Nachschau in Brauereien.

§ 68. [1] Bei der Nachschau in Brauereien und in den diesen gleichgestellten Betrieben haben sich die Aufsichtbeamten eine möglichst eingehende Kenntnis der Betriebsverhältnisse zu verschaffen; sie haben insbesondere sich davon zu überzeugen

a) ob zur Herstellung von Bier oder bierähnlichen Getränken keine unzulässigen Ersatzstoffe verwendet werden;
b) ob nicht unversteuertes Malz verwendet wird;
c) ob die erzeugten Biermengen zu den versteuerten Malzmengen im richtigen Verhältnisse stehen und das Sudbuch vorschriftsmäßig geführt wird;
d) ob nicht etwa geschrotetes Malz an Dritte abgegeben oder von Dritten bezogen wird.

² Die Nachschaubefugnis der Aufsichtsbeamten erstreckt sich auf alle Räume, welche zum Brauereibetriebe benutzt werden (Sudhaus, Gär- und Lagerkeller usw.) oder mit dem Brauereibetrieb in Verbindung stehen.

Vermessung der Sudpfannen.

§ 69. ¹ In den Brauereien sind die Sudpfannen von den Steueramtsvorständen amtlich zu vermessen. Der Brauer hat der Vermessung beizuwohnen.

² Die Vermessung der Sudpfannen erfolgt durch nasse Vermessung mit geeichten Gefäßen und Verwiegung des Wasserinhalts der Sudpfanne. Die nasse Vermessung kann durch Auswägen des einzufüllenden Wassers ersetzt werden, wobei für 100 kg ein Hektoliter anzusetzen ist.

³ Bei der Vermessung ist darauf zu achten, daß die Sudpfanne völlig leer ist, sowie daß sämtliche Ablauföffnungen und gegebenenfalls die Dampfventile der Sudpfannen geschlossen sind. Die Vermessung hat in der Weise zu erfolgen, daß mittels einer von der Steuerbehörde zu beschaffenden amtlich geeichten Zwanzigliterkanne oder mittels einer vom Brauer beschafften amtlich geprüften Eichvorrichtung kaltes Wasser (nicht über + 15° C) je in der Menge von einem Hektoliter ohne Verlust in die Sudpfanne übergefüllt wird. Nach Einfüllen je eines Hektoliters ist die vollständige Beruhigung des Wasserspiegels abzuwarten und sodann der Stand des Wasserspiegels an einem vom Brauereibesitzer zu liefernden Meßstab genau und deutlich einzukerben. Der Abstand jedes einzelnen Teilstrichs vom unteren Ende

des Meßstabs oder, wenn ein Teilstrich vorhergeht, von diesem ist in Millimetern genau abzumessen. Die Einteilung des Meßstabs kann auch von einer im oberen Teile desselben angebrachten Marke aus erfolgen. Der Meßstab muß aus hartem Holze gefertigt, mit einer besonderen Vorrichtung zum Einhängen am oberen Rande der Sudpfanne versehen und am unteren Ende beschlagen sein. Der Meßstab ist stets an der gleichen Stelle einzuführen, welche am Rande der Sudpfanne durch eine Marke (Steuerblei) zu kennzeichnen ist. Nötigenfalls ist zum Zwecke einer stets gleichmäßigen Einführung des Meßstabs an der Sudpfanne eine Führungsklammer anbringen zu lassen. Ist wegen der Form der Sudpfanne die Anwendung eines geraden Meßstabs nicht möglich, so hat der Brauereibesitzer einen der Form der Sudpfanne genau angepaßten Meßstab zu beschaffen. Ist die Sudpfanne so mit Wasser befüllt, daß sie einen weiteren vollen Hektoliter nicht mehr zu fassen vermag, so ist die Vermessung zu beenden.

4 Zur Nachprüfung der Vermessung ist der Wasserinhalt der Sudpfanne in der Weise zu verwiegen, daß auf die Brücke einer vorher geprüften Dezimalwage ein tunlichst großes Gefäß (Faß, Schaff usw.) gestellt und die Wage mit dem Gefäße genau austariert wird. Das in die Sudpfanne eingemessene Wasser ist mit einem Schlauche, einer Rohrleitung oder dgl. in das auf die Wage gestellte Gefäß zu leiten. Jede Füllung des Gefäßes ist genau auszuwiegen. Vor jeder neuen Befüllung haben die Beamten sich zu überzeugen, daß das Gefäß vollständig leer ist und die Wage genau einspielt. Aus den Einzelverwiegungen ist das Gesamtgewicht des eingemessenen Wassers aufzurechnen und mit dem Ergebnisse der Vermessung zu vergleichen, wobei ein Kilogramm gleich einem Liter zu setzen ist. Weicht das Ergebnis der Verwiegung um mehr als 3 vom Hundert von dem Ergebnisse der Vermessung oder der ersten Verwiegung ab, so hat eine weitere Vermessung oder Verwiegung stattzufinden, deren Ergebnis endgültig ist. Über das Vermessungsgeschäft ist eine vom Brauer mit zu unterzeichnende Verhandlung nach Muster 23 in doppelter Ausfertigung aufzunehmen und dem Hauptzollamte vor- Muster

zulegen. Das Hauptzollamt prüft die Verhandlung und gibt beide Verhandlungen mit dem Prüfungsvermerke versehen an die Hebestelle, in deren Bezirk die Brauerei liegt. Eine Ausfertigung der Verhandlung ist zu den Akten der Hebestelle zu nehmen, die zweite Ausfertigung ist dem Brauereibesitzer zuzustellen und von diesem beim Sudbuch aufzubewahren.

5 Der Brauereibesitzer hat den Meßstab binnen einer vom Steueramtsvorstande zu bemessenden kurzen Frist mit einer den amtlichen Einkerbungen genau entsprechenden und deutlichen Hektolitereinteilung zu versehen, diese Einteilung und das am Meßstab anzubringende Steuerblei stets unversehrt zu erhalten und den Meßstab an dem vom Steueramtsvorstande bestimmten Platze aufzubewahren.

6 Der Brauereibesitzer ist verpflichtet, jede Änderung des Raumgehalts einer vermessenen Sudpfanne der Hebestelle anzuzeigen. Haben vermessene Sudpfannen eine Änderung ihres Raumgehalts erfahren oder besteht die Vermutung einer solchen Änderung, so ist eine neue Vermessung vorzunehmen.

Amtliche Würze- und Bierermittlung.

§ 70. 1 In den an der Bierausfuhr beteiligten Brauereien haben in jedem Vierteljahr, in den übrigen Brauereien in jedem Jahre mindestens zwei Sudaufnahmen stattzufinden, von denen eine im Vierteljahr bzw. im Jahre ein Oberkontrolleur, die übrigen der Steueramtsvorstand vorzunehmen hat. Die Sudaufnahme hat den Zweck, für einen Biersud festzustellen

1. die aus der Malzschüttung gewonnene Ausschlagwürze und Biermenge;
2. die erzielte Extraktausbeute (Sudhausausbeute);
3. die zur Herstellung eines Hektoliters Bier verwendete Malzmenge in Kilogramm.

2 Außer den Sudaufnahmen ist von den Beamten der Hebestellen monatlich mindestens zweimal die Menge der Ausschlagwürze und der Extraktgehalt für die Ausschlag- und Anstellwürze zu ermitteln.

3 Die Sudaufnahmen und Würzeermittlungen haben unvermutet zu erfolgen. Dem Brauer ist hiebei Gelegenheit zu geben, den Ermittlungen beizuwohnen. Bei den

Sudaufnahmen haben die Beamten (der Oberkontrolleur bzw. Steueramtsvorstand) sich so rechtzeitig einzufinden, daß sie sich davon überzeugen können, ob die gesamte aus der betreffenden Malzschüttung gewonnene Würze sich in der Sudpfanne (Hopfenkessel) befindet.

4 Die Menge der aus einer Malzschüttung erzeugten Ausschlagwürze, d. i. der in der Sudpfanne befindlichen heißen Würze, ist unmittelbar vor dem Ablassen aus der Sudpfanne (Ausschlagen) mittels des amtlichen Meßstabs zu ermitteln.

5 Das Abmessen der Würze darf erst unmittelbar vor dem Pfannenausschlage dann vorgenommen werden, wenn das Sieden beendigt ist und der Würzespiegel sich beruhigt hat. Der Meßstab ist stets an der besonders gekennzeichneten Stelle einzuführen.

6 Zur Feststellung des Extraktgehalts der Ausschlag- oder der Anstellwürze haben sich die Beamten stets des zu diesem Zwecke mitzuführenden Saccharometers zu bedienen.

7 Die zur Ermittlung des Extraktgehalts der Ausschlagwürze erforderliche Probe ist aus der Sudpfanne unmittelbar vor dem Pfannenausschlage mittels eines Metallzylinders, sofern ein solcher in der Brauerei vorhanden ist, oder mittels einer vorher gründlich zu reinigenden, zu erwärmenden und mit der Würze auszuspülenden Bierflasche zu entnehmen. Der Metallzylinder oder die Bierflasche sind sorgfältig zu verschließen und sodann in einem mit kaltem Wasser gefüllten Gefäße bis auf annähernd + 17,5° C (+ 14° R) abzukühlen.[1]) Zum Zwecke der Spindelung ist ein von dem Brauereibesitzer zu beschaffendes, gut gereinigtes und ausgetrocknetes Standglas senkrecht aufzustellen und fast bis zum Rande mit der abgekühlten und vorher abgeseihten Würze zu befüllen.[2]) [Bezüglich der Einführung und des Ablesens der Saccharometerspindel sind die Vorschriften in § 11 der Alkoholermittlungsordnung mit der Maßgabe

[1]) Statt der Abkühlung kann die Feststellung des wahren Extraktgehaltes mittels der durch die Allg. Entschl. d. K. GenDir. d. Z. vom 21. Febr. 1912 Nr. 3788 I a eingeführten Reduktionstafel erfolgen.

[2]) S. ABl. 1911 S. 88 u. A. E. d. GenDir. d. Z. vom 21. Juli 1911 Nr. 24691 s. Anl. I.

zu beachten, daß, sofern die Temperatur nicht die Normaltemperatur (+ 17,5° C) ist, die an der Spindel angebrachte Anleitung zur Berichtigung der Saccharometeranzeige zu berücksichtigen ist.]

[8] Behufs Feststellung des Extraktgehalts der Anstellwürze ist im allgemeinen ebenfalls nach vorstehender Anleitung zu verfahren mit der Maßgabe, daß die zu untersuchende Probe entweder aus dem Sammelgefäß oder, sofern dies nicht möglich ist, aus den Gärbottichen spätestens in 10 Stunden nach der Befüllung zu entnehmen ist. Letzteren Falles ist darauf zu sehen, daß die Probe der durchschnittlichen Beschaffenheit der Anstellwürze entspricht.

§ 71. [1] Bei der Sudaufnahme ist die Menge der Ausschlagwürze in Hektolitern durch Vermessung festzustellen; Bruchteile eines Hektoliters bleiben außer Betracht.[1])

[2] Die Extraktausbeute (E) ist zu berechnen aus:
der Malzschüttung in Kilogramm (M),
der Menge der Ausschlagwürze in Litern (L),
der Saccharometeranzeige der Ausschlagwürze nach Balling bei + 17,5° C (S) und dem dieser Saccharometeranzeige entsprechenden spezifischen Gewichte bei + 17,5° C (D) nach folgender Formel:

$$E = \frac{L \times 0{,}96 \times S \times D}{M}$$

Bei dieser Formel ist durch Einfügung der Zahl 0,96 die Zusammenziehung der heißen Würze durch Abkühlung sowie die Würzeverdrängung durch den Hopfen berücksichtigt.

Das Produkt 0,96 × S × D ist aus der Tafel (Anlage C) zu entnehmen und zur Vereinfachung der Berechnung als F in die Formel einzusetzen, so daß diese lautet:
Anlage C.

$$E = \frac{L \times F}{M}$$

[3] Die Menge des gewonnenen Bieres ist aus der festgestellten Menge der Ausschlagwürze (Abs. 1) durch Abzug des Schwundes festzustellen. Für jede Brauerei

---

1) ABl. d. K. GD. v. 8. 1911 S. 528.

ist der zutreffende Schwund,[1]) d. i. der Gesamtverlust vom Ausschlagen der Würze aus der Sudpfanne bis zum Abfüllen des Bieres im Lagerkeller, zu ermitteln. Dieser Schwund wird nach dem entsprechend zu begründenden Antrage des Bezirksoberkontrolleurs oder, wo ein solcher nicht vorhanden ist, des Steueramtsvorstandes vom Hauptzollamte nach gewissenhafter Prüfung der einschlägigen Betriebsverhältnisse nach 100 Teilen der Ausschlagwürze festgesetzt. Sofern die Betriebsverhältnisse einer Brauerei hiezu nicht früher Anlaß bieten, hat in jeder Brauerei alle drei Jahre die Festsetzung des Schwundes neu zu erfolgen. Der für eine Brauerei vom Hauptzollamte festgesetzte Schwund ist dem Brauereibesitzer schriftlich mitzuteilen.

4 Die zur Herstellung eines Hektoliters Bier verwendete Malzmenge ist aus der berechneten Biermenge und der Malzschüttung zu berechnen.

Beispiel: Zu einem Sude sind 860 kg Malz verwendet worden. Die bei der Vermessung der Ausschlagwürze in der Sudpfanne am Meßstab abgelesene Benetzungsgrenze liegt zwischen Teilstrich 50[2]) und 51[2]) des Meßstabs. Der Extraktgehalt der Ausschlagwürze wurde zu 12,4 vom Hundert Balling bei 17,5° C ermittelt. Der für die Brauerei zutreffende Schwund wurde vom Hauptzollamte zu 17 vom Hundert festgesetzt.

Hieraus berechnet sich:

1. die Menge der Ausschlagwürze zu 50 hl = 5000 l;

2. die Extraktausgabe (Sudhausausbeute) wie folgt: bei der wahren Saccharometeranzeige von 12,4 ist nach der Hilfstafel (Anlage C) F = 12,51;

sohin $E = \frac{L \cdot F}{M} = \frac{5000 \cdot 12,51}{860} = 72,7$;

3. die aus dem Sude gewonnene Biermenge zu 5000 — (50 × 17) = 5000 — 850 = 4150 l;

4. die zur Herstellung eines Hektoliters Bier verwendete Malzmenge nach dem Verhältnisse

[1]) Anleitung zur Festsetzung des Schwundes der Brauereien s. Anhang IV.

[2]) ABl. d. K. GD. d. Z. 1911 S. 528.

$$4150 : 860 = 100 : x$$

$$x = \frac{860 \times 100}{4150} = 20{,}72 \text{ kg.}$$

Nachschau in Betrieben, in welchen Malz zu aufschlagfreien Zwecken verwendet wird.

§ 72. In Betrieben, in welchen Malz zu aufschlagfreien Zwecken verwendet wird, hat sich die Nachschau hauptsächlich darauf zu erstrecken, ob das Malz ausschließlich zu dem in der Betriebsbeschreibung (§ 8) angegebenen Zwecke verwendet und nicht etwa an Dritte abgegeben wird, sowie ob die vom Hauptzollamt erlassenen besonderen Überwachungsvorschriften genau eingehalten werden.

Nachschau in den Malzmühlen.

§ 73. [1] Die Nachschau in den Malzmühlen hat sich insbesondere darauf zu erstrecken,

a) ob das Schroten des Malzes in Übereinstimmung mit den jeweiligen Anmeldungen (Artikel 17 des Gesetzes) geschieht;

b) ob die Einträge im Mühlbuch und gegebenenfalls auch auf den Malzscheinen nach Vorschrift erfolgen.

[2] Bei der Nachschau in öffentlichen Malzmühlen ist außerdem noch besonders darauf zu achten,

a) ob nicht Malz ohne Malzschein in der Mühle vorhanden ist oder vom Inhaber der Mühle ohne Erlaubnis auf eigene Rechnung aufbewahrt wird;

b) ob das Malz auf einmal und ohne Unterbrechung in die Mühle gebracht und ebenso von dort alsbald nach dem Schroten wieder entfernt wird;

c) ob die erforderlichen Wagen und Gewichte in vorschriftsmäßigem Zustande vorhanden sind;

d) ob das zur Mühle gebrachte Malz das auf dem Malzschein angegebene Gewicht nicht in unzulässiger Weise übersteigt;

e) ob das Schroten von Malz innerhalb der in Artikel 20 des Gesetzes vorgeschriebenen Zeit stattfindet;

f) in öffentlichen Malzmühlen ohne selbsttätige Wägevorrichtung außerdem, ob die Verwiegung des zur Mühle gebrachten Malzes nach Vorschrift des Artikel 28 des Gesetzes erfolgt.

Um sich zu überzeugen, ob nicht mehr Malz zur Mühle gebracht wird, als auf dem Malzschein angegeben ist, haben die Aufsichtsbeamten bereits verwogenes Malz zeitweilig nachwiegen zu lassen. Die Nachwiegung kann auch erfolgen, wenn das Malz bereits geschrotet und an den Verwendungsort zurückgebracht ist.

³ Bei der Nachschau in Malzmühlen mit selbsttätiger Wägevorrichtung ist insbesondere darauf zu achten, ob die Wägevorrichtung die geschroteten Malzmengen richtig anzeigt und ob die amtlichen Verschlüsse an der Wägevorrichtung und an der Malzmühle unverletzt sind.

Überwachung der sonstigen zum Schroten von Malz geeigneten Vorrichtungen.

§ 74. Bei den sonstigen zum Schroten von Malz geeigneten Vorrichtungen, welche unter Steueraufsicht stehen, hat sich die Nachschau hauptsächlich darauf zu erstrecken, ob diese Vorrichtungen nur zu dem genehmigten Zwecke und nicht auch zum Schroten von Dörr- oder Luftmalz verwendet werden. Bei Futterschrot- und Hausmühlen ist auch darauf zu achten, ob der Probensammler richtig funktioniert und die amtlichen Verschlüsse unverletzt sind.

Nachschau in ruhenden Betrieben.

§ 75. In ruhenden Betrieben hat sich die Nachschau darauf zu erstrecken, ob keine das Steueraufkommen gefährdende Handlungen vorgenommen werden sowie ob etwaige amtliche Verschlüsse unverletzt sind.

Zahl und Zeitpunkt der Kontrollen.

§ 76. ¹ Bierbrauereien und Betriebe, in welchen bierähnliche Getränke hergestellt werden, sowie Malzmühlen sind, solange sie im Betriebe stehen, vom Oberkontrolleur oder, sofern ein solcher nicht vorhanden ist, vom Steueramtsvorstande monatlich mindestens einmal, von den Beamten der Hebestelle monatlich mindestens viermal zu besuchen.

² Die Nachschau bei den sonstigen zum Schroten von Malz geeigneten, unter Steueraufsicht stehenden

Vorrichtungen (§ 74) ist mit der Nachschau in den dazu gehörigen malzaufschlagpflichtigen Betrieben zu verbinden. Ruhende Betriebe sind von den Beamten der Hebestelle mindestens einmal vierteljährlich zu besuchen. Für Betriebe, in welchen Malz zu aufschlagfreien Zwecken verwendet wird, bestimmt das Hauptzollamt, wie oft die Nachschau auszuüben ist.

³ Die Nachschau muß unvermutet und möglichst zu verschiedenen Stunden und in ungleichen Zwischenräumen erfolgen.

Eintragung des Prüfungsbefundes.

§ 77. Die Aufsichtsbeamten haben das Ergebnis der Nachschau in die im betreffenden Betrieb aufliegenden Bücher einzutragen.

Geheimhaltung der Betriebsverhältnisse.

§ 78. Die Aufsichtsbeamten sind verpflichtet, über alle infolge ihrer dienstlichen Tätigkeit zu ihrer Kenntnis gelangten Verhältnisse der unter Steueraufsicht stehenden Betriebe das Amtsgeheimnis strengstens zu wahren.

Umfang der Steueraufsicht.

Art. 48. ⁽¹⁾ **Die Steuerbeamten sind befugt, in den zum Betrieb einer Brauerei benützten Räumen sowie in denjenigen Betrieben, in welchen Malz zu aufschlagfreien Zwecken verwendet wird, in den Räumen einer öffentlichen Malzmühle, bei den eigenen Malzmühlen und den unter Steueraufsicht stehenden, zum Schroten von Malz geeigneten Vorrichtungen, Nachschau zu halten. Die Steuerbeamten sind insbesondere berechtigt, die zum Wiegen des Malzes bestimmten Wagen und Gewichte zu prüfen und im Bedarfsfalle deren Richtigstellung zu veranlassen, das in der Mühle befindliche oder an den Bestimmungsort zurückgebrachte Malz nachzuwiegen, die zum Betriebe einer Brauerei verwendeten Geräte zu vermessen und die erzeugten Würze- oder Biermengen sowie deren Extraktgehalt festzustellen.**

(2) Den Steuerbeamten müssen die in Abs. 1 bezeichneten Betriebe, solange in ihnen gearbeitet wird, jederzeit, außerdem aber von morgens 6 Uhr bis abends 8 Uhr zugänglich sein; die Zeitbeschränkung fällt weg, wenn Gefahr im Verzug ist. Es dürfen keine Einrichtungen getroffen werden, welche die Ausübung der Nachschau erschweren oder verhindern.

AusfB. zu Art. 48
(siehe oben bei Art. 47).

Haussuchungen.

Art. 49. Ist begründeter Verdacht vorhanden, daß Malzaufschlaggefälle hinterzogen oder daß bei der Bierbereitung andere als die nach Art. 2 zulässigen Stoffe verwendet werden, so dürfen die Steuerbeamten auch in anderen als in den in Artikel 48 Abs. 1 bezeichneten Räumen unter Beachtung der für Haussuchungen gesetzlich vorgeschriebenen Formen Nachschau halten.

Hilfsdienste.

Art. 50. In Betrieben, in denen eine Aufsichtshandlung vorgenommen wird, sind den Aufsichtsbeamten unentgeltlich die Hilfsdienste zu leisten, die erforderlich sind, um die den Beamten obliegenden Geschäfte in den vorgeschriebenen Grenzen zu vollziehen. Ferner müssen die zu diesem Zweck erforderlichen Aufschlüsse erteilt, die benötigten Hilfsmittel beschafft, auch muß für ausreichende Beleuchtung gesorgt werden.

AusfB. zu Art. 50
(siehe oben bei Art. 47).

III. Abschnitt.

Strafbestimmungen.

Strafe für Verwendung unzulässiger Stoffe bei der Bierbereitung und für verbotswidrigen Handel mit Bierauszügen und dergleichen.

Art. 51. (1) Wer andere als die nach Artikel 2 zulässigen Stoffe zur Bereitung von Bier verwendet oder dem fertigen, zum Absatze bestimmten Biere zusetzt oder solche Stoffe zu verwenden oder zuzusetzen unternimmt, verfällt in eine Geldstrafe von 50 *M* bis 10000 *M*.

(2) Die Strafe ist schon dann verwirkt, wenn unzulässige Ersatz- oder Zusatzstoffe in eine unter Steueraufsicht stehende Räumlichkeit (Artikel 49 Abs. 1) eingebracht oder darin gefunden werden, sofern nicht nachgewiesen wird, daß diese Stoffe ausschließlich zu anderen Zwecken als zur Bierbereitung bestimmt sind und verwendet werden.

(3) Neben der Geldstrafe ist auf Einziehung der Ersatz- oder Zusatzstoffe oder des mit solchen Stoffen bereiteten oder versetzten Bieres und der Umschließungen, soweit diese Gegenstände vorhanden sind, zu erkennen ohne Rücksicht darauf, wem diese Gegenstände gehören. Sind die Gegenstände nicht mehr vorhanden oder stehen der Einziehung tatsächliche Hindernisse entgegen, so ist dem Schuldigen die Erlegung des Wertes der Gegenstände und, wenn dieser nicht zu ermitteln ist, die Zahlung einer Geldsumme von 10 *M* bis 5000 *M* aufzuerlegen.

(4) Die Strafbestimmungen in Abs. 1 und 3 finden auch auf Zuwiderhandlungen gegen ein nach Artikel 2

Abs. 3 erlassenes Verbot sowie auf die Verbreitung von Zubereitungen der im Artikel 2 Abs. 4 bezeichneten Art Anwendung. Im letzteren Falle sind auch die verbotswidrig in Verkehr gebrachten Zubereitungen einzuziehen.

Begriff der Malzaufschlaghinterziehung.

Art. 52. Wer es unternimmt, den Malzaufschlag dem Staate vorzuenthalten oder einen Erlaß oder eine Vergütung des Malzaufschlags in einem Betrage zu erlangen, der nicht oder nur in geringerer Höhe zu beanspruchen war, macht sich der Hinterziehung des Malzaufschlags schuldig.

Art. 53. Die Hinterziehung des Malzaufschlags wird insbesondere dann als vollbracht angenommen:

1. wenn Malz in eine zum Schroten von Malz nicht zugelassene Mühle oder ohne den vorgeschriebenen Malzschein in eine Malzmühle gebracht wird;
2. wenn die Menge des in eine öffentliche Malzmühle gebrachten Malzes die im Malzschein angegebene Menge um mehr als 5 vom Hundert übersteigt;
3. wenn das für einen malzaufschlagfreien Zweck geschrotete Malz zur Bierbereitung verwendet oder an einen Dritten abgegeben wird;
4. wenn bei einem Antrag auf Vergütung oder Erlaß des Malzaufschlags die malzaufschlagpflichtige Malzmenge oder die Menge des aus steuerpflichtigem Malze gewonnenen Erzeugnisses zu hoch angegeben oder wenn zur Erlangung einer Vergütung oder eines Er-

lasses des Malzaufschlags, der nicht oder in geringerem Maße zu beanspruchen war, sonstige wahrheitswidrige Angaben gemacht werden, die geeignet sind, zu einer Verkürzung des Malzaufschlags zu führen;

5. wenn in einer öffentlichen Malzmühle ohne selbsttätige Wägevorrichtung die Verwiegung des Malzes unterlassen wird oder wenn in einer öffentlichen mit einer selbsttätigen Wägevorrichtung versehenen Malzmühle Malz auf einen mit einer selbsttätigen Wägevorrichtung nicht versehenen Mahlgang gebracht wird;

6. wenn in einer öffentlichen Mühle Malz zum Schroten ohne den vorgeschriebenen Malzschein übernommen oder auf dem Malzschein oder in das Mühlbuch ein zu niedriges Gewicht für das geschrotete Malz eingetragen oder der Eintrag auf dem Malzschein oder im Mühlbuch ganz unterlassen wird;

7. wenn eine Malzmühle mit selbsttätiger Wägevorrichtung in ihrer regelmäßigen Tätigkeit derart gestört oder, wenn auf eine derartige Mühle so eingewirkt wird, daß das Gewicht des zum Schroten auf die Mühle gebrachten Malzes vom Zählwerk entweder gar nicht oder zu gering angegeben wird;

8. wenn eine Malzmühle mit selbsttätiger Wägevorrichtung, deren Zählwerk das Gewicht des Malzes nicht oder zu niedrig angibt, zum Schroten von Malz benützt wird, obwohl dieser Umstand bekannt war;

9. wenn ein Bierbrauer durch Erholung oder

Benützung eines auf den Namen eines anderen lautenden Malzscheins durch unrichtige Führung des Mühlbuchs oder durch sonstige unrichtige Angaben bewirkt, daß der von ihm geschuldete Malzaufschlag nach einem niedrigeren als dem der Vorschrift des Gesetzes entsprechenden Satze berechnet wird;

10. wenn ein Bierbrauer Malz für seinen Betrieb durch einen anderen schroten und zu einem niedrigeren als dem für ihn geltenden Satze versteuern läßt oder wenn ein Bierbrauer geschrotetes Malz von einem anderen bezieht, das dieser zu einem niedrigeren als dem für den Bezieher zutreffenden Malzaufschlagsatze versteuert hat;

11. wenn Bier, das unter Inanspruchnahme des ermäßigten Malzaufschlagsatzes von 10 *M* für den Doppelzentner (Artikel 5 Abs. 5) nur für den Hausbedarf bereitet worden ist, an nicht zum Haushalt gehörige Personen gegen Entgelt abgegeben wird.

Strafe der Hinterziehung.

Art. 54. (1) Wer eine Hinterziehung des Malzaufschlags begeht, hat eine Geldstrafe verwirkt, die dem Vierfachen des vorenthaltenen oder zu Ungebühr beanspruchten Malzaufschlags gleichkommt, mindestens aber 30 *M* beträgt.

(2) Kann der Betrag des vorenthaltenen oder zu Ungebühr beanspruchten Malzaufschlags nicht festgestellt werden, so tritt eine Geldstrafe von 30 *M* bis 10000 *M* ein.

(3) Neben der Geldstrafe tritt, wenn die Hinterziehung durch Benützung einer nicht genehmigten eigenen Mühle oder einer sonstigen zum Schroten von Malz geeigneten Vorrichtung verübt worden ist, die Einziehung der Mühle oder der Vorrichtung ein; auf die Einziehung finden die Strafbestimmungen in Artikel 51 Abs. 3 Anwendung.

(4) Unabhängig von der Geldstrafe ist, abgesehen vom Falle des Abs. 2, der vorenthaltene Malzaufschlag nachzuentrichten oder die widerrechtlich bezogene Vergütung zurückzuerstatten.

Art. 55. Kann der Angeschuldigte nachweisen, daß er eine Hinterziehung des Malzaufschlags nicht habe verüben können oder daß eine solche nicht beabsichtigt gewesen sei, so trifft ihn die Strafe des Artikels 58.

Strafe des Rückfalls.

Art. 56. (1) Im Falle der Wiederholung einer Malzaufschlaghinterziehung nach vorhergegangener Bestrafung wird die Strafe auf den achtfachen Betrag des vorenthaltenen oder zu Ungebühr beanspruchten Malzaufschlags bestimmt. Diese Strafe soll jedoch in keinem Falle weniger als 60 *M* betragen.

(2) Kann der Betrag des vorenthaltenen oder zu Ungebühr beanspruchten Malzaufschlags nicht festgestellt werden, so tritt eine Geldstrafe von 60 *M* bis 20000 *M* ein.

(3) Jeder fernere Rückfall zieht Gefängnisstrafe bis zu einem Jahr nach sich. Doch kann nach richterlichem Ermessen mit Berücksichtigung aller Umstände des Vergehens und der vorausgegangenen

Fälle auf Haft oder auf Geldstrafe nicht unter dem Doppelten der für den ersten Rückfall angedrohten Geldstrafe erkannt werden.

Art. 57. (1) Die Straferhöhung wegen Rückfalls tritt auch dann ein, wenn die frühere Strafe nur teilweise verbüßt oder ganz oder teilweise erlassen ist.

(2) Sie ist ausgeschlossen, wenn seit der Verbüßung oder dem Erlasse der letzten Strafe bis zur Begehung der neuen Malzaufschlaghinterziehung drei Jahre verflossen sind.

(3) Teilnehmer an einer Malzaufschlaghinterziehung unterliegen der Straferhöhung wegen Rückfalls nur so weit, als sie sich selbst eines Rückfalls schuldig gemacht haben.

Bestrafung von Ordnungswidrigkeiten.

Art. 58. Eine Geldstrafe von 1 *M* bis 300 *M* ist verwirkt, sofern nicht eine Hinterziehung vorliegt:

1. wenn an dem Inhalt eines Malzscheins Änderungen vorgenommen werden, sofern diese Änderungen nicht nach dem Strafgesetzbuche strafbar sind;
2. wenn Malz zur Nachtzeit (Artikel 20) in eine öffentliche Malzmühle gebracht oder von da zurückgebracht wird;
3. wenn Malz in eine andere als die im Malzscheine bezeichnete Malzmühle oder an einem anderen als dem im Malzschein angegebenen Tage in die Malzmühle gebracht wird;
4. wenn im Falle des Artikels 27 Abs. 4 die vorgeschriebene Anzeige bei der Steuerbehörde unterlassen wird;

5. wenn Malz auf einer öffentlichen Malzmühle zur Nachtzeit (Artikel 20) zum Schroten angenommen, geschrotet oder verabfolgt wird;
6. wenn Malz in einer öffentlichen Malzmühle mit einem auf eine andere Malzmühle lautenden Malzschein oder an einem anderen als dem im Malzscheine bezeichneten Tage zum Schroten übernommen wird;
7. wenn in einer öffentlichen Malzmühle ohne selbsttätige Wägevorrichtung mit dem Schroten des Malzes begonnen wird, bevor die Verwiegung des Malzes vollständig beendet oder der vorgeschriebene Eintrag auf dem Malzschein und im Mühlbuche vollzogen ist;
8. wenn in einer öffentlichen Malzmühle Malz verbotswidrig aufbewahrt wird;
9. wenn den Vorschriften über die Führung des Mühlbuchs zuwidergehandelt wird;
10. wenn der amtliche Verschluß einer Mühle mit selbsttätiger Wägevorrichtung oder einer Vorrichtung, deren Benützung zum Schroten von Malz verboten ist, eigenmächtig abgenommen oder fahrlässig verletzt wird;
11. wenn eine durch Zufall eingetretene Störung einer selbsttätigen Wägevorrichtung oder eine durch Zufall eingetretene Verletzung des an einer Malzmühle mit selbsttätiger Wägevorrichtung angebrachten amtlichen Verschlusses nicht nach Vorschrift angezeigt wird;
12. wenn zum Besitz einer eigenen Malzmühle oder zum Besitz oder zur Benützung einer

sonstigen zum Schroten von Malz geeigneten Vorrichtung die vorgeschriebene Genehmigung der Steuerbehörde nicht eingeholt wird oder wenn die bei der Genehmigung festgesetzten Bedingungen nicht eingehalten werden;

13. wenn die für den gleichzeitigen Betrieb einer öffentlichen Malzmühle und einer Bierbrauerei geltenden Vorschriften nicht eingehalten werden;

14. wenn in einer Brauerei das Sudbuch nicht nach Vorschrift geführt wird;

15. wenn die Vorschriften über den Verkehr mit geschrotetem Malze (Art. 43) nicht eingehalten werden.

Art. 59. Eine Geldstrafe von 1 *M* bis 300 *M* ist verwirkt:

1. wenn einem zur Wahrnehmung der Steueraufsicht verpflichteten Beamten oder seinen Angehörigen wegen einer auf die Erhebung oder Überwachung des Malzaufschlags bezüglichen amtlichen Handlung oder Unterlassung einer solchen Geschenke oder andere Vorteile angeboten, versprochen oder gewährt werden, sofern nicht der Tatbestand der Bestechung nach § 333 des Reichsstrafgesetzbuchs vorliegt;

2. wenn ein zur Wahrnehmung der Steueraufsicht verpflichteter Beamter durch Handlungen oder Unterlassungen eines anderen an der rechtmäßigen Ausübung seines Amtes in Bezug auf den Malzaufschlag behindert

wird, sofern nicht der Tatbestand einer nach § 113 des Reichsstrafgesetzbuchs strafbaren Widersetzlichkeit gegeben ist.

Art. 60. Einer Geldstrafe von 1 *M* bis 150 *M* unterliegen Zuwiderhandlungen gegen andere Bestimmungen dieses Gesetzes sowie gegen die zum Vollzuge dieses Gesetzes erlassenen und öffentlich oder den Beteiligten besonders bekannt gemachten Vorschriften, sofern nicht die Strafe der Malzaufschlaghinterziehung verwirkt ist.

Strafbarkeit.

Art. 61. Die Strafbestimmungen der Art. 51, 58, 59, 60 sind anzuwenden, gleichviel ob die Handlung vorsätzlich oder fahrlässig begangen wurde.

Zwangsmaßregeln.

Art. 62. Unbeschadet der nach Art. 58 bis 60 verwirkten Geldstrafen kann die Steuerbehörde die Beobachtung der Anordnungen, die auf Grund der Bestimmungen des Gesetzes und der dazu erlassenen Verwaltungsbestimmungen getroffen worden sind, durch Androhung und Einziehung von Geldstrafen bis zum Betrage von 500 *M* erzwingen. Die Steuerbehörde kann auch eine vorgeschriebene Einrichtung, wenn sie nicht getroffen wird, auf Kosten des Pflichtigen herstellen lassen; die Einziehnng der hiedurch erwachsenen Auslagen erfolgt in dem Verfahren über die Beitreibung von Staatsgefällen.

AusfB. zu Art. 62.

Zwangsmaßregeln.

§ 79. Die in Artikel 62 des Gesetzes vorgesehenen Zwangsmaßregeln werden vom Hauptzollamt angeordnet. Die Zwangsmaßregeln sind erst dann anzuwenden, wenn trotz wiederholter Aufforderung die getroffenen Anordnungen nicht beachtet oder die vorgeschriebenen Einrichtungen nicht hergestellt werden.

Strafrechtliche Verantwortlichkeit.

Art. 63. (1) Inhaber der unter das Malzaufschlaggesetz fallenden Betriebe sind für die von ihren Angehörigen oder Bediensteten begangenen Übertretungen des Gesetzes und der zum Vollzuge des Gesetzes erlassenen und öffentlich oder den Beteiligten besonders bekannt gemachten Vorschriften strafrechtlich verantwortlich, falls sie nicht nachweisen, daß die strafbare Handlung ohne ihr Wissen und gegen ihren Willen verübt worden ist.

(2) Bei juristischen Personen, Handelsgesellschaften, Genossenschaften und Vereinen ist jeder Vertreter nach Maßgabe des Abs. 1 strafrechtlich verantwortlich.

(3) Wird der Betriebsinhaber oder dessen Vertreter bestraft, so ist die Mitwirkung der Angehörigen oder der Bediensteten nicht strafbar.

(4) Die strafrechtliche Verantwortlichkeit des Betriebsinhabers oder des Vertreters (Abs. 2) kann mit Genehmigung der Steuerbehörde dritten Personen übertragen werden.

AusfB. zu Art. 63.

Strafrechtliche Verantwortlichkeit.

§ 80. Auf die Übertragung der strafrechtlichen Verantwortlichkeit auf dritte Personen finden die Bestimmungen in § 29 Abs. 3 und 4 entsprechende Anwendung.

Verjährung.

Art. 64. Die Strafverfolgung von Zuwiderhandlungen gegen die in Art. 2 getroffenen Vorschriften

(Art. 51) und von Malzaufschlaghinterziehungen (Art. 52 und 53) verjährt in drei Jahren, die Strafverfolgung von Zuwiderhandlungen, die nach Art. 58 bis 60 mit Geldstrafen bedroht sind, verjährt in einem Jahre, von dem Tage an gerechnet, an dem sie begangen sind.

Strafverfahren.

Art. 65. Auf das Strafverfahren wegen der Zuwiderhandlungen gegen das Malzaufschlaggesetz und die zum Vollzuge des Gesetzes erlassenen Verwaltungsvorschriften kommen die Bestimmungen in Anwendung, nach denen sich das Verfahren wegen Zuwiderhandlung gegen die Zollgesetze bestimmt.

Art. 66. Sind die auf Grund der Art. 51, 54 56, 58 bis 60 erkannten Geldstrafen uneinbringlich, so erfolgt deren Umwandlung in Freiheitsstrafen gemäß §§ 28, 29 des Strafgesetzbuchs; hiebei darf die Freiheitsstrafe ein Jahr nicht überschreiten.

Strafe bei Verfehlungen gegen die Vorschriften über die Erhebung der Übergangsabgabe für Bier u. geschrotetes Malz.

Art. 67. (1) Die Bestrafung der Verfehlungen gegen die Vorschriften über die Erhebung der Übergangsabgabe vom Biere und geschroteten Malze erfolgt nach den Vorschriften über die Bestrafung der Zollhinterziehungen (§§ 135 ff. des Vereinszollgesetzes vom 26. September 1869) und der Zollordnungswidrigkeiten (§ 152 daselbst).

(2) Wer bei einen Gesuch um Vergütung oder Erlaß der Übergangsabgabe die abgabepflichtige Bier- oder Malzmenge wissentlich zu hoch angibt oder wer

zur Erlangung einer Vergütung oder eines Erlasses der Abgabe in einem Betrage, der nicht oder nur in geringerer Höhe zu beanspruchen war, sonstige wahrheitswidrige Angaben macht, welche geeignet sind eine Verkürzung der Übergangsabgabe herbeizuführen, wird nach den Bestimmungen des Malzaufschlaggesetzes bestraft.

IV. Abschnitt.

Gemeindlicher Malzaufschlag.

Art. 68. Die in diesem Gesetze für die Erhebung und Sicherung des staatlichen Malzaufschlags geltenden Vorschriften finden auch auf den gemeindlichen Malzaufschlag Anwendung.

AusfB. zu Art. 68.

Aufschlagsätze.

§ 81. [1] Vom 1. April 1910 an bemißt sich der gemeindliche Malzaufschlag nach dem Gewichte des zur Bierbereitung verwendeten Malzes.

[2] Die bis zum 1. April 1910 für 1 Hektoliter Malz gültigen Sätze sind auf den Doppelzentner Malz in der Weise umzurechnen, daß für ein Hektoliter Malz ein Gewicht von 53,5 Kilogramm in Ansatz gebracht wird.

[3] Der hienach sich ergebende Betrag ist auf die nächste durch 5 teilbare Zahl aufzurunden. Bei dieser Umrechnung ergibt sich z. B. für den Satz des sogen. einfachen Malzaufschlags von 1 *M* vom Hektoliter Malz künftig für 1 Doppelzentner Malz nach dem Verhältnis

$$53{,}5 : 100 = 100 : x;\ x = \frac{10\,000}{53{,}5} = 186{,}916 = 1{,}90\ M.$$

[4] Die Sätze für den gemeindlichen Bieraufschlag bleiben unverändert.

Erhebung des gemeindlichen Malzaufschlags.

§ 82. [1] Neben dem staatlichen Malzaufschlage hat das Steueramt für Rechnung derjenigen Gemeinden, denen die Erhebung des gemeindlichen Malzaufschlags bewilligt ist, den gemeindlichen Malzaufschlag von dem im Gemeindebezirke steuerbar gewordenen Malze einzuheben.

[2] Ist der staatliche Malzaufschlag vorauszubezahlen, so ist mit diesem zugleich der gemeindliche Malzaufschlag zu erheben.

[3] Die Erhebung darf nur nach dem Aufschlagsatz und für den Zeitraum erfolgen, für den die Bewilligung erteilt ist. Über die erteilten Bewilligungen hat das Steueramt ein Verzeichnis zu führen und auf dem laufenden zu erhalten, in dem für jede Gemeinde Aufschlagsatz und Erhebungszeitraum anzugeben sind.

[4] Auf die Berechnung und Erhebung des gemeindlichen Malzaufschlags finden die §§ 21 bis 25 entsprechende Anwendung. Pfennigbruchteile, die sich bei der Berechnung ergeben, bleiben außer Ansatz.

[5] Die Abrechnungen über den Anfall und die Zusammenstellung der Einnahmen und Ausgaben an gemeindlichem Malzaufschlag in einem Vierteljahre sind
Muster 24. Muster 25. nach Muster 24 und 25 anzufertigen. Die Abrechnungen sind dem Hauptzollamte bis zum 16. und von diesem der K. Generaldirektion bis zum 26. des auf das Kalendervierteljahr folgenden Monats in zweifacher Ausfertigung vorzulegen.

[6] Der abrechnungsmäßige Anfall an gemeindlichem Malzaufschlag ist nach Abzug etwaiger Rückstände und Nachlässe sowie der Verwaltungskosten (§ 83) an die Gemeinde unter Beifügung einer besonderen Ausfertigung der Abrechnung gegen Empfangsbestätigung abzuliefern. Die Kosten der Übersendung des gemeindlichen Malzaufschlags hat die bezugsberechtigte Gemeinde zu tragen. Die Empfangsbestätigung ist der dem Hauptzollamte vorzulegenden Abrechnung beizufügen.

Vergütung für die Verwaltungskosten.

§ 83. [1] Für die auf Grund des Artikel 68 des Malzaufschlaggesetzes stattfindende Erhebung und Sicherung des gemeindlichen Malzaufschlags haben die Gemeinden nach Schluß jedes Kalendervierteljahrs eine Vergütung an den Staat zu leisten.

² Die Vergütung beträgt bei einem Jahresertrage des gemeindlichen Malzaufschlags:

bis zu 10 000 *M*		3	v. H.,
von mehr als 10 000 *M*	bis 50 000 *M*	2 ½	v. H.,
„ „ „ 50 000 *M*	„ 150 000 *M*	2	v. H.,

der Roheinnahme.

³ Der der Festsetzung zu Grunde zu legende Jahresertrag wird nach dem Durchschnitte des Rohanfalls berechnet, der sich in den der Bewilligungsperiode unmittelbar vorhergehenden drei Kalenderjahren ergeben hat oder ergeben hätte.

⁴ Der Jahresertrag ist von zehn zu zehn Jahren nachzuprüfen, falls nicht schon früher Änderungen am Erhebungssatz oder an der Bewilligungsdauer eintreten.

⁵ Für Gemeinden mit einem Jahresertrage des gemeindlichen Malzaufschlags von mehr als 150 000 *M* setzt das Staatsministerium der Finanzen im Einverständnisse mit dem Staatsministerium des Innern die Vergütung fest, sobald dies gemäß Abs. 4 veranlaßt ist.

⁶ Der Berechnung der Vergütung ist die Solleinnahme des Kalendervierteljahrs an gemeindlichem Malzaufschlag unter Abzug von Rückständen und Nachlässen zugrunde zu legen; Pfennigbeträge bleiben insoweit außer Ansatz, als sie nicht durch fünf teilbar sind.

Vergütung des gemeindlichen Malz- und Bieraufschlags bei der Ausfuhr von Bier.

Art. 69. Wird aus einer Gemeinde, in welcher von dem zur Bierbereitung innerhalb der Gemeinde bestimmten Malze oder vom eingeführten Biere ein Aufschlag erhoben wird, Bier in Gebinden ausgeführt, so ist hiefür der Aufschlag zurückzuvergüten. Wird Bier in Flaschen aus Bayern ausgeführt, so ist hiefür ebenfalls der gemeindliche Malz- oder Bierauf-

schlag zurückzuvergüten. Die näheren Anordnungen, insbesondere über die Mindestmenge des Bieres, für welche bei der Ausfuhr eine Vergütung beansprucht werden kann, dann über die Höhe der Vergütung werden im Verwaltungsweg erlassen.

AusfB. zu Art. 69.

Rückvergütung des gemeindlichen Malz- und Bieraufschlags.

§ 84. [1] Wird Bier in Gebinden in Sendungen von mindestens zehn Litern aus dem Gemeindebezirk ausgeführt, so ist der gemeindliche Malz- und Bieraufschlag rückzuvergüten.

[2] Das Gleiche gilt, wenn Bier in Flaschen in Sendungen von mindestens dreißig Litern aus Bayern ausgeführt wird.

[3] Bei der Rückvergütung darf die Gemeinde 6 v. H. als Ersatz für die Verwaltungskosten in Abzug bringen.

[4] Die Rückvergütung des Malzaufschlags bemißt sich nach der Malzmenge, die in der Braustätte zur Herstellung der ausgeführten Biersorte durchschnittlich verwendet wird. Der Berechnung des Durchschnitts werden die Feststellungen im Sudbuche für das letzte Kalendervierteljahr vor der Ausfuhr zugrunde gelegt, in dem diese Biersorte in der Braustätte hergestellt worden ist. Hat eine solche Herstellung in einem früheren Kalendervierteljahre nach dem Inkrafttreten des Gesetzes nicht stattgefunden, so tritt an dessen Stelle das Kalendervierteljahr der Ausfuhr. Rückvergütungen, die vor dem 1. Juli 1910 fällig werden, bemessen sich nach den bisherigen Vorschriften.

[5] Bei der Ausfuhr sind Menge und Sorte des auszuführenden Bieres der Gemeindebehörde anzuzeigen. Die Erstattung dieser Anzeige ist Voraussetzung des Anspruchs auf Rückvergütung.

[6] Die Steuerämter sind verpflichtet, den zur Erhebung des Malzaufschlags ermächtigten Gemeinden für die zur Gemeinde gehörigen Brauer sofort nach Ab-

schluß des Sudbuchs (§ 66) die für die Bemessung der Rückvergütung maßgebenden Sudbuchabschlüsse mitzuteilen.

7 Die Gemeindebehörden sind verpflichtet, für unbedingte Geheimhaltung dieser Mitteilungen Sorge zu tragen.

8 Die Gemeinden können sich mit den Beteiligten über anderweitige Regelung der Rückvergütung durch kündbare Verträge einigen.

Bestrafung der Hinterziehung des gemeindlichen Bieraufschlags.

Art. 70. (1) Wer es unternimmt, bei der Einfuhr von Bier in einem Gemeindebezirk den gemeindlichen Bieraufschlag zu hinterziehen oder bei der Ausfuhr von Bier aus einem Gemeindebezirk eine Vergütung des gemeindlichen Malz- oder Bieraufschlags zu erlangen, die entweder nicht oder nur in geringerer Höhe zu beanspruchen war, unterliegt einer Geldstrafe, die dem Vierfachen des vorenthaltenen oder zu Ungebühr beanspruchten Aufschlagbetrags gleichkommt, mindestens aber 3 *M* beträgt.

(2) Diese Strafe wird im ersten Wiederholungsfalle verdoppelt.

(3) Jeder weitere Rückfall zieht Gefängnisstrafe bis zu 3 Monaten nach sich. Doch kann nach richterlichem Ermessen auf Haft oder auf Geldstrafe nicht unter dem Doppelten der für den ersten Rückfall angedrohten Geldstrafe erkannt werden.

(4) Neben der Strafe ist der hinterzogene Aufschlag nachzuentrichten oder die widerrechtlich bezogene Vergütung zu ersetzen.

Sicherung des gemeindlichen Malz- und Bieraufschlags.

Art. 71. Zuwiderhandlungen gegen die zur Sicherung des gemeindlichen Malz- und Bieraufschlags erlassenen ortspolizeilichen Vorschriften unterliegen einer Geldstrafe von 1 *M* bis 50 *M*.

AusfB. zu Art. 71.

Ortspolizeiliche Vorschriften zur Kontrolle und Sicherung des gemeindlichen Malzaufschlags.

§ 85. Ortspolizeiliche Vorschriften zur Kontrolle und Sicherung des gemeindlichen Malzaufschlags haben künftig auf Grund der Artikel 41/32 beider Gemeindeordnungen zu ergehen. Soweit die bisherigen Vorschriften sachlich fortbestehen können, ist jedoch eine Neuerlassung entbehrlich.

Strafverfahren.

Art. 72. (1) In den Fällen der Artikel 70, 71 finden die Vorschriften des Artikels 65 mit der Maßgabe Anwendung, daß die dort den Steuerbehörden eingeräumten Befugnisse von den Gemeindebehörden ausgeübt werden.

(2) Die auf Grund der Artikel 70, 71 erkannten Geldstrafen fließen in die Gemeindekasse.

AusfB. V. Abschnitt: Statistik.

§ 86. [1] Die Steuerämter haben für ihren Bezirk auf Grund der vierteljährlichen Abrechnungen, der Brauerei- und Mühlenverzeichnisse, der Mühlbücher, Sudbücher usw. Jahresübersichten nach den Mustern 26 mit 31 anzufertigen und dem Hauptzollamte bis zum 25. März jeden Jahres vorzulegen. Das Hauptzollamt prüft die Übersichten der Steuerämter und veranlaßt deren allenfallsige Ergänzung oder Berichtigung. Auf Grund dieser Übersichten fertigt das Hauptzollamt seinerseits entsprechende Übersichten für den ganzen Hauptamtsbezirk

Muster 26 bis 31.

sowie eine weitere Übersicht nach Muster 32, diese auf Grund von Übersichten der beteiligten Unterbehörden, an und legt diese bis längstens 25. April der Generaldirektion der Zölle und indirekten Steuern vor. Die K. Generaldirektion der Zölle und indirekten Steuern fertigt sodann die Übersichten für das gesamte Verwaltungsgebiet an. Je ein Abdruck der Übersichten ist dem K. Staatsministerium der Finanzen vorzulegen; die Übersichten nach Muster 26 mit 30 und 32 sind im Amtsblatte der K. Generaldirektion der Zölle und indirekten Steuern zu veröffentlichen. Muster 32.

² Bei Aufstellung der Übersichten sind die auf den Mustern gegebenen Gebrauchsanleitungen zu beachten.

V. Abschnitt.

(VI. Abschnitt der „Ausführungsbestimmungen").

Übergangsvorschriften.

Ersatz der Kosten für die erstmalige Anschaffung von selbsttätigen Wägevorrichtungen.

Art. 73. (1) Die Kosten für die erstmalige Einrichtung von selbsttätigen Wägevorrichtungen an den Malzmühlen, die beim Inkrafttreten des Gesetzes in Betrieb und mit genehmigten Meßvorrichtungen versehen sind, werden auf die Staatskasse übernommen.

(2) Die Kosten für die erstmalige Anbringung von selbsttätigen Wägevorrichtungen an Malzmühlen, die beim Inkrafttreten des Gesetzes zwar mit einer genehmigten Meßvorrichtung versehen, aber nicht in Betrieb sind, sowie für eigene Malzmühlen, die nach Inkrafttreten des Gesetzes neu aufgestellt werden, werden auf die Staatskasse nur dann übernommen, wenn binnen einem Jahre nach Inkrafttreten des Gesetzes der Betrieb wieder dauernd aufgenommen

oder die Genehmigung zur Benützung einer eigenen Malzmühle bei der zuständigen Steuerbehörde beantragt wird.

(3) Die näheren Anordnungen über die Beschaffung und Anbringung von selbsttätigen Wägevorrichtungen für Malzmühlen werden von der Steuerverwaltung erlassen.

(4) Die Übernahme der Kosten für die Beschaffung einer selbsttätigen Wägevorrichtung durch den Staat ist davon abhängig, daß die von der Steuerverwaltung getroffenen Anordnungen eingehalten werden.

AusfB. zu Art. 73.

Ersatz der Kosten für die erstmalige Anschaffung von selbsttätigen Wägevorrichtungen.

§ 87. Inhaber von Malzmühlen, die beim Inkrafttreten des Gesetzes in Betrieb und mit genehmigten Meßvorrichtungen versehen sind, haben die Meßvorrichtung durch die ihnen zugewiesene selbsttätige Wägevorrichtung zu ersetzen. Der Zeitpunkt und die näheren Anordnungen für die Aufstellung der selbsttätigen Wägevorrichtung werden von der Generaldirektion der Zölle und indirekten Steuern festgesetzt.

§ 88. [1] Als Kosten für die erstmalige Anschaffung von selbsttätigen Wägevorrichtungen werden von der Staatskasse übernommen:

a) die Kosten für die selbsttätige Wägevorrichtung nebst den notwendigen Zubehörstücken (Gewichte, Mantel usw.) und für das Zwischenstück;
b) die Kosten für die Verbringung der Wägevorrichtung bis an den Aufstellungsort;
c) die Kosten für die Aufstellung der Wägevorrichtung;
d) die Kosten für die steuerliche Verschließung der Wägevorrichtung.

² Dagegen gehören zu den von der Staatskasse zu bestreitenden Kosten nicht die Kosten für die Anschaffung der Stelluhr, d. i. einer Vorrichtung, welche die Wage nach Verwiegung und Entleerung einer vorher eingestellten Anzahl Füllungen selbsttätig stillsteht.

Gewährung von Zuschüssen zu den Kosten für die Beschaffung von Malzkästen.

§ 89. Für Braustätten, in denen im Kalenderjahr 1909 nicht mehr als 500 Hektoliter Malz zur Bierbereitung verwendet worden sind, kann dem Brauereibesitzer auf Antrag ein Zuschuß zu den nachweisbar entstandenen Kosten für Malzkästen (Behälter zum Aufbewahren von Malz) gewährt werden, die aus Anlaß der Einführung der Gewichtsteuer neu beschafft worden sind. Der Zuschuß wird in der Regel nur bis zur Hälfte der entstandenen Kosten gewährt. Anträge um Gewährung von Zuschüssen können nur dann Berücksichtigung finden, wenn sie spätestens bis zum 1. April 1911 bei der zuständigen Hebestelle eingereicht sind. Die Entscheidung erfolgt jeweils durch das K. Staatsministerium der Finanzen.

Einstweilige Fortbenützung von Malzmühlen mit Meßvorrichtungen.

Art. 74. (1) Bis zur Beschaffung einer selbsttätigen Wägevorrichtung haben die Inhaber von Malzmühlen mit genehmigten Meßvorrichtungen die an diesen Mühlen beim Inkrafttreten des Gesetzes vorhandenen Meßvorrichtungen fortzubenützen. Während dieser Zeit wird das steuerpflichtige Gewicht des auf diesen Mühlen geschroteten Malzes auf Grund Anzeige der Meßvorrichtung in der Weise ermittelt, daß für jeden von der Meßvorrichtung angezeigten Hektoliter Malz ein Gewicht von 53,50 kg in Ansatz gebracht wird.

(2) Die Steuerverwaltung ist ermächtigt, für die einstweilige Weiterbenützung von Malzmühlen mit

Meßvorrichtung die erforderlichen Anordnungen zu treffen.

(3) Zuwiderhandlungen gegen diese Anordnungen werden, sofern sie sich als Malzaufschlaghinterziehungen darstellen, nach Art. 54 bis 56, sofern sie sich als Ordnungswidrigkeiten darstellen, nach Art. 58 dieses Gesetzes bestraft.

AusfB. zu Art. 74.

Einstweilige Fortbenützung von Malzmühlen mit Meßvorrichtungen.

§ 90. [1] Soweit Malzmühlen mit Meßvorrichtungen nach dem Inkrafttreten des Gesetzes einstweilen fortbenützt werden dürfen, sind alle auf diesen Mühlen zur Verarbeitung kommenden Malzmengen in den einschlägigen Büchern und Belegen (Malzverbrauchbuch, Einschreibbuch, Malzscheinen, Anzeigen, Mühlbuch usw.) unter entsprechender Abänderung des Vordrucks zunächst nach dem ermittelten Hohlmaße vorzutragen. Am Schlusse des Vierteljahrs oder, wenn die Meßvorrichtung im Laufe des Vierteljahrs durch eine selbsttätige Wägevorrichtung ersetzt wird, sogleich nach Aufstellung und Zulassung der Wägevorrichtung, ist das Gewicht der gesamten nach dem Hohlmaß ermittelten Malzmenge in der Weise zu ermitteln, daß für einen Hektoliter Malz ein Gewicht von 53,5 kg in Ansatz gebracht wird. Bruchteile eines Kilogramms, die sich bei der Umrechnung ergeben, bleiben außer Ansatz.

[2] Im Falle der Vorauszahlung des Malzaufschlags hat die Hebestelle bei Erholung des Malzscheins das steuerpflichtige Gewicht des Malzes zunächst aus der angemeldeten Malzmenge zu berechnen und hierüber auf der Rückseite des Malzscheins das Erforderliche zu vermerken. Diese Berechnung ist nach Rückleitung des Malzscheins erforderlichenfalls nach dem Ergebnisse der Vermessung in der Mühle zu berichtigen.

[3] Für die Eintragung im Sudbuch ist das Gewicht einer Malzschüttung durch Umrechnung in der in Abs. 1 angegebenen Weise zu ermitteln.

[4] Bei Verprobungen und Beschädigungen der Meßvorrichtung finden die bisherigen Vorschriften insoweit Anwendung, als sie sich auf die Vornahme der Vermessungen sowie auf die Zusammensetzung und den steuerlichen Verschluß der Meßvorrichtung beziehen.

[5] Nach der Aufstellung und Zulassung einer selbsttätigen Wägevorrichtung sind die in der Betriebsstätte etwa noch vorhandenen Malzmühlen mit Meßvorrichtung unter Verschluß zu setzen.

Bierlieferungsverträge.

Art. 75. (1) Soweit beim Inkrafttreten dieses Gesetzes Verträge über Lieferung von Bier durch Brauer oder Bierhändler bestehen, ist der Abnehmer verpflichtet, dem Brauer oder Bierhändler einen Zuschlag zum Hektoliterpreis in dem Betrage zu zahlen, um den der Malzaufschlag für 1 Hektoliter des in der Brauerei hergestellten Bieres erhöht wird. Gegenüber Bierhändlern besteht diese Verpflichtung jedoch nur insoweit, als der Bierhändler dem Brauer einen erhöhten Hektoliterpreis zu entrichten hat. Der Berechnung ist der durchschnittliche Malzverbrauch der Brauerei in den Jahren 1907, 1908 und 1909, ein Hektolitergewicht des Malzes von 53,50 kg und — vorbehaltlich des Nachweises einer höheren Malzverwendung — eine Malzverwendung von 20 kg für einen Hektoliter Bier zu Grunde zu legen.

(2) Soweit beim Inkrafttreten dieses Gesetzes ein Bierabnehmer vertraglich verpflichtet ist, bestimmte Ausschankpreise des von einer Brauerei bezogenen Bieres einzuhalten, ist der Abnehmer berechtigt, eine dem erhöhten Bezugspreise entsprechende Erhöhung der Ausschankpreise für Bier eintreten zu lassen.

(3) Die Vorschriften der Abs. 1 und 2 finden keine

Anwendung, wenn ausdrückliche Vertragsbestimmungen entgegenstehen.

Inkrafttreten und Vollzug des Gesetzes.

Art. 76. (1) Dieses Gesetz tritt am 1. April 1910 in Kraft.

(2) Gleichzeitig treten die Gesetze über den Malzaufschlag vom $\frac{\text{16. Mai 1868}}{\text{8. Dezember 1889}}$ und vom 24. Mai 1896 und die hiezu ergangenen Vollzugsvorschriften außer Geltung. Soweit in anderen Gesetzen auf die Bestimmungen dieser Gesetze verwiesen ist, treten an deren Stelle die Bestimmungen des gegenwärtigen Gesetzes.

(3) Für das in der Zeit vom Tage der Verkündung dieses Gesetzes bis zum 1. April 1910 zum Zwecke der Erzeugung von Bier geschrotete Malz wird der Malzaufschlag gemäß Art. 5 Abs. 1, 2 und 5 sowie Art. 74 Abs. 1 dieses Gesetzes erhoben.

(4) Mit dem Vollzuge dieses Gesetzes werden, soweit nicht anderes bestimmt ist, die beteiligten Ministerien beauftragt.

AusfB. zu Art. 76.

Berechnung des Gesamtmalzverbrauchs in einem Brauereibetrieb im Kalenderjahr 1910.

§ 91. [1] Die Bemessung des nach dem Malzaufschlaggesetze vom 18. März 1910 im Kalenderjahr 1910 für einen Brauereibetrieb anzuwendenden Malzaufschlagsatzes erfolgt nach dem Gewichte des im ganzen Jahre in diesem Betriebe steuerbar gewordenen Malzes mit der Maßgabe, daß, insoweit eine Ermittelung der steuerpflichtigen Malzmenge nach dem Hohlmaße stattgefunden hat, für ein Hektoliter Malz ein Gewicht von 53,5 kg in Ansatz zu bringen ist.

² Der im Jahre 1910 vorläufig anzuwendende Malzaufschlagsatz (§ 9 Abs. 1) ist nach dem Malzverbrauche des Jahres 1909 oder des letzten Betriebsjahrs festzusetzen, wobei für 1 hl des geschroteten Malzes 53,5 kg in Ansatz zu bringen sind.

Aufrechterhaltung von Genehmigungen usw.

§ 92. ¹ Für die beim Inkrafttreten des Malzaufschlaggesetzes in Betrieb befindlichen und nach dem Malzaufschlaggesetz unter Steueraufsicht stehenden Bierbrauereien und anderen Betriebsstätten mit Malzverbrauch, Malzmühlen und sonstigen zum Schroten von Malz geeigneten Vorrichtungen, deren Besitz und Betrieb nach Artikel 42 des Gesetzes der Genehmigung bedarf, sowie für deren Inhaber gelten die nach dem Malzaufschlaggesetz erforderlichen Voraussetzungen für den Besitz und Betrieb als erfüllt.

² Ausnahmen von den Vorschriften in Artikel 20 Abs. 1 und Artikel 25 Abs. 1 des Malzaufschlaggesetzes sind ohne besondere Genehmigung der Steuerbehörde insoweit zugelassen, als solche Ausnahmen beim Inkrafttreten des Malzaufschlaggesetzes auf Grund der Vorschriften in Artikel 20 Abs. 1 und Artikel 37 Abs. 1 und 2 des Gesetzes über den Malzaufschlag vom $\frac{\text{16. Mai 1868}}{\text{8. Dezember 1889}}$ zugelassen waren. Die hiefür bisher angeordneten Überwachungsmaßnahmen bleiben aufrecht erhalten.

Berechnung des steuerpflichtigen Gewichts des in der Zeit vom Tage des Inkrafttretens des Malzaufschlaggesetzes bis zum 1. April 1910 geschroteten Malzes.

§ 93. Für das in der Zeit vom Tage der Verkündung des Malzaufschlaggesetzes (18. März 1910) an bis zum 1. April 1910 zum Zwecke der Erzeugung von Bier geschrotete Malz ist, gleichviel ob das Malz auf Malzmühlen mit oder ohne Meßvorrichtung geschrotet wird, das steuerpflichtige Gewicht des Malzes nach dem Ergebnisse der Hohlmaßmessung in der Mühle in der Weise zu berechnen, daß für einen Hektoliter Malz ein Gewicht von 53,5 kg in Ansatz gebracht wird.

Gegeben zu München, den 18. März 1910.

Luitpold,

Prinz von Bayern,

des Königreichs Bayern Verweser.

Dr. Frhr. v. Podewils. Dr. v. Miltner. Dr. v. Wehner.
v. Frauendorfer. v. Pfaff. Frhr. v. Horn.
v. Brettreich.

Auf Allerhöchsten Befehl:
Der Ministerialrat
im K. Staatsministerium des Innern:
Knözinger.

Muster und Anlagen

zu den

Ausführungsbestimmungen.

K. Steueramt *Burgpreppach.* **Muster 1.**
(MAAusfBest § 10 Abs. 1)

Anmeldung
des
Schuhmachers Christian Weber
in *Burgpreppach* Hs.-Nr. *14*

zur Bereitung von Bier für den Hausbedarf.

Der Unterzeichnete beabsichtigt im Jahre 19*11* nur für seinen Hausbedarf Bier zu bereiten und hiezu im ganzen nicht mehr als 5 Doppelzentner Malz zu verwenden. Er beansprucht hiefür den ermäßigten Malzaufschlagsatz von 10 *M* für 1 Doppelzentner und erklärt, daß er das unter Inanspruchnahme der Steuerermäßigung hergestellte Bier nur im eigenen Haushalte verbrauchen oder unentgeltlich abgeben will und daß er nicht mit Bier handelt.

Burgpreppach, 9. Januar 19*11*.

Christian Weber
Schuhmacher.

[Seite 1]

Muster 2.
(MAAusfBest. § 10 Abs. 4).

K. Steueramt *Burgpreppach.*

Braubuch

des

Hausbrauers *Christian Weber, Schuhmacher*

in *Burgpreppach* Hs.-Nr. *14*

für das *1.* Vierteljahr 19*11*.

Anleitung zum Gebrauche.

1. Wer die Ermäßigung des Malzaufschlags für das zur Bereitung von Bier für seinen Hausbedarf verwendete Malz (Artikel 5 Abs. 5 des Gesetzes) in Anspruch nimmt (Hausbrauer), hat dies bei Erholung des ersten Malzscheins im Kalenderjahre bei der Hebestelle schriftlich anzuzeigen. Hiebei ist unter Anwendung eines amtlichen Vordrucks die Erklärung abzugeben, daß im Kalenderjahre nicht mehr als 5 Doppelzentner Malz verwendet und das unter Inanspruchnahme der Steuerermäßigung hergestellte Bier nur im Haushalte des Anmelders verbraucht oder unentgeltlich abgegeben werden soll, ferner daß der Anmelder nicht mit Bier handelt.
2. Die Abgabe von Bier, das für den Hausgebrauch unter Inanspruchnahme des ermäßigten Malzaufschlagsatzes hergestellt ist, an nicht zum Haushalte gehörige Personen gegen Entgelt oder der Handel mit Bier ohne vorherige Anzeige haben neben dem Verluste des Anrechts auf die Steuerermäßigung die Einleitung des Strafverfahrens zur Folge.
3. Vorübergehend angenommene Arbeiter oder Dienstleute werden als zum Haushalte gehörig nur dann angesehen, wenn sie im Haushalte verköstigt werden.
4. Hausbrauer haben über die Menge und den Verbrauch des von ihnen hergestellten Bieres Aufschreibungen unter Benützung des innen bezeichneten Vordrucks zu führen.
5. Wenn ein Hausbrauer im Laufe des Kalenderjahrs mehr als insgesamt 5 Doppelzentner Malz zur Bierbereitung verwenden oder Bier an nicht zum Haushalte gehörige Personen gegen Entgelt abgeben oder mit Bier handeln will, so hat er der Hebestelle vorher schriftlich Anzeige zu erstatten.
6. Die Anmeldungen bilden Belege zum Braubuche für das erste Viertel des Kalenderjahrs bzw. für das Vierteljahr des Betriebsbeginns.

[Seite 2]

Lfde. Nr.	Monat und Tag des Malzschrotens	Verwendete Malzmenge kg	Erzeugte Biermenge in Litern	Bemerkungen
1	2	3	4	5
	Biervorrat aus dem vorigen Vierteljahr		–	
1	*15. Januar*	*95*	*570*	
2	*21. Februar*	*95*	*570*	
	zusammen	*190*	*1140*	
	Bier-Vorrat am Schlusse des Vierteljahrs		*430*	
	Daher Bierverbrauch		*710*	

Ich versichere, daß die vorstehend bezeichnete Biermenge von *710* Litern in meinem Haushalt verbraucht oder unentgeltlich abgegeben worden ist.

Burgpreppach, 31. März 1911.

Christian Weber,
Schuhmacher.

[Seite 1]

Muster 3.
(MAAusfBest. § 20 Abs. 1.)

K. Steueramt *Vohenstrauss.*

Malzverbrauchbuch *A*

(für untergäriges Bier)

4. Vierteljahr 19*11.*

Dieses Buch enthält *fünfzehn* Blätter, die mit einer angesiegelten Schnur durchzogen sind.

Waldsassen den *17. September* 19*11.*

(Siegel) *Bühlmann,*
Steueroberkontrolleur.

Anleitung zum Gebrauche.

1. Jede Steuerstelle hat nach Maßgabe des jeweiligen Bedürfnisses folgende Malzverbrauchsbücher in vierteljährigen Zeitabschnitten zu führen:
   ein Malzverbrauchsbuch A für untergäriges Bier,
   " " B " obergäriges Bier,
   " " C " bierähnliche Getränke,
   " " D " aufschlagfreie Zwecke.
2. Für jeden malzverbrauchenden Betrieb ist eine besondere Abteilung mit besonderer Ziffer anzulegen.
3. Wird eine Braustätte von mehreren für eigene Rechnung brauenden Personen (z. B. Kommunbrauern) gemeinsam benützt und ist für die Höhe des Steuersatzes nicht die in der Braustätte insgesamt, sondern die von jedem einzelnen Brauberechtigten verarbeitete Malzmenge entscheidend, so sind die einzelnen Brauer stets am Schlusse des Malzverbrauchbuchs oder in einem be-

(Fortsetzung s. S. 102.)

[Seite 2]

Abteilung 1: *Bayer Andreas, Brauereibesitzer in Roggenstei*

Laufende Nr.	Angemeldete Malzmenge		Tag der Malzschrotung	Reingewicht des Malzes		a) Abzug nach Art. 6 Abs. 2 b) Zuschlag nach Art. 6 Abs. 3		Daher steuerpflichtiges Gewicht		Bemerkungen
	dz	kg		dz	kg	v. H.	kg	dz	kg	
1	2		3	4		5	6	7		8
			Oktbr.							1. Der Durchschnittsmalz verbrauch nach Artikel Abs. 3 des Gesetzes be trägt gemäß Entschlie ßung der K. General direktion der Zölle un indirekten Steuern vo *20.* Mai 19*10* Nr. *2607* *1356* dz *16* kg. 2. Malzverbrauch im Vo jahre: *1030,50* dz. 3. in den früheren Vie teln des lfd. Jahre *960* dz. 4. für das in den früher Vierteln des laufend Jahres steuerbar gewo dene Malz wurde d Malzaufschlag nach de Satze von *15 M* erhobe 5. *Wegen Beschädigu der eigenen Malzmüh wurde das Malz vom bis 10. November a der öffentlichen Ma mühle des Johann Ha ser in Roggenstein g schrotet.*
1	*10*	—	*2.*	*10*	*20*	—	—	*10*	*20*	
2	*10*	—	*3.*	*10*	—	*b) 10*	*100*	*11*	—	
3	*5*	—	*6.*	*5*	—	—	—	*5*	—	
4	*5*	*50*	*7.*	*5*	*60*	*b) 10*	*56*	*6*	*16*	
5	*5*	—	*8.*	*4*	*95*	—	—	*4*	*95*	
			ꝛc.	ꝛc.						
			ꝛc.	ꝛc.						
Summe für Oktober:				*117*	*59*	—	*258*	*120*	*17*	
			ꝛc.	ꝛc.						
			ꝛc.	ꝛc.						
Summe für Dezbr.:				*137*	*97*	—	*326*	*141*	*23*	
hiezu „ „ Novbr.:				*115*	*34*	—	*266*	*118*	—	
„ „ „ Oktbr.:				*117*	*59*	—	*258*	*120*	*17*	
zusammen:				*370*	*90*	—	*850*	*379*	*40*	

teilung 2: ***Franke Adolf**, Brauereibesitzer in Vohenstrauss.*

Angemeldete Malzmenge dz	kg	Tag der Malzschrotung	Reingewicht des Malzes dz	kg	a) Abzug nach Art. 6 Abs. 2 b) Zuschlag nach Art. 6 Abs. 3 v. H.	kg	Daher steuerpflichtiges Gewicht dz	kg
2		3	4		5	6	7	
		Oktbr.						
20	—	*1.*	—	—	—	—	—	—
15	—	*2.*	—	—	—	—	—	—
20	—	*3.*	—	—	—	—	—	—
15	—	*4.*	*69*	*95*		—	*69*	*95*
20	—	*5.*	—	—	—	—	—	—
20	—	*7.*	—	—	—	—	—	—
20	—	*8.*	—	—	—	—	—	—
20	—	*9.*	*82*	—	—	—	*82*	—
20	—	*10.*	—	—	—	—	—	—
		ꝛc.	ꝛc.					
		ꝛc.	ꝛc.					

and des Zählwerkes am 31. Dez. 1911: 405160 kg
" " " " 30. Sept. 1911: 305610 "
ergibt: 99550 kg

Bei den Prüfungen der selbsttätigen Wägeeinrichtung im abgelaufenen Vierteljahre schritt as Zählwerk vor am

14. Oktober 1911 um 200 kg
13. November " " 100 "
11. Dezember " " 100 "
daher sind abzusetzen 400 kg.

Hienach ergibt sich ein steuerpflichtiges Geicht von 99150 kg, womit die in Spalte 7 s Mühlbuchs vorgetragene Menge genau übernstimmt.

Bemerkungen (8)

1. Der Durchschnittsmalzverbrauch nach Artikel 5 Abs. 3 des Gesetzes beträgt gemäß Entschließung der K. Generaldirektion der Zölle und indirekten Steuern vom *20.* Mai 1910 Nr. *26071*: *4416* dz *50* kg.
2. Malzverbrauch im Vorjahre: *3976,59* dz.
3. in den früheren Vierteln des lfd. Jahres: *3119,50* dz.
4. für das in den früheren Vierteln des laufenden Jahres steuerbar gewordene Malz wurde der Malzaufschlag nach dem Satze von 18 *M* erhoben.
5. *Bei Ermittlung der steuerpflichtigen Gesamtmalzmenge und des hienach anzuwendenden Steuersatzes ist eine Malzmenge von 8,79 dz, für welche auf Grund Entschliessung der Generaldirektion der Zölle und indirekten Steuern vom 10. Oktober 1911 Nr. 28576 der Malzaufschlag nach dem Satze von 18 M nachgelassen wurde, ausser Ansatz zu lassen.*

[Seite 4]

sonderen Anhange hiezu in unmittelbar aufeinander folgenden Abteilungen vorzutragen. Ist für die Höhe des Steuersatzes die von den Brauberechtigten insgesamt verbrauchte Malzmenge maßgebend (vgl. Artikel 5 Abs. 9 Satz 2 des Gesetzes), so ist für die betreffende Braustätte nur eine Abteilung anzulegen, in dieser aber für jeden einzelnen Brauer eine besondere Unterabteilung zu eröffnen.

4. Wird ein Malzschein erholt, so sind die Spalten 2, 3 und 5 bei Ausstellung des Malzscheins, die Spalten 4, 6 und 7 nach Rücklieferung des Malzscheins zur Hebestelle und zwar die Spalte 4 nach dem Ergebnisse der Verwiegung in der Mühle auszufüllen. Wird ein Malzschein nicht erholt, so sind die Spalten 2, 3 und 5 beim Eintreffen der Anzeigen (§ 56 der MAAusfBest.), die Spalten 4, 6 und 7 auf Grund des Eintrags im Notizbuche (§ 57 der MAAusfBest.) auszufüllen. Für Brauer, welche Malzscheine zu erholen haben, sind die Spalten 4, 6 und 7 monatlich aufzurechnen. Bei den Brauern, welche von der Erholung von Malzscheinen befreit sind, ist im Malzverbrauchbuch am Vierteljahresschluß ein Auszug aus dem Mühlbuch in der Weise vorzutragen, daß vom Stande der Zähluhr am letzten Tage des Vierteljahrs der Stand der Zähluhr am letzten Tage des vorausgegangenen Vierteljahrs abgezogen wird und von dem Unterschiede der beiden Zählwerksanzeigen diejenigen Gewichtsmengen abgesetzt werden, um welche das Zählwerk bei den Prüfungen und Reinigungen der selbsttätigen Wägevorrichtung im abgelaufenen Vierteljahre fortgeschritten ist. Die hienach verbleibende Restmenge muß mit der in Spalte 7 des Mühlbuchs nachgewiesenen Endsumme genau übereinstimmen. Diese bildet für das abgelaufene Vierteljahr das steuerpflichtige Gesamtgewicht, sofern letzteres keinem Zuschlage wegen außergewöhnlicher Gewichtsverminderung unterliegt. Etwaige Zuschläge wären nach den Vorträgen des Mühlbuchs besonders zu berechnen und dem vorstehend ermittelten Gewichte zuzuzählen.

5. Die Hebestelle hat die Einträge im Malzverbrauchbuche mit den ihr am Vierteljahresschlusse zurückgelieferten Mühlbüchern sowie mit den Einträgen im Notizbuch über die Malzschrotungen auf Eigenmalzmühlen bzw. mit den Einträgen auf den Malzscheinen genau zu vergleichen und etwaige Unterschiede zu beheben.

6. Belege zum Malzverbrauchbuche bilden die Mitteilungen anderer Hebestellen über den Malzverbrauch von Brauereien (§ 13), die erledigten Malzscheine (§ 46 Abs. 5), die Betriebsanzeigen von Besitzern eigener Malzmühlen (§ 56) und die Notizbücher über die Malzschrotungen auf eigenen Malzmühlen (§ 57).

[Seite 1]

Muster 4.
(MAAusfBest. § 21 Abs. 2).

K. Steueramt *Vohenstrauss*.

Abrechnung

über den Anfall an

staatlichem Malzaufschlage

für das *4.* Vierteljahr 19*11*.

[Seite 2]

Lfd. Nr.	Des Aufschlagpflichtigen		a) Malzverbrauch im Vorjahre; b) Durchschnittsmalzverbrauch gemäß Art. 5 Abs. 3 des Gesetzes	Malzverbrauch				Aufschlagsatz				Aufschlaganfall für das abgelaufene Vierteljahr			
	Name	Wohnort		in den früheren Vierteljahren des laufenden Jahres		im abgelaufenen Vierteljahre		bisher	für das abgelaufene Vierteljahr	für die Malzmenge von		einzeln		zusammen	
				dz	kg	dz	kg	*M*	*M*	dz	kg	*M*	*Pf.*	*M*	*Pf.*
1	2	3	4	5		6		7	8	9		10		11	
												A. Für unter-			
1	Bayer Andreas	Roggenstein	a) 1030,50 b) 1356,16	960	—	379	40	15	15,50	379	40	5880	70	5880	70
2	Franke Adolf	Bobenstrauß	a) 3976,52	3112 ab 8	50 72	991	50	18	18	896	22	16131	96	17894	64
			b) 4416,50	3103	78				18,50	95	28	1762	68		
3	Klupp Otto	„	a) 991,20 b) 1126,23	522	—	271	25	15	15	271	25	4068	75	4068	75
4	Kühles Therese	„	a) 2272,12	1647	30	451	—	16,50	16	352	70	5643	20	7265	15
			b) 2418,86						16,50	98	30	1621	95		
5	Renkl Franz	„	a) 916,15	710	—	440	—	16	16,50	440	—	7260	—	7260	—
	Hiezu laut		b) 1160,26												
	Malzverbrauchbuch B Abt. 2:		a) *98,10* b) *106,50*	*70*		*29*	—								
	" " " A Abt. 1: des Steueramts Schwandorf:		a) *861,91* b) *990,80*	*796*	—	*221*	—								
	Ziff. 5. zusammen:		a) *1876,17* b) *2257,56*	*1576*	—	*690*	—								
	Summe A			6943	68	2533	15	—	—	—	—	42369	24	42369	24

a) Hiezu Stundung aus dem .... Vierteljahr 19 ... b) Hievon ab als gestundet		Ergibt		Für die früheren Vierteljahre nachzuerheben wegen a) Ueberganges in eine höhere Klasse b) Ueberschreitung der Grenze in Art. 5 Abs. 3 des Gesetzes		Für die früheren Vierteljahre zurückzuzahlen wegen Ueberganges in eine niedrigere Klasse		Daher Erhebungs-Soll für das abgelaufene Vierteljahr		Hievon sind vorausbezahlt		Daher sind noch zu erheben		Daher sind noch zurückzuzahlen		Bemerkungen
M	*Pf.*	*M*	*Pf.*	*M*	*Pf.*	*M*	*Pf.*	*M*	*Pf.*	*M*	*Pf.*	*M*	*Pf.*	*M*	*Pf.*	
12		13		14		15		16		17		18		19		20
gäriges Bier																
b) 2940	35	2940	35	a) 480	—	—	—	3420	35	—	—	3420	35	—	—	
8947	82	8947	32	—	—	—	—	8947	32	—	—	8947	32	—	—	Zu 2: Gesamtmalzverbrauch 1911: 4104 dz. Hievon haben 8 dz 72 kg, für welche auf Grund Entschließung vom 10. Oktober 1911 Nr. 28576 der Malzaufschlag nach dem Satze von 18 *M* nachgelassen wurde außer Ansatz zu bleiben.
899	75	3169	—	—	—	—	—	3169	—	3169	—	—	—	—	—	
s. Spalte 17 3541	65	8723	50	—	—	823	65	2899	85	2899	85	—	—	—	—	
s. Spalte 17 3630	—	3630	—	a) 355	—	—	—	3985	—	—	—	3985	—	—	—	

[Seite 2]

Lfd. Nr.	Des Aufschlagpflichtigen: Name	Des Aufschlagpflichtigen: Wohnort	a) Malzverbrauch im Vorjahre; b) Durchschnittsmalzverbrauch gemäß Art. 5 Abs. 3 des Gesetzes	Malzverbrauch: in den früheren Vierteljahren des laufenden Jahres dz	kg	Malzverbrauch: im abgelaufenen Vierteljahre dz	kg	Aufschlagsatz: bisher M	Aufschlagsatz: für das abgelaufene Vierteljahr M	Aufschlagsatz: für die Malzmenge von dz	kg	Aufschlaganfall für das abgelaufene Vierteljahr: einzeln M	Pf.	Aufschlaganfall für das abgelaufene Vierteljahr: zusammen M	Pf.
1	2	4	4	5		6		7	9	10		10		11	
												B. Für ober-			
1	Anthofer Wilhelm	Bohenstrauß	a) 1378,50	787	30	20	40	15,50	15	20	40	306	—	306	—
			b) 1514,13												
2	Renkl Franz	„	a) 98,10												
			b) 106,50	70	—	29	—	16	16,50	29	—	478	50	478	50
	Hiezu laut Malzverbrauchbuch A Abt. 5:		*a) 916,15*	*710*	-	*440*	—								
			b) 1160,96												
	„ „ „ A Abt. 1:		*a) 861,91*												
			b) 990,80												
	des Steueramts Schwandorf:			*796*	—	*221*									
	Ziff. 2 zusammen		*a) 1876,16*	*1576*	—	*690*	—								
			b) 2257,56												
	Summe B:		—	857	30	49	40	—	—	—	—	784	50	784	50
	Hiezu „ A:		—	6943	08	2533	15	—	—	—	—	42369	24	42369	24
	Gesamtsumme:		—	7800	38	2582	55	—	—	—	—	43153	74	43153	74

[Seite 3]

a) Hiezu Stundung aus dem ....Vierteljahr 19.... b) Hievon ab als gestundet		Ergibt		Für die früheren Vierteljahre nachzuerheben wegen a) Ueberganges in eine höhere Klasse; b) Ueberschreitung der Grenze in Art. 5 Abs. 3 des Gesetzes		Für die früheren Vierteljahre zurückzuzahlen wegen Ueberganges in eine niedrigere Klasse		Daher Erhebungs-Soll für das abgelaufene Vierteljahr		Hievon sind vorausbezahlt		Daher sind noch zu erheben		Daher sind noch zurückzuzahlen		Bemerkungen
M	*Pf.*	*M*	*Pf.*	*M*	*Pf.*	*M*	*Pf.*	*M*	*Pf.*	*M*	*Pf.*	*M*	*Pf.*	*M*	*Pf.*	
12		13		14		15		16		17		18		19		20
gäriges Bier																
—	—	306	—	—	—	393	65	87	65	—	—	—	—	87	65	
—	—	478	50	a) 35	—	—	—	513	50	—	—	513	50	—	—	
—	—	784	50	a) 35	—	393	65	425	85	—	—	513	50	87	65	
19959	07	22410	17	a) 835	—	823	65	22421	52	6068	85	16352	67	—	—	
19959	07	23194	67	a) 870	—	1217	30	22847	37	6068	85	16866	17	87	65	

Vohenstrauß, 2. Januar 1912.

K. Steueramt.

Dick, Steuerverwalter.

[Seite 1]

Muster 5.
(MAAusfBest. § 21 Abs. 2).

K. Steuer ......

Vergleichende Uebersicht
über den
Malzverbrauch und die Malzaufschlag-Solleinnahme
im
.... Vierteljahr 19 ..
und
.... Vierteljahr 19 ...

Anleitung zum Gebrauche.

1. In Spalte 1, 2, 5 und 6 sind die in Spalte 6 und 16 der Abrechnung (Muster 4) ausgewiesenen Ziffern summarisch zu übernehmen.
2. In Spalte 7 sind allenfallsige erhebliche Mehrungen oder Minderungen im Malzverbrauch gegenüber dem gleichen Vierteljahre des Vorjahrs kurz zu begründen.

[Seite 2]

Malzverbrauch im ..... Vierteljahr				Daher im ..... Vierteljahr 19				Erhebungssoll an staatlichem Malzaufschlag im .... Vierteljahr				Bemerkungen
19		19		mehr		weniger		19		19		
dz	kg	dz	kg	dz	kg	dz	kg	*M*	*Pf.*	*M*	*Pf.*	
1		2		3		4		5		6		7

[Seite 1]

Muster 6.
(MAAusfBest. § 21 Abs. 7).

K. Hauptzollamt ....

Vergleichende Uebersicht

über

die Ergebnisse der Bierbesteuerung

im

..........Vierteljahr 19...

und

..........Vierteljahr 19.....

[Seite 2]

Laufende Nummer	Steuer-amt	Malz-verbrauch im ... Viertel-jahr				Daher im ... Viertel-jahr 19....				Erhebungs-soll an staatl. Malzauf-schlag im ... Viertel-jahr				Uebergangs-abgabe im ... Viertel-jahr			
		19....		19....		mehr		weni-ger		19....		19....		19....		19....	
		dz	kg	dz	kg	dz	kg	dz	kg	*M*	*Pf.*	*M*	*Pf.*	*M*	*Pf.*	*M*	*Pf.*
1	2	3		4		5		6		7		8		9		10	
	Zusammen:																
	ab																
	Daher im .. Viertel-jahr 19.... mehr																
	weni-ger																

[Seite 8]

Daher im ......Viertel-jahr 19......				Malzaufschlag-Rückvergütung im ......Viertel-jahr				Daher im ......Viertel-jahr 19......				Begründung erheblicher Abweichungen zwischen den Ziffern für das abgelaufene Vierteljahr und denen für das gleiche Vierteljahr des Vorjahrs
mehr		weniger		19....		19....		mehr		weniger		
M	Pf.	M	Pf.	M	Pf.	M	Pf.	M	Pf.	M	Pf.	
11		12		13		14		15		16		17

[Seite 1]

Muster 7.
(MAAusfBest. § 21 Abs. 7).

K. Hauptzollamt..............

Zusammenstellung

der

Einnahmen an staatlichem Malzaufschlage

für das.........Vierteljahr 19.....

Anleitung zum Gebrauche:

Die Zusammenstellung ist übereinstimmend mit den Abrechnungen der Steuerämter in 3 Abteilungen:

A für untergäriges Bier,
B für obergäriges Bier,
C für bierähnliche Getränke

anzufertigen.

[Seite 2]

Laufende Nr.	Steuer-amt	Malzverbrauch im abgelaufenen Viertel-jahr		Auf-schlag-anfall		a) Hiezu Stundung aus dem ... Vierteljahr 19... b) Hievon ab als gestundet		Ergibt	
		dz	kg	*M*	*Pf.*	*M*	*Pf.*	*M*	*Pf.*
1	2	3		4		5		6	

[Seite 3]

Für die früheren Vierteljahre				Daher Erhebungs-Soll		Be-merkungen
nachzuerheben wegen a) Ueberganges in eine höhere Klasse b) Ueberschreitung der Grenze in Art. 5 Abs. 3 des Gesetzes		zurückzuzahlen wegen Ueberganges in eine niedrigere Klasse				
M	*Pf.*	*M*	*Pf.*	*M*	*Pf.*	
7		8		9		10

K. Steuer ....

Muster 8.
(MAAusfBest. § 22 Abs. 1).

Berechnung
des
für das .... Vierteljahr 19....
vom .... in ....
geschuldeten Malzaufschlags.

I. Staatlicher Malzaufschlag.

a) Für ....dz.....kg Malz nach dem Satze von ....M für 1 dz . . . . M .....Pf.

b) Für ....dz......kg Malz nach dem Satze von ..... M für 1 dz . . . .M ....Pf.

Hiezu die Stundung aus dem ...Vierteljahr 19.. : ....M ....Pf.
Hievon ab als gestundet

Ergibt ....M .....Pf.

Wegen Ueberganges in eine höhere Klasse sind nachzuzahlen . . . .M ....Pf.

Wegen Ueberschreitung der Grenze in Art. 5 Abs. 3—4 des Gesetzes sind nachzuzahlen . . . .M .....Pf.

Wegen Ueberganges in eine niedrigere Klasse sind zurückzuzahlen . . . .M .....Pf.

Daher Erhebungssoll für das ...Vierteljahr 19... ....M .....Pf.
Hievon sind vorausbezahlt . . . .M .....Pf.

Daher sind noch zu entrichten . . ..M .....Pf.

II. Gemeindlicher Malzaufschlag.

Für ....dz.....kg Malz nach dem Satze von .....M für 1 dz . . . .M .....Pf.

Hiezu die Stundung aus dem ..Vierteljahr 19... : ....M .....Pf.
Hievon ab als gestundet

Ergibt ....M .....Pf.
Hievon sind vorausbezahlt . . . .M .....Pf.
Daher sind noch zu entrichten . . ..M .....Pf.
Hiezu staatlicher Malzaufschlag nach Ziff. 1 ....M .....Pf.

Daher Gesamtaufschlagschuldigkeit . ...M .....Pf.

Diesen Betrag wollen Sie am .... den................19.... ....mittags ... Uhr, jedenfalls aber bis zum ....19.... einzahlen.

Allenfallsige Erinnerungen gegen die Berechnung der Malzaufschlagschuld wollen Sie binnen der nächsten drei Tage bei der unterfertigten Stelle erheben.

Die Einzahlung kann erfolgen in barem oder mit Postanweisung sowohl beim Steueramt als beim K. Hauptzollamt .... und außerdem im Giroverkehre beim bezeichneten Hauptzollamte.

..........................den ....19.....

An K. Steuer ....

....

in..............................

[Seite 1]

Muster 9.
(MAAusfBest. § 24 Abs. 3).

K. Steuer . . . .
. . . .

Verzeichnis

der Aufschlagpflichtigen, welche zur Vorausbezahlung des Malzaufschlags verpflichtet sind.

Anleitung zum Gebrauche.

1. Das Verzeichnis ist für mehrere Jahre fortlaufend zu führen. Nicht mehr gültige Vorträge sind zu durchstreichen.
2. Schriftstücke, welche auf die Verpflichtung zur Vorauszahlung Bezug haben (hauptamtliche Verfügungen, Erklärungen des Pflichtigen usw.) sind dem Verzeichnis als Belege in Urschrift oder in beglaubigter Abschrift anzufügen.

[Seite 2]

Lfd. Nr.	Des Aufschlagpflichtigen		Grund der Vorauszahlung	Bemerkungen
	Name und Stand	Wohnort		
1	2	3	4	5

[Seite 1]

Muster 10.
(MAAusfBest. § 27 Abs. 7).

Hauptzollamt

Nachweisung
über das
Malzaufschlagnachlaßgesuch
des

.... zu ....

[Seite 2]

Namen und Wohnort des Gesuchstellers	Zeit des Vorfalls			Menge des Malzes		Nachlaßbetrag			
						Staatlicher Malzaufschlag nach dem Satze zu		Gemeindlicher Malzaufschlag nach dem Satze zu .. M .. Pf.	
	Jahr	Monat	Tag	dz	kg	M	Pf.	M	Pf.

[Seite 3]

Kurze Darstellung des Sachverhalts, welcher dem Nachlaßgesuche zugrunde liegt, und Antrag des Amtes.	Hinweis auf die betr. Verhandlungen Beilage Nr.

[Seite 1]

Muster 11.
(MAAusfBest. § 27 Abs. 8).

Nachlaßschein.

Gemäß Entschließung der K. Generaldirektion der Zölle und indirekten Steuern vom .... Nr. ....
wurde Ihnen auf Grund Ihrer Anzeige vom ....
ein Nachlaß an

staatlichem Malzaufschlag im Betrage von	..........*M*.....*Pf.*
gemeindlichem Malzaufschlag im Betrage von	..........*M*.....*Pf.*
zusammen	..........*M*.....*Pf.*

— mit Worten .... —
bewilligt.

Vorstehender Betrag kann gegen Rückgabe dieses Scheines bei der nächsten Zahlung von Malzaufschlag statt barer Zahlung in Anrechnung gebracht oder beim nächsten gesetzlichen Zahlungstermin (Artikel 8 des Malzaufschlaggesetzes) bar abgehoben werden.

.... den .... 19....

K. Hauptzollamt

(Siegel) (Unterschrift)

An

....

in ....

[Seite 2]

Anrechnungsbestätigung.

Umstehender Betrag ist $\frac{\text{mir}}{\text{uns}}$ von dem .... amt in .... auf fälligen Malzaufschlag angerechnet worden.

........, den .... 19....

(Unterschrift)

Quittung.

Umstehender Betrag ist $\frac{\text{mir}}{\text{uns}}$ von dem amt in .... bar ausbezahlt worden.

., den 19

(Unterschrift)

Buchungsvermerk.

Der $\frac{\text{angerechnete}}{\text{zurückbezahlte}}$ Betrag ist gebucht im Kassebuch unter Nr. ....

[Seite 1]

Muster 12.

(MAAusfBest. § 30 Abs. 1)

K. Steuer ....

Brauereiverzeichnis.

Anleitung zum Gebrauche.

1. Das Brauereiverzeichnis ist in drei Abteilungen zu führen, und zwar
   Abteilung A: Brauereien, in welchen untergäriges Bier hergestellt wird,
   „ B: Brauereien, in welchen obergäriges Bier hergestellt wird,
   „ C: Brauereien, in welchen bierähnliche Getränke hergestellt werden.
2. Innerhalb jeder Abteilung sind die einzelnen Betriebe unter fortlaufenden Nummern vorzutragen. Wird eine Braustätte von mehreren für eigene Rechnung brauenden Personen gemeinsam benützt, so sind die einzelnen Brauer bei der betreffenden Braustätte in Unternummern aufzuführen; bei Kommunbrauberechtigten ist in Spalte 2 auch die Hausnummer anzugeben.
3. In Spalte 7 sind insbesondere Angaben zu machen über weitere Brauereien und deren steuerliche Behandlung (Artikel 5 Abs. 8 des Gesetzes), Mühlen oder sonstige zum Schroten von Malz geeignete Vorrichtungen des Betriebsinhabers unter Hinweis auf Abteilung und Nummer des Brauerei- oder Mühlenverzeichnisses, über die Aufstellung eines Vertreters oder die Uebertragung der strafrechtlichen Verantwortlichkeit auf eine dritte Person (Artikel 15 und 63 des Gesetzes), über die Verpflichtung zur Vorausbezahlung des Malzaufschlags über den Durchschnittsmalzverbrauch der Jahre 1907, 1908 und 1909 usw.
4. Das Brauereiverzeichnis ist derart anzulegen, daß es zum Nachtrage der Veränderungen für eine längere Reihe von Jahren ausreicht. Zu diesem Zwecke sollen auf einem Blatte in der Regel nicht mehr als zwei Betriebe vorgetragen werden.
5. Für jeden Betrieb ist ein besonderer Akt anzulegen, in welchem alle auf ihn Bezug habenden Schriftstücke zu sammeln sind.

[Seite 2]

Lfd. Nr.	Ortschaft, in welcher sich der Betrieb befindet	Entfernung vom Amtssitze km	Name, Stand und Wohnort des Eigentümers und des etwaigen Pächters	Tag des Betriebsbeginns
1	2	3	4	5

[Seite 3]

Bezeichnung der Mühle, auf welcher das Malz geschrotet wird	Bemerkungen
6	7

[Seite 1]

Muster 13.
(MAAusfBest. § 30 Abs. 1).

K. Steuer.....................

Mühlenverzeichnis.

Anleitung zum Gebrauche.

1. Das Mühlenverzeichnis ist in 3 Abteilungen zu führen, und zwar
   Abteilung A: Malzmühlen mit selbsttätiger Wägevorrichtung,
   " B: Malzmühlen ohne selbsttätige Wägevorrichtung,
   " C: Andere zum Schroten von Malz geeignete unter Steueraufsicht stehende Vorrichtungen.
2. Innerhalb jeder Abteilung sind die einzelnen Mühlen unter fortlaufenden Nummern vorzutragen.
3. Bei Malzmühlen mit selbsttätiger Wägevorrichtung ist in Spalte 8 anzugeben, für wieviele kg Malz das Wägegefäß eingerichtet ist.
4. In Spalte 10 sind insbesondere Angaben zu machen über Brauereien, Malzmühlen und sonstige zum Schroten von Malz geeignete Vorrichtungen, die sich außerdem noch im Besitze des Mühleninhabers befinden, unter Hinweis auf Abteilung und Nummer des Brauerei- oder Mühlenverzeichnisses, über die Aufstellung eines Vertreters oder die Uebertragung der strafrechtlichen Verantwortlichkeit auf eine dritte Person (Artikel 13 und 63 des Gesetzes) usw.
5. Das Mühlenverzeichnis ist derart anzulegen, daß es zum Nachtrage von Veränderungen für eine längere Reihe von Jahren ausreicht. Zu diesem Zwecke sollen auf einem Blatte in der Regel nicht mehr als zwei Mühlen vorgetragen werden.
6. Für jede Mühle ist ein besonderer Akt anzulegen, in welchem alle auf die Mühle Bezug habenden Schriftstücke zu sammeln sind.

[Seite 2]

Laufende Nr.	Ortschaft, in welcher sich die Mühle befindet	Entfernung vom Amtssitze km	Bezeichnung der Mühle (eigene, Genossenschafts- oder öffentliche Mühle)	Name, Stand und Wohnort des Eigentümers und des etwaigen Pächters	Aufstellungsort der Mühle
1	2	3	4	5	6

[Seite 3]

Bewegende Kraft zum Betriebe der Mühle	Art der selbsttätigen Wägevorrichtung (des Probensammlers)	Tag der Zulassung	Bemerkungen
7	8	9	10

[Seite 1]

Muster 14.
(MAAusfBest. § 34 Abs. 1).

Einschreibbuch

des/der .... in ....

über

die zur Herstellung von ....

bestimmten Malzmengen.

Anleitung zum Gebrauche.

1. Das Einschreibbuch ist bei jeder Erholung eines Malzscheins mit den vorgeschriebenen Eintragungen versehen der Hebestelle vorzulegen.
2. Wer mehrere malzverbrauchende Geschäfte gleichzeitig betreibt, hat für jedes Geschäft ein besonderes Einschreibbuch zu führen.
3. Vor jeder Erholung eines Malzscheins hat der Anmeldende die Spalten 1 bis 6 entsprechend auszufüllen; die Spalten 7 und 8 werden von der Hebestelle ausgefüllt.
4. Soll Weizenmalz unter Inanspruchnahme der Begünstigung in Artikel 6 Abs. 2 des Gesetzes oder Malz, welches eine wesentliche Gewichtsverminderung im Sinne des Artikel 6 Abs. 3 des Malzaufschlaggesetzes erfahren hat, geschrotet werden, so ist dies in Spalte 9 besonders anzugeben.
5. Abänderungen oder Streichungen sind dem Anmeldenden nur vor Vollziehung der Eintragung durch die Hebestelle gestattet, nach vollzogener Anmeldung dürfen Aenderungen nur durch die Hebestelle auf Antrag oder mit Zustimmung des Anmeldenden vorgenommen werden. Die ursprünglichen Eintragungen müssen lesbar bleiben.
6. Das Einschreibbuch kann für mehrere Jahre geführt werden; in Spalte 1 ist jedoch zu Beginn jeden Kalenderjahres mit der fortlaufenden Numerierung neu zu beginnen.
7. Das Einschreibbuch ist an dem von der Hebestelle zu bestimmenden Orte sorgfältig aufzubewahren und den Aufsichtsbeamten auf Verlangen jederzeit vorzulegen.

[Seite 2]

Lfd. Nr.	Rein-gewicht des Malzes dz	kg	Zahl der Säcke	Benennung der Mühle	Tag des Malz-schrotens	Monat	Malzver-brauchbuch Abt.	Nr.	Unterschrift des Steuerbeamten	Bemerkungen
1	2		3	4	5	6	7		8	9

Muster 15.

(MAAusfBest. § 35 Abs. 1).

Malzschein.

Malzverbrauch..... Abt...... Nr......

Auf Grund dieses Malzscheins können für Rechnung des/der .... in .... auf der öffentlichen/eigenen Malzmühle ohne/mit selbsttätiger Wägevorrichtung des/der .... in .... am .... 19... ....dz ....kg ....-Malz mit/ohne Gewichtszuschlag ....v. H. in........ Säcken zur Herstellung von .... geschrotet werden.

.... den.......... 19...

K. Steuer...............

(Siegel) ....

Von der Mühle zurückerhalten

am .... 19...

Ergebnis der Verwiegung auf der Mühle:

a) (für Mühlen mit selbsttätiger Wägevorrichtung)

Stand des Zählwerkes:

nach } dem Schroten ....kg

vor } dem Schroten ....kg

daher Reingewicht des Malzes: ....kg,

b) (für Mühlen ohne selbsttätige Wägevorrichtung)

Rohgewicht des Malzes:

........Sack	..........dz	.....kg
.... „	..........dz	.....kg
.... „	..........dz	.....kg
.... „	..........dz	.....kg
.... „	..........dz	.....kg
.... „	..........dz	.....kg
.... „	..........dz	.....kg
.... „	..........dz	.....kg
.... „	..........dz	.....kg

Zusammen ..... Säcke mit ....dz ......kg

Gewicht der leeren Säcke ....dz......kg

Daher Reingewicht des Malzes: ....dz......kg

.... den.......... 19..

....

[Seite 1]

Muster 16.
(MAAusfBest. §§ 42 Abs. 1 u. 55 Abs. 1).

K. Steuer ....

Mühlbuch

für die .... **Malzmühle**

.... **selbsttätige Wägevorrichtung**

des

....

in

....

für das .... **Vierteljahr** 19....

Dieses Buch enthält ...... **Blätter, die mit einer angesiegelten Schnur durchzogen sind.**

.... **den** .... 19 ..

—

Anleitung zum Gebrauche.

1. Für jede Mühle bzw. für jeden Mahlgang, der zum Schroten von Malz bestimmt ist, ist ein besonderes Mühlbuch zu führen.
2. Auf öffentlichen Mühlen sind die Spalten 1 bis 4 und gegebenenfalls auch 5 oder 7 stets vor der Verbringung des Malzes auf den Mahlgang auszufüllen; auf eigenen Malzmühlen erfolgt die Ausfüllung der Spalten 1 bis 4 stets gleichzeitig und in Uebereinstimmung mit den nach § 56 der Ausführungsbestimmungen einzureichenden Anzeigen bzw. in Uebereinstimmung mit den etwa erholten Malzscheinen vor dem Schroten des Malzes. Auf Mühlen mit selbsttätiger Wägevorrichtung sind die Eintragungen in den Spalten 6 und 7 sofort nach Beendigung der Malzschrotung auszufüllen. Die Einträge in Spalte 7 sind fortlaufend aufzurechnen.
3. Wird Weizenmehl unter Inanspruchnahme der Begünstigung in Artikel 6 Abs. 2 des Gesetzes oder Malz, das eine wesentliche Gewichtsverminderung im Sinne des Artikel 6 Abs. 3 des Gesetzes erfahren hat, geschrotet, so ist dies in Spalte 8 zu vermerken.

4. Ergeben sich auf einer öffentlichen Mühle wegen besonderer Umstände im Schroten oder im Zurückbringen des Malzes aus der Mühle Verzögerungen, so hat der Müller hierüber unter Angabe des Grundes in Spalte 8 Vormerkung zu machen. Tritt in einer Malzmühle mit selbsttätiger Wägevorrichtung eine Störung oder Beschädigung der Mühle oder der selbsttätigen Wägevorrichtung ein, so ist sofort nach Wahrnehmung der Störung oder der Beschädigung der Stand des Zählwerkes unter einer erläuternden Bemerkung im Mühlbuch einzutragen und der Hebestelle Anzeige zu erstatten.
5. Aenderungen und Streichungen von Eintragungen sind in Spalte 8 zu vermerken. Die ursprünglichen Eintragungen müssen lesbar bleiben.
6. Das Mühlbuch ist an dem von der Hebestelle bestimmten Platze reinlich und unbeschädigt aufzubewahren. Am Schlusse des Vierteljahrs ist das Mühlbuch vom Inhaber der Mühle oder dessen Vertreter unter Angabe des Tages abzuschließen, wobei der Stand des Zählwerkes gegebenenfalls in das Mühlbuch für das nächste Vierteljahr zu übertragen ist. Das Mühlbuch ist spätestens an dem auf den Vierteljahrsschluß folgenden Wochentage der Hebestelle abzuliefern.
7. Wird auf der Mühle Malz zu verschiedenen Verwendungszwecken (z. B. zur Bereitung von untergärigem und obergärigem Biere) oder für verschiedene Personen geschrotet, so ist der für jeden Verwendungszweck oder für jede Person treffende Gesamtmalzverbrauch von der Hebestelle nach Abschluß des Mühlbuchs in besonderer Ausscheidung festzustellen.

[Seite 2]

Lfd. Nr.	Name und Wohnort desjenigen, für dessen Rechnung das Malz geschrotet wird	Angemeldete Malzmenge dz	kg	Tag des Malzschrotens	Stand des Zählwerkes vor dem Malzschroten	nach dem Malzschroten	Menge des geschroteten Malzes dz	kg	Bemerkungen des Inhabers der Mühle	Bemerkungen des Steuerbeamten
1	2	3		4	5	6	7		8	9

[Seite 3]

Bescheinigungen der Steuerbeamten über den Rückempfang der Malzscheine

Bezeichnung der zurückempfangenen Malzscheine nach der laufenden Nummer des Mühlbuchs	Tag des Rückempfanges	Unterschrift des Steuerbeamten

Muster 17.
(MAAusfBest. § 56 Abs. 3).

(Vorderseite)

An

d K. Steuer..........................

in

....

(Rückseite)

Der Unterzeichnete zeigt hiemit an, daß er auf seiner eigenen Malzmühle zur Erzeugung von *untergärigem Biere* nachstehende Malzmengen schroten wird:

1. am	*2. Oktober*	*10* dz	— kg	
2. „	*3.* „	*10* dz	— kg	*(Enthülst)*
3. „	*6.* „	*5* dz	— kg	
4. „	*7.* „	*5* dz	*50* kg	*(Enthülst)*
5. „	*8.* „	*5* dz	— kg	
6. „		dz	— kg	
7. „		dz	— kg	
8. „		dz	— kg	

Roggenstein den *30. September* 19*11*.

Andreas Bayer,
Brauereibesitzer.

(Von der Hebestelle auszufüllen.)
Malzverbrauchbuch *A* Abt. *1* Nr. *1/5*.

Muster 18.
(MAAusfBest. § 57 Abs. 1).

(Titelseite.)

Notizbuch

über

das auf der Eigenmalzmühle

des *Paul Müller* in *Wiesen*

im *3.* Vierteljahr 19*10*

geschrotete Malz.

Anleitung zum Gebrauche.

1. Die Sp. 1/3 u. 5 sind bei jeder Nachschau in der Mühle nach Maßgabe der Einträge im Mühlbuche, Sp. 4 aber gleichzeitig mit der Ergänzung des Malzverbrauchbuchs auszufüllen.
2. Etwaige Abweichungen zwischen den Einträgen in Sp. 2/3 wären in Sp. 5 kurz zu erläutern.

[Seite 2]

(Textseite)

Tag der Nachschau	Zählwerksanzeige bei der Nachschau	Menge des seit der letzten Nachschau geschroteten Malzes	Malzverbrauchbuch Abt.	Malzverbrauchbuch Nr.	Bemerkungen und Namensbeischrift des Steuerbeamten
1	2	3	4		5
	kg	kg			
	3685	*am Schlusse des II. Vierteljahres 1910*			
5. VII.	*4860*	*1175*	*6*	*1*	*Greiner St. V.*
12. "	*6660*	*1800*	*"*	*2*	*Heiler St. R.*
18. "	*9055*	*2115*	*"*	*3*	*Bei der heutigen ordentlichen Prüfung der selbsttätigen Wägevorrichtung rückte das Zählwerk um 280 kg vor.* *Greiner St. V. Heiler St. R.*
24. "	*10880*	*1825*	*"*	*4*	*Heiler St. R.*
		etc. etc.			

Seite 1]

Muster 19.
(MAAusfBest. § 63 Abs. 3).

Verhandlung
über
die Prüfung des Probensammlers

an der Futterschrot- (Haus-) mühle des ....
.... in ....
System .... Modell .... Fabrik-Nr. ....
In Gegenwart der Unterzeichneten.
.... den .... 19....

Der Probensammler an der ....
....
aufgestellten Futterschrot- (Haus-) mühle des ....
.... in ....
wurde heute einer Prüfung unterzogen, wobei sich folgendes ergab:

Der nach dem System ....
....
hergestellte Probensammler entspricht in allen Teilen der amtlichen Zeichnung und Beschreibung.

Derselbe ist mit der Mühle derart verbunden, daß von jeder auf der Mühle bearbeiteten Frucht einzelne Körner in unbearbeitetem Zustande dem Probensammler zugeführt werden müssen und ohne Verletzung des amtlichen Verschlusses weder ein Eingriff in die Probenabsonderungsvorrichtung noch in den Sammelkasten möglich ist.

Anmerkung: Nichtzutreffendes ist zu ändern; fehlendes zu ergänzen.

[Seite 2]

Zur genauen Feststellung hierüber wurden im Beisein der Unterzeichneten ....kg.......... auf der Mühle geschrotet, wobei sich ergab, daß die Probenabsonderungsvorrichtung ihre Aufgabe vollständig und gleichmäßig erfüllt.

Der Probensammler wurde hierauf an nachverzeichneten Stellen durch Anlegung von Bleien amtlich verschlossen (wieder verschlossen) nämlich:

1. ....

2. ....

3. ....

Dem Mühlenbesitzer wurde eröffnet, daß die Benützung der Mühle vor erteilter hauptamtlicher Genehmigung verboten ist,

oder:

daß der Fortbenützung der Mühle kein Hindernis im Wege steht.

[Seite 3]

Nr. ......

Vorgelegt dem K. Steueramte / der K. Steueroberkontrolle .... zur weiteren Verfügung.

.... den.......... 19....

K. Steuer..........

[Seite 1]

Muster 20.

(MAAusfBest. § 63 Abs. 4).

K. Steuer.........

Verzeichnis der Prüfungen des Probensammlers

an

der Futterschrot=(Haus=)Mühle des ....

.... in ....

Das Verzeichnis ist für mehrere Jahre anzulegen.

Ausgeschriebene Verzeichnisse sind zu den Akten der Hebestelle zu nehmen.

Das Verzeichnis ist bei der Mühle an dem vom Steuerbeamten zu bestimmenden Orte aufzubewahren.

[Seite 2]

Lfde. Nr.	Der Prüfung			Bezeichnung der im Sammelkasten vorgefundenen und daraus entfernten Früchte	War im Probenraume noch Platz für weitere Fruchtkörner? ja? nein?	Angaben über		Unterschrift des Mühlbesitzers und des Steuerbeamten
	Tag	Monat	Jahr			Befund und Abnahme amtlicher Verschlüsse	Wiederanlegung amtlicher Verschlüsse	
1	2	3	4	5	6	7	8	9

[Seite 1]

Muster 21.
(MAAusfBest. § 66 Abs. 1).

K. Steuer ....

Sudbuch

für

die Brauerei .... in ....

für

das .... Vierteljahr 19.....

Dieses Buch enthält ..... Blätter,
die mit einer angesiegelten Schnur
durchzogen sind.

.... den .... 19...

Anleitung zum Gebrauche.

1. Gewerbliche Bierbrauer haben ein Sudbuch in vierteljährigen Zeitabschnitten zu führen. Wird eine Brauerei von mehreren für eigene Rechnung brauenden Personen gemeinsam benützt, so ist für jeden Brauer eine eigene Abteilung im Sudbuch einzurichten.
2. Für jede Biersorte ist im Sudbuch eine Unterabteilung einzurichten; die in der Brauerei hergestellten verschiedenen Biersorten und gegebenenfalls die die Braustätte benützenden Brauer sind auf Seite 2 unter Hinweis auf die Seite des Sudbuchs einzeln aufzuführen.
3. Für jeden einzelnen Biersud ist im Sudbuch eine besondere Eintragung zu machen. Als Gewicht des eingemaischten Malzes ist das auf der Mühle ermittelte steuerpflichtige Gewicht — das ermittelte Reingewicht zuzüglich eines etwaigen Zuschlags (Artikel 6 Abs. 5 des Gesetzes) — anzugeben.
4.*) Die Bestimmung des Extraktgehalts der Würze hat durch den Brauer mit Hilfe eines amtlich geeichten Saccharometers nach Balling bei einer Temperatur der Würze von $+ 17{,}5^\circ$ C ($+ 14^\circ$ R) zu erfolgen. Menge und Extraktgehalt der Ausschlagwürze sind unmittelbar vor dem Ablassen aus der Sudpfanne, der Extraktgehalt der Anstellwürze entweder im Sam-

---

*) Fassung nach ABl. 1911, S. 88.

melbottich oder, wo ein solcher fehlt, in den Gärbottichen spätestens in 10 Stunden nach der Befüllung zu ermitteln.

5. Der Eintrag im Sudbuche hat sobald als möglich, jedenfalls noch am Tage der Ermittlung zu erfolgen.
6. Aenderungen der Einträge sind in Spalte 9 zu bestätigen. Die ursprünglichen Eintragungen müssen lesbar bleiben.
7. Das Sudbuch ist an dem von der Hebestelle bestimmten Platze reinlich und unbeschädigt aufzubewahren, am Schlusse des Vierteljahrs vom Brauer unter Beifügung des Tages abzuschließen und spätestens am ersten auf den Vierteljahresschluß folgenden Werktag an die Hebestelle zurückzuliefern.
8. Wenn von einer Malzmenge sowohl Bier als Nachbier (Scheps) hergestellt wird, so ist das Nachbier als besondere Biersorte in eigener Unterabteilung vorzutragen. Hiebei sind die Spalten 4 und 7 unausgefüllt zu lassen und ist in Spalte 9 auf die Malzmenge des Hauptsuds hinzuweisen.

[Seite 2]

Verzeichnis der die Brauerei benützenden Brauer und der erzeugten Biersorten.

Abteilung Nr.

[Seite 3]

Lfd. Nr.	Tag und Stunde der Einmaischung	Hinweis auf die Nummer des Mühlbuchs	Steuerpflichtiges Gewicht des Malzes für jeden Biersud kg	Der Ausschlagwürze		Sudhausausbeute v. H.	Der Anstellwürze Extraktgehalt v. H.	Bemerkungen
				Menge hl	Extraktgehalt v. H.			
1	2	3	4	5	6	7	8	9

[Seite 1]

Muster 22.

(MAAusfBest. § 66 Abs. 6).

R. ....

Anschreibung der Sudbuchsabschlüsse.

Anleitung.

Die vierteljährigen Abschlüsse der Sudbücher sind für jede Brauerei und für jede in der Brauerei erzeugte Biersorte gesondert vorzutragen.

Für jedes Kalenderjahr sind die Spalten 2, 3 und 9 aufzurechnen.

In den Spalten 4 und 6 ist der Jahresdurchschnitt festzustellen; für Spalte 10 ist das Jahresergebnis aus Spalte 2 und 9 zu berechnen.

[Seite 2]

Abteilung Nr. ....

Angabe des Vierteljahrs	Steuerpflichtiges Gesamtgewicht des eingemaischten Malzes	Der Ausschlagwürze		Sudhausausbeute	Der Anstellwürze durchschnittlicher Extraktgehalt	Abzug für Schwund		Gesamtmenge des fertigen Bieres	Durchschnittliche Malzmenge für 1 hl Bier	Bemerkungen
		Gesamtmenge	durchschnittlicher Extraktgehalt							
	kg	hl	v. H.	v. H.	v. H.	v. H.	hl	hl		
1	2	3	4	5	6	7	8	9	10	11

[Seite 1]

Muster 23.
(MAAusfBest. § 69 Abs. 4).

K. Steuer ....

Vermessungsverhandlung.

Verhandelt .... den .... 19..

Heute wurde in der hiesigen Brauerei des Herrn .... die Sudpfanne (Nr. ....) vermessen.

Zunächst überzeugten sich die Anwesenden, daß die Sudpfanne vollständig leer ist und alle Ablauföffnungen und etwa vorhandenen Dampfventile geschlossen sind.

Die Sudpfanne hat nachstehende Form:

In dieselbe ist eine Dampfschlange .... eingebaut. Zur Vermessung wurde Wasser von + ... °C (+ .... °R) benützt.

Die Vermessung erfolgte mittels einer amtlich geeichten 20 l-Kanne (mittels einer amtlich geeichten Eichvorrichtung).

Nach Einfüllung je eines Hektoliters Wasser in die Sudpfanne wurde zugewartet, bis der Wasserspiegel vollständig ruhig geworden war, und dann der Stand desselben an dem vom Brauereibesitzer zu diesem Zwecke bereit gehaltenen Meßstabe genau und deutlich eingekerbt sowie der Abstand eines jeden Teilstrichs vom Boden der Sudpfanne bezw. vom vorhergehenden Teilstriche genau abgemessen und nachstehend eingetragen.

Der aus hartem Holze gefertigte Meßstab wurde stets an derselben Stelle eingeführt, welche durch eine am Rande der Sudpfanne angebrachte Marke (Steuerblei) kenntlich gemacht ist. Zur gleichmäßigen Einführung des Meßstabs dient eine an der Sudpfanne befindliche Führungsklammer.

Bemerkung: Nichtzutreffendes ist zu streichen, Fehlendes zu ergänzen.

[Seite 2]

Oder:

Der Meßstab wurde am Rande der Sudpfanne an der (durch ein Steuerblei) besonders kenntlich gemachten Stelle eingehängt.

Die Vermessung wurde solange fortgesetzt, bis die Sudpfanne einen vollen Hektoliter Wasser nicht mehr zu fassen vermochte.

Das Ergebnis der Vermessung war folgendes:

1.	hl:	Abstand	vom	Boden der	Sudpfanne	.......mm
2.	"	"	"	vorhergehenden	Teilstriche	.... "
3.	"	"	"	"	"	.... "
4.	"	"	"	"	"	.... "
5.	"	"	"	"	"	.... "
6.	"	"	"	"	"	.... "
7.	"	"	"	"	"	.... "
8.	"	"	"	"	"	.... "
9.	"	"	"	"	"	.... "
10.	"	"	"	"	"	.... "

usw.*)

Im ganzen wurden daher eingemessen: ....hl (m. W. ....).

Zum Zwecke der Nachprüfung wurde sodann vor der Sudpfanne auf die Brücke einer vorher geprüften Dezimalwage ein Faß (..........) aufgestellt und die Wage mit dem Fasse genau austariert. Hierauf wurde der Ablaßhahn der Sudpfanne geöffnet, das Faß (......................) nahe bis an den Rand mit dem aus der Sudpfanne auslaufenden Wasser befüllt und das Gewicht des Wassers nachstehend eingetragen. Vor jeder weiteren Befüllung des Fasses (.....................) wurde die Wage neuerdings genau austariert und sorgfältig darauf geachtet, daß das Faß (.....................) vollständig leer war. Die ganze in der Sudpfanne enthaltene Wassermenge wurde ohne Verlust in das vorbezeichnete Gefäß übergeleitet.

---

*) Bemerkung: Nötigenfalls ist ein leerer Bogen einzuheften.

[Seite 3]

Die Nachwiegung des aus der Sudpfanne abgelassenen Wassers ergab bei der

1. Füllung des Fasses	(……………)	……………	kg
2. „ „ „	(……………)	……………	„
3. „ „ „	(……………)	……………	„
4. „ „ „	(……………)	……………	„
5. „ „ „	(……………)	……………	„
6. „ „ „	(……………)	……………	„
7. „ „ „	(……………)	……………	„
usw. das sind zusammen		……………	kg

oder …… hl l (m. W. …………………………)

Es beträgt also das Ergebnis der Vermessung …hl … l

„ „ „ Verwiegung …hl…. l

Hienach ergaben sich bei der Verwiegung $\frac{\text{mehr}}{\text{weniger}}$ ….hl…. l

d. i. ………… v. H. der eingemessenen Wassermenge.

Die nasse Vermessung war daher zu wiederholen (vgl. anl. Verhandlung).

Oder:

Nachdem der Unterschied 3 v. H. der durch Vermessung festgestellten Wassermenge nicht übersteigt, wurde die Vermessung als beendet erklärt, der Meßstab zur Verhütung von Vertauschungen mit einem Steuerblei versehen und der mitunterzeichnete Brauereibesitzer (Vertreter des Brauereibesitzers) aufgefordert, den Meßstab den amtlichen Einkerbungen entsprechend binnen ….. Tagen mit einer genauen und deutlichen Einteilung nach Hektolitern zu versehen sowie diese Einteilung und das am Meßstab angebrachte Steuerblei stets unversehrt zu erhalten und den Meßstab am gleichen Platze, nämlich …………………… aufzubewahren.

Z. A. u.

N. N. Brauereibesitzer.

N. N. Braumeister.

N. Steuerverwalter. N. Steuerrevisor.

[S. 1]

Muster 24.

(MAAusfBest. § 82 Abs. 5).

Abrechnung

des *K. Steueramtes Bayreuth*

über den Anfall an gemeindlichem Malzaufschlage der Gemeinde *Amdorf* für das *4.* Vierteljahr 19*11*.

Zur Gemeinde gehören die Brauereien enthaltenden Ortschaften: *Kirchberg*.

Vormerkung:

I. Der gemeindliche Malzaufschlag ist genehmigt gemäß H.Entschl. d. K. St.Min. des Innern vom *25. August 1906 Nr. 18493* nach dem Erhebungssatze von *1 M 90 Pf.* für 1 dz Malz für die Zeit vom *1. September 1906* bis *31. August 1916*.

II. Als Vergütung für die Erhebung dieses Malzaufschlages sind *3* v. H. der wirklichen Einnahme für den Staat in Abzug zu bringen gemäß Entschl. d. K. Gen.Dir. d. Zölle und indirekten Steuern vom *9. Oktober 1906 Nr. 35981*.

Zur Beachtung:

1. Dem Abschlusse für das 4. Vierteljahr sind von der Hebestelle die Abschlüsse der ersten 3 Vierteljahre hinzuzusetzen. Hierauf ist der Jahresabschluß herzustellen.
2. Der in Spalte 13 ausgewiesene Lieferungsüberschuß ist mit der Vierteljahrs-, im 4. Viertel aber mit der Jahresquitttung der Gemeinde zu belegen.

(Abgeändertes Muster zufolge Allg. Entschl. der K. GD. d. Zölle v. 18. Nov. 1911 Nr. 34821.)

[Seite 2]

Abteil. des Malz-Verbr.-B.	Name und Wohnort des Aufschlagpflichtigen	Steuerpflichtiges Gewicht des Malzes		Aufschlagschuld hieraus		a) hiezu Stundung / b) ab als gestundet		Ergibt Erhebungs-Soll		Rück-stände	
		dz	kg	M	Pf.	M	Pf.	M	Pf.	M	Pf.
1	2	3		4		5		6		7	
1	A. K. in Amdorf	36	96	70	22	b) 35	11	35	11	—	—
2	P. H. „ „	56	57	107	48	—	—	107	48	—	—
3	H. J. „ „	72	97	138	64	b) 69	32	69	32	69	32
4	F. G. „ „	114	89	218	29	„ 109	14	109	15	—	—
5	H. M. „ „	—	—	—	—	—	—	—	—	—	—
	Summe für 4. Viertel 1911	281	39	534	63	b) 213	57	321	06	69	32
	Hiezu 3. „ „	119	51	227	06	a) 118	63	345	69	—	—
	„ 2. „ „	109	70	208	43	a) 110 10	30 50*	320	23	10	17
	„ 1. „ „	138	16	258	26	b) 129	13	129	13	—	
	Summe 1911	648	76	1228	38	a) 239 b) 342	43 70	1125	11	79	49
				ergibt		b) 103	27				

[Seite 3]

Nachlässe		Wirkliche Einnahme: für das laufende Vierteljahr		Wirkliche Einnahme: an Rückständen der früheren Vierteljahre		Gesamt-Einnahmen Sp. 9 und 10		Verwaltungskosten-Vergütung aus Sp. 11		Lieferungs-Ueberschuß		Bemerkungen
M	*Pf.*	*M*	*Pf.*	*M*	*Pf.*	*M*	*Pf.*	*M*	*Pf.*	*M*	*Pf.*	
8		9		10		11		12		13		
—	—	*35*	*11*	—	—							
11	*03**	*96*	*45*	—	—							* *gemäss Entschl. v.*
—	—	—	—	—	—							
7	*40**	*101*	*75*	—	—							* *gemäss Entschl. v.*
—	—	—	—	*10*	*17**							* *aus d. 2. Viertel 1911.*
18	*43*	*233*	*31*	*10*	*17*	*243*	*48*	*7*	*30*	*236*	*18*	
7	*65*	*338*	*04*	—	—	*338*	*04*	*10*	*10*	*327*	*94*	
—	—	*319*	*06*	—	—	*319*	*06*	*9*	*55*	*309*	*51*	**vorausbez. Nachb. a. d. 1. Viertel 11.*
—	—	*129*	*13*	*8*	*44**	*137*	*57*	*4*	*10*	*133*	*47*	**eingezahlte Rückstände a. d. 4. Viertel 10.*
26	*08*	*1019*	*54*	*18*	*61*	*1038*	*15*	*31*	*05*	*1007*	*10*	

[Seite 1]

Muster 25.
(MAAusfBest. § 82).

Zusammenstellung
der
Einnahmen und Ausgaben
an
gemeindlichem Malzaufschlag
im Bezirke
des Kgl. Hauptzollamts ....
für das .....Vierteljahr 19.....

[Seite 2]

Laufende Nummer	Namen der Gemeinde und des Steueramts	Erhebungs-Satz für 1 dz Malz		Malz-Verbrauch im ..... Vierteljahr 19.....		Hienach Soll-Einnahme für das ..... Vierteljahr 19.....						Rückstände	
						Aufschlag-Betrag		a) Hiezu Stundung aus dem ..... Vierteljahr 19..... b) Hievon ab als gestundet		Daher Aufschlag-Erhebungs-Soll für das ..... Vierteljahr 19.....			
		M	Pf.	dz	kg	M	Pf.	M	Pf.	M	Pf.	M	Pf.

[Seite 3]

Nachlässe		Daher wirkliche Einnahme im ..... Vierteljahr 19.....		Einnahme an Rückständen aus früheren Vierteljahren 2c.		Ausgaben an Verwaltungskosten und zwar:				Betrag der Ablieferung an die Gemeinden und zwar an Einnahmen				Bemerkungen
						aus der wirklichen Einnahme im .. Vierteljahr 19.....		aus den Einnahmen an Rückständen aus früheren Vierteljahren		für das ..... Vierteljahr 19.....		an Rückständen aus früheren Vierteljahren		
M	Pf.	M	Pf.	M	Pf.	M	Pf.	M	Pf.	M	Pf.	M	Pf.	

[Seite 1]

Muster 26.
(MAAusfBest. § 86 Abs. 1).

Bezirk

Uebersicht
über
die aufschlagpflichtigen Gewerbe
für das Jahr 19

Anleitung zum Gebrauche.

1. In den Spalten 2 und 4 sind außer den Kommunbrauern alle übrigen Brauer vorzutragen, welche eine Braustätte gemeinsam benützen und von denen jeder für sich den Malzaufschlag entrichtet; demgemäß sind in den Spalten 7 und 13 außer den Kommunbrauereien alle übrigen Braustätten einzustellen, die in gemeinsamer Benützung mehrerer je für sich aufschlagpflichtiger Brauer stehen.
2. In den Spalten 2 bis 9, 17 und 18, dann 23 sind nur jene Aufschlagpflichtigen und Betriebsstätten vorzutragen, welche im Laufe des Jahres gebraut haben bzw. in Betrieb gestanden sind.
3. Tritt während des Jahres ein Wechsel in der Person des Besitzers eines Betriebs oder eines Kommunbraurechts ein, so ist in den Spalten 2 bis 6, 17 und 18 nur ein Brauer vorzutragen.
4. Brauer und Braustätten, von welchen bzw. in welchen neben untergärigem auch obergäriges Bier bereitet wird, sind in den einschlägigen Spalten sowohl für untergäriges wie für obergäriges Bier einzustellen. Die Zahl solcher Brauer ist unter dem Ziffervortrag noch mit roter Tinte besonders zu vermerken.
5. Die Zahl der „übrigen" Brauer in den Spalten 3 und 5 muß mit jener der „übrigen" Braustätten in Spalte 8 stets übereinstimmen. Wenn daher ein Brauer mehrere Braustätten an einem oder an verschiedenen Orten im Besitze hat, so ist derselbe in der Spalte 3 oder 5 so oft vorzutragen, als Betriebsstätten desselben in Spalte 8 eingestellt sind.
6. Die Zahl der Aktienbrauereien und der Malzverbrauch derselben ist in den Spalten 3 und 8 dann 10 und 14 noch unter der Linie mit roter Tinte gesondert zu vermerken.

[Zu Seite 1]

7. Wenn im Laufe des Jahres eine Braustätte ihre Eigenschaft wechselt, z. B. aus einer Privat- in eine Aktienbrauerei oder aus einer Kommun- in eine Privatbraustätte oder umgekehrt verwandelt wird, so ist dieselbe in der Uebersicht nur einmal und zwar mit jener Eigenschaft vorzutragen, welche ihr am Ende des Jahres zukommt.
8. Die Spalten 16 und 21 sind nach dem Sudbuch auszufüllen.
9. Das in einer Brauerei erzeugte Nachbier (Erzeugnis jenes Nachsuds, zu welchem Malz nicht weiter zugesetzt wird) ist in Spalte 16 stets gesondert unter der Linie vorzutragen.
10. Die Malz- und Biermengen sowie die Mengen bierähnlicher Getränke sind in vollen Doppelzentnern und Hektolitern anzuschreiben. Mengen unter 50 Kilogramm oder 50 Liter sind außer Betracht zu lassen, solche von 50 Kilogramm oder 50 Liter und darüber auf einen vollen Doppelzentner oder Hektoliter aufzurunden.
11. Die Summe der Spalten 15, 19 und 20 dann 24 muß, von kleinen Abweichungen infolge der Abrundung abgesehen, mit der Gesamtmenge des Malzverbrauchs nach den Vierteljahrsabrechnungen übereinstimmen.
12. Die Ziffernvorträge der Uebersicht sind mit den gleichartigen Ziffern des Vorjahrs abzugleichen. Auffällige Verschiedenheiten (insbesondere auch in der Gußführung) sind kurz zu begründen.
13. Jene Malzmengen, welche zu aufschlagfreien Zwecken verwendet wurden, sind noch nachrichtlich besonders zu vermerken.
14. Der Uebersicht ist noch folgende Zusammenstellung anzufügen:

Malzverbrauch in Brauereien für untergäriges Bier (Spalte 15)	dz
Malzverbrauch in Brauereien für obergäriges Bier (Spalte 19 und 20)	dz
Malzverbrauch für bierähnliche Getränke (Spalte 24)	.... dz
Summe	dz
nach den Vierteljahrsabrechnungen	..... dz ..... kg
Abweichung infolge der Abrundung	... dz .. kg

[Seite 2]

Bezirk	A. Untergäriges Bier										
	Zahl der					Zahl der			Malzverbrauch der		
	gewerblichen		nicht gewerblichen		zusammen	Kommun-	übrigen	zusammen	gewerblichen	nicht gewerblichen	zusammen
	Kommun-	übrigen	Kommun-	übrigen							
	Brauer		Hausbrauer			Braustätten			Brauer		
									dz	dz	dz
1	2	3	4	5	6	7	8	9	10	11	12

[Seite 3]

Malzverbrauch				B. Obergäriges Bier					Gesamtverbrauch an Braumalz (Sp. 12, 19 u. 20)	C. Bierähnliche Getränke		
in Kommun-	in den übrigen	zusammen	Biererzeugung	Zahl der		Malzverbrauch der		Biererzeugung		Zahl	Malzverbrauch	Erzeugung
				gewerblichen	nicht gewerblichen	gewerblichen	nicht gewerblichen					
Braustätten				Brauer		Brauer				der Betriebe		
dz	dz	dz	hl			dz	dz	hl	dz		dz	hl
13	14	15	16	17	18	19	20	21	22	23	24	25

[Seite 1]

Muster 27.
(MAAusfBest. § 86 Abs. 1).

Bezirk

Uebersicht

über die

Bierbrauer, ausgeschieden in Gruppen

nach der Höhe des Malzverbrauchs

für das

Jahr 19.....

[Seite 2]

Bezirk	Zahl der Bierbrauer	Hievon sind Kommunbrauer	Von den in Spalte 2 vorgetragenen Bierbrauern haben Malz verbraucht																	
			bis 50 dz		von 51 dz bis 100 dz		von 101 dz bis 150 dz		von 151 dz bis 200 dz		von 201 dz bis 250 dz		von 251 dz bis 300 dz		von 351 dz bis 500 dz		von 501 dz bis 1000 dz		von 1001 dz bis 1500 dz	
			Brauer	Malzmenge dz	Brauer	Malzmenge dz	Brauer	Malzmenge dz	Brauer	Malzmenge dz	Brauer	Malzmenge dz	Brauer	Malzmenge dz	Brauer	Malzmenge dz	Brauer	Malzmenge dz	Brauer	Malzmenge dz
1	2	3	4		5		6		7		8		9		10		11		12	

[Seite 3]

Von den in Spalte 2 vorgetragenen Bierbrauern haben Malz verbraucht																						Gesamtmalzmenge dz
von 1501 dz bis 2000 dz		von 2001 dz bis 2500 dz		von 2501 dz bis 3000 dz		von 3001 dz bis 3500 dz		von 3501 dz bis 4000 dz		von 4001 dz bis 4500 dz		von 4501 dz bis 5000 dz		von 5001 dz bis 6000 dz		von 6001 dz bis 10 000 dz		von 10 001 dz bis 50 000 dz		über 50 000 dz		
Brauer	Malzmenge dz	Brauer	Malzmenge dz	Brauer	Malzmenge dz	Brauer	Malzmenge dz	Brauer	Malzmenge dz	Brauer	Malzmenge dz	Brauer	Malzmenge dz	Brauer	Malzmenge dz	Brauer	Malzmenge dz	Brauer	Malzmenge dz	Brauer	Malzmenge dz	
13		14		15		16		17		18		19		20		21		22		23		24

Seite 1]

Muster 28.
(MAAusfBest. § 86).

Bezirk

Uebersicht
über
die Malzmühlen und andere zum Schroten von Malz geeignete Vorrichtungen
sowie
über die auf den Malzmühlen geschroteten Malzmengen
für das Jahr 19

Anleitung zum Gebrauche.

1. In Spalte 2/3 sind nur jene Malzmühlen und Malzmengen nachzuweisen, welche zu aufschlagpflichtigen Zwecken benützt und verwendet worden sind; Malzmühlen, welche während des Jahres geruht haben oder auf welchen nur aufschlagfreies Malz geschrotet worden ist, sind einschließlich der zu aufschlagfreien Zwecken verwendeten Malzmengen in Spalte 21 vorzumerken.
2. Die Summen der Spalten 8 und 10 bzw. 9 und 11 müssen mit den Ziffern in Spalte 6 bzw. 7, ferner die Summen der Spalten 15 und 16 mit den Summen der Spalten 18 bis 20 übereinstimmen.
3. Malzmengen unter 50 Kilogramm bleiben außer Ansatz; Malzmengen von 50 Kilogramm und darüber sind auf einen vollen Doppelzentner aufzurunden.
4. In den Spalten 3, 5, 7, 9, 11 und 13 sind sämtliche auf Mühlen innerhalb des Bezirkes geschroteten aufschlagpflichtigen Mengen vorzutragen, auch wenn ein Teil derselben außerhalb des Bezirkes verwendet worden ist. Daselbst sind gegebenenfalls auch jene Malzmengen aufzurechnen, welche auf Malzmühlen mit selbsttätiger Wägevorrichtung zu wenig angezeigt und auf Grund besonderer Verfügung zur Versteuerung gezogen worden sind.
5. Der Uebersicht ist noch folgende Ausscheidung beizufügen:

Gesamtmalzverbrauch (Sp. 7 + 13) . . . . . dz.

Hiezu die im Bezirke de . . Steuer . . . . . geschrotete im diesseitigen Bezirke verwendete Malzmenge von . . . . . dz.

d. s. zus. . . . . . dz.

Hievon ab die im diesseitigen Bezirke geschrotete, aber im Bezirke de . . Steuer . . . . verwendete Malzmenge von . . . . . dz.

daher Restmenge . . . . . dz.

Diese Restmenge muß mit dem Gesamtmalzverbrauch in den Sp. 22 und 24 der Uebersicht Muster 26, von kleinen Abweichungen wegen der Abrundung abgesehen, übereinstimmen.

[Seite 2]

Bezirk	In Betrieb gestandene Malzmühlen mit selbsttätiger Wägevorrichtung						Die selbsttätigen Wägevorrichtungen sind hergestellt nach dem System			
	Oeffentliche		Eigenmühlen		zusammen		Chronos		Riedinger	
	Zahl	Malzverbrauch dz	Zahl	Malzverbrauch dz	Zahl	Malzverbrauch dz	Zahl	Malzverbrauch dz	Zahl	Malzverbrauch dz
1	2	3	4	5	6	7	8	9	10	11

[Seite 3]

In Betrieb gestandene öffentliche Malzmühlen ohne selbsttätige Wägevorrichtung		Zahl der unter Steueraufsicht stehenden				An den in den Spalten 15 und 16 aufgeführten Futterschrot- und Hausmühlen sind angebracht Probesammler nach dem System			Bemerkungen
Zahl	Malzverbrauch dz	Grünmalz-Quetschmaschinen	Futterschrotmühlen	Hausmühlen	anderen zum Malzschroten geeigneten Vorrichtungen	L. A. Riedinger	Zorn	nach anderen Systemen	
						Zahl			
12	13	14	15	16	17	18	19	20	21

[Seite 1]

Muster 29.
(MAAusfBest. § 86 Abs. 1).

.... Bezirk

Uebersicht
über die
Biereinfuhr nach Bayern
für das Jahr 19

Anleitung zum Gebrauche.

Die Einfuhrmengen und Vergütungsbeträge sind in ganzen Hektolitern bzw. Kilogrammen und Markbeträgen anzuschreiben. Mengen unter 50 Liter bzw. 500 Gramm und Beträge unter 50 Pf. sind außer Betracht zu lassen, Mengen und Beträge von 50 Liter (500 Gramm) bzw. 50 Pf. und darüber sind auf ein volles Hektoliter (Kilogramm) und eine volle Mark aufzurunden.

[Seite 2]

..... Bezirk	Biereinfuhr aus den Staaten des deutschen Zollgebiets					Biereinfuhr aus dem Zoll-Auslande gegen Verzollung	Bemerkungen
	aus dem Gebiete der Brausteuergemeinschaft	aus Württemberg, Baden und Elsaß-Lothringen	zusammen	Uebergangssteuer			
	hl | l	hl | l	hl | l	M | Pf.		kg	
1	2	3	4	5		6	7

[Seite 1]

Muster 30.
(MAAusfBest. § 86 Abs. 1).

Bezirk

Uebersicht
über die
Einnahmen an Braumalzaufschlag
nach Aufschlagsätzen
für das Jahr 19

Anleitung zum Gebrauche.

1. Dem Vortrage des Malzverbrauchs und des Aufschlags in den Spalten 2 bis 18 sind die einschlägigen Ziffern der Vierteljahrs-Abrechnungen zugrunde zu legen. Demnach sind in die Spalten 2 bis 14 jene Aufschlagbeträge einzustellen, die sich aus den Abrechnungen ergeben, und nicht jene, die sich aus den in diesen Spalten abgerundet vorgetragenen Malzmengen durch Vervielfältigung mit dem treffenden Aufschlagsatze berechnen.
2. Malzverbrauch und Aufschlag sind in vollen Doppelzentnern und Markbeträgen anzuschreiben. Mengen unter 50 kg und Beträge unter 50 Pfennig sind außer Betracht zu lassen, Mengen und Beträge von 50 kg bzw. 50 Pfennig und darüber sind auf einen vollen Doppelzentner und eine volle Mark aufzurunden.
3. Malzmengen, die den um 10 oder 25 v. H. erhöhten Aufschlagsätzen unterlegen haben (Artikel 5 Abs. 3 und 6 des Gesetzes), sind nebst den treffenden Aufschlagbeträgen in der Spalte für jene Aufschlagsätze vorzutragen, welche die Grundlage für die Erhöhung gebildet haben. Sie sind dort in die auf der Linie vorgetragenen Zahlen mit einzurechnen, außerdem aber noch unter der Linie mit roter Tinte unter Angabe des betreffenden Hundertsatzes besonders ersichtlich zu machen.

[Seite 2]

Bezirk	Der Anfall an Braumalzverbrauch dem											
	10 *M*		15 *M*		15 *M* 50 *Pf.*		16 *M*		16 *M* 50 *Pf.*		17 *M*	
	Malzverbrauch	Aufschlag	Malzverbrauch	Aufschlag	Malzverbrauch	Aufschlag	Malzverbrauch	Aufschlag	Malzverbrauch	Aufschlag	Malzverbrauch	Aufschlag
	dz	*M*	dz	*M*	dz	*M*	dz	*M*	dz	*M*	dz	*M*
1	2		3		4		5		6		7	

[Seite 3]

malzaufschlag beträgt
Satze zu

17 *M* 50 *Pf.*		18 *M*		18 *M* 50 *Pf.*		19 *M*		19 *M* 50 *Pf.*		20 *M*	
Malz-ver-brauch dz	Auf-schlag *M*	Malz-ver-brauch dz	Auf-schlag *M*	Malz-ver-brauch dz	Auf-schlag *M*	Malz-ver-brauch dz	Auf-schlag *M*	Malz-ver-brauch dz	Auf-schlag *M*	Malz-ver-brauch dz	Auf-schlag *M*
8		9		10		11		12		13	

[Seite 4]

Zusammen (Summe der Spalten 2 mit 18)		Zum Aufschlaganfall Spalte 14 kommt die Stundung aus dem IV. Vierteljahr 19	Summe der Einnahmen Sp. 14 u. 15	Von der Einnahme Sp. 16 ist abzuziehen die Nachborge aus dem IV. Vierteljahre des laufenden Jahres	Hienach beträgt die wirkliche Einnahme an Braumalzaufschlag	Bemerkungen
Malzverbrauch	Aufschlag					
dz	M	M	M	M	M	
14		15	16	17	18	19

[Seite 1]

Muster 31.
(MAAusfBest. § 86 Abs. 1).

Uebersicht

über

den Extraktgehalt der Anstellwürzen der im Jahre 19... erzeugten Biermengen, ausgeschieden in Gruppen nach der Höhe des Malzverbrauchs.

[Seite 1]

Muster 32.
(MAAusfBest. § 86)

Bezirk

Uebersicht

über die

Bierausfuhr aus Bayern

für das

Jahr 19.....

Anleitung zum Gebrauche.

1. Obergäriges Bier und die hierauf treffenden Vergütungen sind gesondert unter der Linie vorzutragen.
2. Die Einträge in den Spalten 5 und 6 müssen mit den betreffenden Summen der monatlichen Zusammenstellungen (Muster 7 zur M. A. B. O.) übereinstimmen. Die Ausfüllung der Spalte 6 obliegt lediglich den Hauptzollämtern.
3. Die Ausfüllung der Spalten 7 bis 10 erfolgt durch jene Zoll- und Steuerbehörden, welche Uebergangs- oder Transportscheine über Biersendungen ausfertigen, welche ohne Anspruch auf Malzaufschlagvergütung ausgehen, ferner von jenen Grenzzollbehörden, bei denen statistische Anmeldescheine für die Ausfuhr solcher Biersendungen in das Zollausland abgegeben werden. Zu diesem Zwecke haben die bezeichneten Behörden Aufschreibungen zu führen, in welchen die in Rede stehenden Biersendungen fortlaufend zu vermerken sind. Hiebei werden, wenn in den Uebergangs-, Transport- oder Anmeldescheinen nur die Gewichte der Biersendungen angegeben sind, die Litermengen im Falle der Versendung von Bier in Gebinden mit Hilfe der Tafel X zur Berechnung der Uebergangsabgabe von Bier und bei der Versendung von Bier in Flaschen und Kistenverpackung mit Hilfe der Tafel XI festgestellt.
4. Die Ausfuhrmengen und Vergütungsbeträge sind in ganzen Hektolitern und Markbeträgen anzuschreiben. Mengen unter 50 Liter und Beträge unter 50 Pf. sind außer Betracht zu lassen. Mengen und Beträge von 50 Liter bzw. 50 Pf. und darüber sind auf ein volles Hektoliter und eine volle Mark aufzurunden.

[Seite 2]

Bezirk	Bier-Ausfuhr gegen Malzaufschlag-Vergütung							Betrag der Malzaufschlagvergütung für die in Spalte 5 bezeichnete Biermenge
	in das Gebiet der Brausteuergemeinschaft		nach Württemberg, Baden und Elsaß-Lothringen		in das Zoll-Ausland		zusammen	
	in Fässern	in Flaschen	in Fässern	in Flaschen	in Fässern	in Flaschen		
	hl	hl	hl	hl	hl	hl	hl	M
1	2		3		4		5	6

[Seite 3]

Bier-Ausfuhr ohne Malz-Aufschlag-Vergütung							Bemerkungen
in das Gebiet der Brausteuergemeinschaft		nach Württemberg, Baden und Elsaß-Lothringen		in das Zoll-Ausland		zusammen	
in Fässern	in Flaschen	in Fässern	in Flaschen	in Fässern	in Flaschen		
hl	hl	hl	hl	hl	hl	hl	
7		8		9		10	11

Anlage A.
(M.A.Ausf.Best. § 26).

Malzaufschlag-Vergütungsordnung
(M.A.V.O.)

I. Allgemeine Bestimmungen.

§ 1. [1] Wer im Inlande hergestelltes Bier oder bierähnliche Getränke in außerbayerisches Gebiet, mit welchem eine Aufschlaggemeinschaft nicht besteht, ausführt, hat bei Einhaltung der hiefür gegebenen steuerlichen Vorschriften Anspruch auf Rückvergütung des Malzaufschlags.

[2] Der Betrag der Rückvergütung darf den Malzaufschlag, welcher für die zur Herstellung des ausgeführten Bieres oder bierähnlicher Getränke verwendete Malzmenge entrichtet worden ist, in keinem Falle übersteigen.

[3] Die nachstehend für die Ausfuhr von Bier getroffenen Anordnungen haben auf die Ausfuhr bierähnlicher Getränke sinngemäß Anwendung zu finden.

§ 2. [1] Aufschlagrückvergütung für ausgeführtes Bier wird nur gewährt, wenn die in einer Ladung von demselben Versender zusammen ausgeführte Biermenge mindestens 10 Liter beträgt. Gehören zu einer Ladung mehrere in verschiedenen Anmeldungen aufgeführte Sendungen des gleichen Absenders, so ist in den einzelnen Anmeldungen auf die übrigen zu der gleichen Ladung gehörigen Anmeldungen unter Beifügung der Anmeldebuchnummer ausdrücklich hinzuweisen.

[2] Zur Ausfuhr von Bier mit Anspruch auf Malzaufschlagrückvergütung dürfen nur geeichte Fässer, auf denen der Eichstempel, das Jahr der Eichung und der Raumgehalt nach Maßgabe der eichamtlichen Vorschriften deutlich angegeben sind, oder Flaschen verwendet werden.

³ Bei der Ausfuhr von Bier in Flaschen dürfen in das einzelne Packstück nur Flaschen von gleicher Größe verpackt werden. Ausnahmen hievon kann in besonderen Bedürfnisfällen das Hauptzollamt unter Anwendung der etwa erforderlichen Maßregeln widerruflich bewilligen.

⁴ Die Fässer müssen spundvoll, die Flaschen bis in den Hals hinein gefüllt sein.

⁵ Die Vergütung findet erst statt, nachdem der Nachweis der wirklich erfolgten Ausfuhr und, soweit vorgeschrieben, der Nachweis des Einganges im Lande der Bestimmung geführt worden ist.

§ 3. ¹ Brauer dürfen gegen Malzaufschlagvergütung nur Bier ausführen, das in ihrer eigenen Brauerei erzeugt worden ist.

² Nichtbrauer (Wirte, Spediteure, Agenten, Händler u. dergl.), die Bier mit Anspruch auf Rückvergütung des Malzaufschlags ausführen wollen, haben außer den allgemeinen nachstehende besondere Bedingungen zu erfüllen:

a) Über den Bezug und Wiederverkauf von Bier sind nach näherer Anordnung des Hauptzollamts, in dessen Bezirk der Nichtbrauer sein Geschäft betreibt, fortlaufende Aufschreibungen zu führen, welche den Oberbeamten der Steuerverwaltung nebst den übrigen einschlägigen Geschäftsbüchern auf Verlangen jederzeit vorzulegen sind.

b) Die Brauerei, aus welcher das zur Ausfuhr bestimmte Bier bezogen werden soll, und jeder Wechsel in der Bezugstätte ist dem Hauptzollamte vorher anzuzeigen.

c) Die Biersendungen dürfen nur in den Originalfässern oder Flaschen jener Brauerei ausgehen, aus welcher das Bier stammt. Die Fässer und Flaschen müssen die Bezeichnung der Brauerei aufweisen.

d) Es darf nicht zu gleicher Zeit Bier aus verschiedenen Brauereien bezogen oder auf Lager gehalten werden.

³ Ausnahmen von den Bestimmungen in Abs. 2 Buchstabe c und d kann in unbedenklichen Fällen das Hauptzollamt unter Anordnung der etwa erforderlichen Sicherungsmaßregeln gestatten; in Zweifelsfällen ist die Entscheidung der K. Generaldirektion der Zölle und indirekten Steuern zu erholen.

II. Grundlage der Rückvergütung.

Grundlage der Rückvergütung.

§ 4. ¹ Für das innerhalb eines Kalendervierteljahrs ausgeführte Bier erfolgt die Rückvergütung des Malzaufschlags nach der Malzverwendung, die im Sudbuche für das vorhergegangene Kalendervierteljahr für einen Hektoliter der betreffenden Biersorte festgestellt worden ist, und unter Anwendung des Malzaufschlagsatzes, der für die Brauerei, aus welcher das Bier stammt, im Kalenderjahre der Ausfuhr zutrifft. Ist die ausgeführte Biersorte in dem der Ausfuhr vorhergegangenen Kalendervierteljahr in der Brauerei nicht hergestellt worden, so ist die Malzverwendung in dem Kalendervierteljahre maßgebend, in dem die Biersorte letztmals in der Brauerei hergestellt worden ist.

² (Gestrichen AB. d. K. GD. d. Z. 1911 S. 528.)

III. Verfahren bei der Bierausfuhr.

Ausfuhranmeldung.

§ 5. ¹ Wer Bier mit Anspruch auf Rückvergütung des Malzaufschlags ausführen will, hat der Hebestelle seines Bezirkes oder einer zur Annahme der Anmeldung ermächtigten Bierabfertigungsstelle vorher eine Bierausfuhranmeldung und zwar bei der Ausfuhr in Fässern nach Muster 1 und bei der Ausfuhr in Flaschen nach Muster 2 einzureichen. Muster 1. Muster 2.

² Die Ausfüllung der Anmeldungen hat nach Maßgabe des Vordrucks zu geschehen. Die Gattung des Bieres ist genau nach der Bezeichnung der einzelnen Biersorten im Sudbuche (Muster 21 zu den MAAusfBest.) anzugeben. Der Angabe der Braustätte Sp. 4 in

Muster 1 und Sp. 6 in Muster 2) bedarf es nur, wenn das Bier von einem Nichtbrauer ausgeführt wird.

[3] Werden mehrere Biersorten gleichzeitig ausgeführt, so ist für jede dieser Biersorten eine gesonderte Anmeldung einzureichen.

[4] Wird Bier von einem Nichtbrauer ausgeführt, so ist der Anmeldung in der Regel ein auf die Biersendung bezüglicher Auszug aus der Rechnung des Brauers beizufügen. Die Hebestelle X. hat diesen Auszug mit der gleichzeitig vorzulegenden Rechnung zu vergleichen, im Falle der Übereinstimmung zu beglaubigen und der Anmeldung anzustempeln. Wenn der Nichtbrauer am Orte der Braustätte wohnt, aus welcher das auszuführende Bier stammt, so hat an Stelle des Auszugs aus der Rechnung eine Bestätigung des Brauers auf der Anmeldung zu treten, daß das Bier aus seiner Brauerei stammt.

[5] Einer gleichzeitigen Vorführung des ausgehenden Bieres bedarf es nicht.

§ 6. Die Hebestelle (Bierabfertigungsstelle) prüft die vorgelegten Bierausfuhranmeldungen, führt nötigenfalls deren Ergänzung oder Berichtigung, namentlich auch hinsichtlich des in Aussicht genommenen Ausfertigungs-, Ausgangs- oder Übergangsschein-Empfangsamts herbei, Muster 3. trägt die Anmeldungen in ein nach Muster 3 in Monatsabschnitten zu führendes Anmeldebuch ein, füllt auf den Anmeldungen die Nummer des Anmeldebuchs und den Eintragungsvermerk („Gesehen X. X.") aus und gibt sodann dieselben, sofern die Abfertigung der Biersendung nicht von ihr selbst vorzunehmen ist, dem Anmelder zurück.

Abfertigung der Biersendungen.

§ 7. [1] Zur Abfertigung des zur Ausfuhr mit dem Anspruch auf Rückvergütung angemeldeten Bieres und zur Ausgangsbescheinigung sind die Hauptzollämter, Zollämter, Nebenzollämter und Übergangsstellen befugt.

[2] Den Steuerämtern und Steuerstellen wird nach Bedürfnis die Ermächtigung zur Bierabfertigung und Ausgangsbescheinigung erteilt.

§ 8. [1] Die Abfertigung kann entweder bei einem Amte im Innern oder beim Ausgangsamte vorgenommen werden.

[2] Zu diesem Zwecke ist das Bier mit der dazu gehörigen Anmeldung dem Abfertigungsamte vorzuführen.

[3] Die Abfertigung besteht in der Prüfung von Zahl, Zeichen, Nummer, Literinhalt und Gattung des auszuführenden Bieres. Das Abfertigungsamt hat sich davon zu überzeugen, ob die Fässer spundvoll und vorschriftsmäßig geeicht sind sowie ob die Flaschen bis in den Hals hinein gefüllt sind.

[4] Bei den Fässern ist die amtliche Eiche als Literinhalt anzunehmen.

[5] Die Ermittlung des Literinhalts der einzelnen Flaschen von gleicher Größe kann probeweise erfolgen. Die jedesmalige Prüfung des Rauminhalts der Flaschen kann unterbleiben, wenn die Brauerei, aus der die Flaschen stammen, bei dem Abfertigungsamte Proben der von ihr benutzten Flaschen unter Angabe ihres vom Abfertigungsamte nachzuprüfenden Rauminhalts hinterlegt und sich verpflichtet, andere Flaschen als solche von der Art der hinterlegten Proben für die Bierausfuhr nicht zu benutzen. In diesem Falle kann die Abfertigung auf die Feststellung, daß die auszuführenden Flaschen den hinterlegten Proben entsprechen, beschränkt und, wenn dies zutrifft, der angegebene Inhalt als richtig angenommen werden.

[6] Die Feststellung der Gattung des auszuführenden Bieres hat lediglich probeweise zu erfolgen. Es genügt hiebei, wenn bei Versendern, welche wöchentlich mindestens dreimal Bier mit Anspruch auf Rückvergütung des Malzaufschlags ausführen, für jede Biersorte monatlich eine Probe, welche 1/4 Liter nicht übersteigen darf, entnommen und nach Aussehen und Geschmack geprüft wird (Geschmacksprobe). In Zweifelsfällen ist eine Probe in zwei Flaschen von je 3/4 Liter Inhalt zu entnehmen. Die Flaschen sind von den Abfertigungsbeamten vor der Probenahme auf vollständige Reinheit zu prüfen, bis auf einen Leerraum von 2 bis 3 cm zu befüllen und hierauf amtlich zu versiegeln. Der Brauereibesitzer oder

sein Vertreter kann ebenfalls ein Siegel anlegen. Die Hebestelle hat die Proben mit einer Bezettelung zu versehen, aus der die Hebestelle, die Brauerei, der Tag der Probenahme, die angemeldete Biersorte sowie der für diese nach dem Sudbuche zutreffende durchschnittliche Extraktgehalt der Anstellwürze zu ersehen sind. Die Proben sind sodann mit der Post der Technischen Prüfungs- und Lehranstalt der K. Generaldirektion der Zölle und indirekten Steuern zur Untersuchung einzusenden. Werden aus einer Brauerei verschiedene Biersorten ausgeführt, so ist auch in unverdächtigen Fällen vierteljährig eine Probe in zwei Flaschen zu je 3/4 Liter Inhalt der vorbezeichneten Anstalt zur Untersuchung einzusenden. Die Proben sind in solchen Fällen hauptsächlich den Biersorten, die mit einer höheren Malzverwendung hergestellt sind, zu entnehmen. In anderen als den vorgenannten Fällen bestimmt das Hauptzollamt die Zahl der Probeentnahmen. Die Weiterabfertigung und Versendung des Bieres darf durch die technische Untersuchung der Proben nicht aufgehalten werden. Die Technische Prüfungs- und Lehranstalt teilt das Ergebnis der Untersuchung dem Hauptzollamte zur weiteren Veranlassung mit.

[7] Nach Beendigung der Revision werden die Packstücke und Gebinde, welche zur Ausfuhr in das Zollausland bestimmt sind, unter Verschluß gelegt; bei den nach anderen deutschen Brausteuergebieten bestimmten Sendungen erfolgt die Anlegung eines Verschlusses nur auf Antrag des Versenders, soweit nicht die Sendung bereits gemäß § 9 Abs. 3 unter Verschluß gelegt worden ist. Ganze Eisenbahnwagenladungen werden dagegen stets unter Verschluß gesetzt; derselbe erfolgt durch Bleie oder Kunstschlösser.

[8] Das Ergebnis der Abfertigung, die Anlegung der Verschlüsse, die Gestellungsfrist usw. sind in die Ausfuhranmeldung einzutragen.

[9] Wird hierauf ein Übergangsschein ausgefertigt, so ist die Bierausfuhranmeldung, welche an die Stelle der zweiten Übergangsscheinausfertigung tritt, vom Ausfertigungsamte zurückzubehalten, bis der Erledigungs-

schein vom Empfangsamt eintrifft. Im Übergangsscheine wie in der Bierausfuhranmeldung ist gegenseitig auf die einschlägige Buchnummer zu verweisen. Nach Eintreffen des Erledigungsscheins wird auf der Bierausfuhranmeldung die Ausfuhrbescheinigung erteilt, in welcher auch der Tag der Erledigung des Übergangsscheins, welcher in solchen Fällen als Ausfuhrtag gilt, anzugeben ist; die erledigte Ausfuhranmeldung wird sodann unter Vormerkung des Tages der Rückgabe im Übergangsscheinausfertigungsbuch an den Versender zurückgegeben.

10 Wird dagegen ein Übergangsschein nicht ausgefertigt, so ist das Bier mit der nach Abs. 8 bescheinigten Ausfuhranmeldung binnen der vom Abfertigungsbeamten in Spalte 9 bzw. 12 der Anmeldung festzusetzenden, den jeweiligen Verkehrsverhältnissen anzupassenden Frist dem in der Anmeldung bezeichneten Ausgangsamte zur Ausgangsabfertigung vorzuführen.

§ 9. 1 Wird das zur Ausfuhr angemeldete Bier in Kisten usw. verpackt, so kann auf Antrag des Versenders die Revision der Sendung und die Verschlußanlage an der Verpackungsstelle erfolgen. In diesem Falle ist die Anmeldung bei der zuständigen Hebestelle, abgesehen von dringenden Fällen, spätestens 24 Stunden vor der Verpackung einzureichen sowie Ort, Tag und Stunde der Verpackung in der Anmeldung genau anzugeben.

2 Die Revision wird an der Verpackungsstelle auf Grund der bei der Hebestelle eingereichten Anmeldung nach Maßgabe des § 8 vorgenommen.

3 Die Sendungen sind sodann, auch wenn ein diesbezüglicher Antrag nicht gestellt worden ist, sogleich an der Verpackungsstelle unter steueramtlichen Einzelverschluß zu setzen; von der Anlage dieses Verschlusses darf nur dann abgesehen werden, wenn die Kisten usw. in Gegenwart des Steuerbeamten mit sogenanntem Patentverschlusse versehen werden. Der Versender hat das zur Verschlußanlage nötige Material zu beschaffen und die erforderlichen Hilfsdienste zu leisten.

4 Der Steuerbeamte hat die Ergebnisse der Revision

und die etwaige Verschlußanlage in der Bierausfuhranmeldung genau zu vermerken. Hierauf ist die Anmeldung dem Versender zur Vorlage bei den weiter darin bezeichneten Ämtern zurückzugeben.

[5] Erscheint zu der in der Anmeldung angegebenen Zeit kein Steuerbeamter an der Verpackungsstelle, so kann die Verpackung ohne amtliche Überwachung erfolgen.

[6] In dem Falle des Abs. 1 bis 4 kann die Prüfung beim Abfertigungsamte, sofern der angelegte steueramtliche oder Patentverschluß unverletzt ist, auf die Feststellung der Art, Zahl, Zeichen und Nummer der einzelnen Packstücke beschränkt werden.

Ausgangs- (Eingangs-) Bescheinigung.

§ 10. [1] Bei unmittelbarer Ausfuhr in das Zollausland hat sich die beim Ausgangsamte vorzunehmende Ausgangsabfertigung beim Versand einzelner Fässer oder Packstücke auf die Vergleichung nach Zahl, Zeichen und Nummer derselben und Abnahme des amtlichen Verschlusses, beim Versand in Eisenbahnwagenladungen auf die Prüfung und Abnahme des amtlichen Verschlusses zu beschränken. Eine weitergehende Revision nach § 8 hat nur bei unverschlossenen oder mit verletztem Verschluß ankommenden Sendungen stattzufinden. In allen Fällen ist sodann der Ausgang des Bieres über die Grenze amtlich zu überwachen und die Ausfuhranmeldung mit den der Sachlage und dem Vordruck entsprechenden Ausgangsbescheinigungen zu versehen.

[2] Im Falle der unmittelbaren Ausfuhr in das Zollausland — außer nach Österreich-Ungarn — genügt zur Erlangung der Malzaufschlagrückvergütung die vorerwähnte Ausgangsbescheinigung auf der Bierausfuhranmeldung. In den übrigen Fällen bedarf es zur Erlangung der Rückvergütung noch der Eingangsbescheinigung, welche von der Grenz-Zoll- oder Steuerbehörde des benachbarten Staates oder in den Fällen des § 8 Abs. 9 von der inländischen Abfertigungsstelle auf Grund des Erledigungsscheins auf der Ausfuhranmeldung erteilt wird.

[3] Die vollständig erledigten Ausfuhranmeldungen sind sodann dem Warenführer bzw. in dem Falle des § 8 Abs. 9 dem Versender zurückzugeben.

Vereinfachtes Abfertigungsverfahren.

§ 11. [1] Bei dem mit Anspruch auf Malzaufschlagrückvergütung nach anderen Staaten des deutschen Zollgebiets auszuführenden Biere kann mit Ermächtigung der K. Generaldirektion der Zölle und indirekten Steuern, sofern die Ausfuhr nicht mittels der Eisenbahn stattfindet, von der Vorführung des Bieres zum Zwecke der Revision und Verschlußanlage unter nachstehenden Bedingungen abgesehen werden:

a) Der Versender hat über das auszuführende Bier, abgesehen von dringenden Fällen, mindestens einen halben Tag vor der Absendung der Bezirkshebestelle eine Ausfuhranmeldung in zwei bzw. nach näherer Anordnung der K. Generaldirektion der Zölle und indirekten Steuern in drei Ausfertigungen zur Eintragung in das Anmeldebuch und Beifügung der Nummer des Anmeldebuchs sowie des amtlichen Vermerkes „Gesehen usw." einzureichen und die Biersendung stets von einer Ausfertigung der mit dem amtlichen Vermerke versehenen Anmeldung begleiten zu lassen. In besonderen Fällen kann seitens der K. Generaldirektion der Zölle und indirekten Steuern in stets widerruflicher Weise gestattet werden, die Ausfuhranmeldungen erst gleichzeitig mit der Versendung des Bieres der Bezirkssteuerstelle zu übermitteln.

b) Die Steuerbeamten sind befugt, die Richtigkeit der Anmeldung sowie die Erfüllung der vorschriftsmäßigen Bedingungen der Malzaufschlagrückvergütung durch Revision der Biersendungen jederzeit zu prüfen.

c) Behufs Feststellung der Rückvergütung hat der Versender eine der Ausfuhranmeldung beizufügende Bescheinigung der Steuerstelle des außerbayerischen Grenzeintrittsorts oder des Bestimmungsorts über den Eingang des Bieres sowie über die entrichtete Übergangsabgabe beizubringen. Der Berechnung der Rückvergütung wird diejenige Biermenge, von welcher die Übergangsabgabe entrichtet worden ist, falls aber diese Menge größer ist als die angemeldete, nur die letztere zugrunde gelegt.

2 Die bereits früher erteilten Ermächtigungen (Abs. 1) bleiben bis zum etwaigen Widerruf in Kraft

Abfertigungs- und Ausgangsbuch.

§ 12. 1 Die Ämter im Innern führen über die von ihnen vorgenommenen Abfertigungen ein Abfertigungs-
Muster 4. buch nach Muster 4 und die Ausgangsämter, welche die Abfertigung zur Ausfuhr vollziehen, ein Ausgangsbuch
Muster 5. nach Muster 5; die Spalten 11 bis 13 des letzteren sind nur dann auszufüllen, wenn eine Abfertigung bei einem anderen Amte noch nicht stattgefunden hat.

2 Beide Bücher sind wie das Anmeldebuch (Muster 3) am letzten Tage jeden Monats abzuschließen und dem vorgesetzten Hauptzollamt unmittelbar zu übersenden (§ 13 Abs. 4).

IV. Festsetzung der Vergütungsbeträge.

Bierausfuhrnachweisungen.

§ 13. 1 Hat der Versender die mit Ausfuhrbescheinigung versehenen Anmeldungen zurückerhalten, so übergibt er dieselben vor Schluß des Monats seiner Bezirkshebestelle.

2 Sofort nach Schluß des Monats fertigt die An-
Muster 6. meldestelle eine Nachweisung nach Muster 6 an, in welcher die im Laufe des Monats übergebenen Anmeldungen, ausgeschieden nach Brauern und Nichtbrauern, vorzutragen sind. Für jeden Versender sind die Anmeldungen nach der Reihenfolge der Nummern des Anmeldebuchs vorzutragen und zwar ausgeschieden zunächst nach Biersorten und bei den einzelnen Biersorten nach den Kalendervierteljahren, in denen die Ausfuhr des Bieres erfolgt ist. Für jeden Versender sind die einzelnen Unterabteilungen aufzurechnen.

³ Ist Bier von Nichtbrauern ausgeführt worden, welches aus einer außerhalb des Hauptzollamtsbezirkes des Versenders gelegenen Brauerei stammt, so hat die Anmeldestelle über diese Biermengen für jeden in Betracht kommenden Hauptzollamtsbezirk gesonderte Nachweisungen anzufertigen.

⁴ Diese Nachweisungen sind mit den dazu gehörigen Anmeldungen innerhalb 8 Tagen nach Monatsschluß dem einschlägigen Hauptzollamt unmittelbar zu übersenden.

Zusammenstellung über die ausgeführten Biermengen.

§ 14. ¹ Das Hauptzollamt fertigt auf Grund der eingelaufenen Nachweisungen eine Zusammenstellung nach Muster 7 an und legt dieselbe in doppelter Ausfertigung mit sämtlichen Nachweisungen und deren Beilagen spätestens bis zum 15. Tage nach Monatsschluß mit einem Ausweis über die Anlagen der K. Generaldirektion der Zölle und indirekten Steuern vor. Muster 7.

² In der Zusammenstellung sind die ausgeführten Biermengen nach der in § 13 Abs. 2 angegebenen Einteilung auszuscheiden, wobei für jeden Versender nur die Summen der Unterabteilungen nach der alphabetischen Reihenfolge der einzelnen Anmeldestellen vorzutragen sind. In Spalte 10 der Zusammenstellung ist die Malzverwendung für einen Hektoliter Bier einzustellen, die aus den Anschreibungen über die Sudbuchabschlüsse (MAAusfBest. § 66 Abs. 6) sich für das Kalendervierteljahr ergeben hat, das dem Kalendervierteljahr, in dem die Ausfuhr des Bieres erfolgt ist, unmittelbar vorausgegangen ist oder das gemäß § 4 Abs. 1 Satz 2 in Betracht zu ziehen ist.

³ Erhöht oder mindert sich innerhalb eines Kalenderjahrs für eine Brauerei der der Malzaufschlagberechnung vorläufig zugrunde gelegte Malzaufschlagsatz (§ 9 Abs. 2 der MAAusfBest.), so erhöht oder mindert sich auch für die gesamte aus der Brauerei in diesem Kalenderjahr ausgeführte Biermenge die Rückvergütung. Insoweit hienach für das in diesem Jahre ausgeführte Bier eine

Erhöhung der Rückvergütung einzutreten hat, ist die erforderliche Nachvergütung in die nächste Zusammenstellung einzusetzen. Im Falle des Art. 5 Abs. 2 und 3 des Malzaufschlaggesetzes findet eine Erhöhung der Rückvergütung insoweit statt, als im Brauereibetriebe Malz zum höheren Satze steuerbar geworden ist. Hat eine Minderung der Rückvergütung einzutreten, so ist der bisher zuviel gewährte Betrag an Rückvergütung in der nächsten Zusammenstellung abzusetzen oder — soweit dies nicht möglich ist — vom Versender in bar zu erheben.

4 Die Beträge an Rückvergütung des Malzaufschlags, die sich für den einzelnen Versender in einer Zusammenstellung ergeben, sind aufzurechnen. Pfennigbeträge sind soweit wegzulassen, als sie nicht durch 5 teilbar sind.

Vergütungsscheine.

§ 15. 1 Nach Prüfung der Zusammenstellung (Muster 7) und deren Beilagen gibt die K. Generaldirektion der Zölle und indirekten Steuern eine Ausfertigung derselben nebst den Nachweisungen an das Hauptzollamt mit der Ermächtigung zurück, für die in der Zusammenstellung für jeden Versender ausgewiesenen Vergütungsbeträge Malzaufschlagvergütungsscheine nach Muster 8 auszustellen. Muster 8.

2 Die Vergütungsscheine sind vom Hauptzollamt auszufertigen und den beteiligten Hebestellen gegen Empfangsbescheinigung hinauszugeben; diese haben die Scheine alsbald an die Versender gegen Empfangsbestätigung auszuhändigen.

§ 16. 1 Die Vergütungsscheine der Brauer werden bei Einzahlung von Malzaufschlag statt baren Geldes angenommen; die Scheine der Nichtbrauer sowie jener Brauer, welche keine ordentliche Stundung genießen, werden auf Verlangen bar eingelöst.

2 Die Hauptzollämter sind ermächtigt, auch den übrigen Brauern die Vergütungsscheine für die beiden letzten Monate eines jeden Vierteljahrs auf Verlangen bar einzulösen, die Scheine für den zweiten Monat eines jeden Vierteljahrs aber nur dann, wenn dieselben zum Zeitpunkte der Zahlung des Malzaufschlags für

dieses Vierteljahr den Brauern noch nicht behändigt worden sind.

[3] Die Annahme der Vergütungsscheine zur baren Einlösung oder an Zahlungsstatt findet durch die Hauptzollämter nur innerhalb eines halben Jahres, vom Tage der Ausstellung an gerechnet, statt.

§ 17. Die Anrechnung und Bareinlösung der Vergütungsscheine der Brauer erfolgt nur durch das Steueramt oder das Hauptzollamt, in deren Bezirk sich die Brauerei befindet, aus welcher die im Vergütungsschein angegebene Biermenge stammt. Die Bareinlösung der Vergütungsscheine der Nichtbrauer kann bei jedem Hauptzollamt oder Steueramt erfolgen.

§ 18. Im Falle des Verlustes eines Vergütungsscheins ist ein gerichtliches Aufgebotsverfahren unzulässig. Die K. Generaldirektion der Zölle und indirekten Steuern kann an Stelle von verlorenen, innerhalb der Gültigkeitsfrist bei keiner Zoll- oder Steuerstelle eingelösten sowie von erweislich zugrunde gegangenen Vergütungsscheinen die Ausfertigung neuer Scheine und deren nachträgliche Einlösung genehmigen.

Übergangsvorschriften.

§ 19. Die Rückvergütung des Malzaufschlags nach Maßgabe dieser Ordnung wird für das vom 1. Mai 1910 ab ausgeführte Bier geleistet. Für Bier, das vor diesem Zeitpunkte zur Ausfuhr gelangt, wird die Rückvergütung nach den bisherigen Bestimmungen gewährt. Für Bier, das in den Monaten Mai und Juni 1910 zur Ausfuhr gelangt, ist die Rückvergütung des Malzaufschlags nach der Malzverwendung zu bemessen, die sich aus der für das Sudjahr 1908/09 festgestellten durchschnittlichen Ausbeute an Bier aus 1 hl Malz bei Annahme eines Hektolitergewichts des Malzes von 53,5 kg berechnet.

[Seite 1]

Muster 1.
Zur Anlage A
(MABO. § 5 Abs. 1).

Anmeldebuch Nr. ....

Anmeldung
zur Ausfuhr von Bier in Fässern.

D . . unterzeichnete (Brauereibesitzer) . . . . . in . . . . melde . hiemit d . . . . zu . . . ., daß . . beabsichtig . . . , das nachstehend näher angegebene inländische Bier in Fässern innerhalb . . Tage (oder: am . . . .) de . . . . . zu . . . . zur Abfertigung zu stellen und über d . . . . . . zu . . . . . (oder: mit Uebergangsschein auf d . . . . . . zu . . . . .) an . . . . . in . . . . . auszuführen.

Die Verpackung der Fässer wird erfolgen am . . . . vor/nach-/mittags . . . Uhr.

D . . Unterzeichnete . . beantrag . . . . nach erfolgter Ausfuhr und auf Grund der desfallsigen Bescheinigung . . die angeordnete Rückvergütung des Malzaufschlags zu gewähren.

[Zu Seite 1]

Angabe des Versenders					Revisionsbefund						
Zeichen und Nummer der einzelnen Fässer	Gattung des Bieres	Rauminhalt der Fässer nach der Eiche		Braustätte, aus welcher das Bier stammt	Nummer des Abfertigungs- Buches	Nummer des Uebergangsschein-Ausfertigungs- (Transportschein-) Buches	Zahl, Zeichen und Nummern der Fässer	Gattung des Bieres	Rauminhalt nach der Eiche		Bemerkungen: a) über probeweise Ermittlung des Inhalts der Fässer, b) über Anlage des Verschlusses, c) der Frist z. Vorführg. beim Ausgangsamt
1	2	3		4	5		6	7	8		9
		hl	l						hl	l	

. . . den . . . 19 . .
Unterschrift des Versenders:
. . . .

Gesehen
. . . den . . . 19 . .
Kgl. . . . .
(Siegel.)

Für die Richtigkeit der Ermittlungen
. . . . den . . . 19 . .

Kgl. . . . .

(Siegel.)

Bemerkung: Spalte 4 ist nur von Nichtbrauern auszufüllen; Literbruchteile bleiben außer Ansatz.

[Seite 2]

Aus- beziehungsweise Eingangsbescheinigung.

Daß die übenbezeichneten . . . Fässer, welche zusammen nach der amtlichen Feststellung . . . . . . hl . . . . . l Bier enthalten, am . . ten . . . . 19 . . vor-/nach-/mittags . . . Uhr dem Grenzaufseher . . . . . . zur Begleitung an die Grenze übergeben worden sind, wird bescheinigt.

. . . . . . den . . ten . . . . . . 19 . .

Ausgangsbuch Kgl. . . . . . .

Nr. . . . . .

(Siegel.)

Daß die übenbezeichneten . . . Fässer, welche zusammen nach der amtlichen Feststellung . . . . . . hl . . . . . l Bier enthalten, am . . ten . . . . 19 . . vor-/nach-/mittags . . . Uhr nach selbstgenommener Ueberzeugung über die Grenze ausgegangen sind, wird bescheinigt.

. . . . . . den . . ten . . . . . . 19 . .

Ausgangsbuch Kgl. . . . . . .

Nr. . . . . .

(Siegel.)

Daß die übenbezeichneten . . . Fässer, welche zusammen nach der amtlichen Feststellung . . . . . . hl . . . . . l Bier enthalten, heute vor-/nach-/mittags . . . . . . Uhr in der Richtung gegen die . . . . Grenze von hier abgegangen sind, wird mit dem Bemerken bescheinigt, daß dieselben innerhalb . . . Stunden bei der gegenüberliegenden Abfertigungsstelle zu . . . . . . behufs der Eingangsbescheinigung vorzuführen sind.

. . . . . . den . . ten . . . . . . 19 . .

Ausgangsbuch Kgl. . . . . . .

Nr. . . . . .

(Siegel.)

Daß die übenbezeichneten . . . Fässer mit . . . . hl . . . . l Bier gefüllt heute vor-/nach-/mittags . . . Uhr hier eingegangen sind, wird bescheinigt.

Die Uebergangssteuer ist mit . . . . ℳ . . . ₰ entrichtet worden.

. . . . . . den . . ten . . . . . . 19 . .

(Siegel.)

Insoweit die angegebenen Ausfuhrbescheinigungen für die betreffenden Verkehrs-Verhältnisse nicht genügen, sind dieselben den letzteren entsprechend abzuändern.

[Seite 3]

Die übenbezeichneten . . . Fässer sind in den Güterwagen Nr. . . . der . . . . . . Bahn verladen, welcher heute vor-/nach-/mittags . . Uhr mit . . . . Schlössern Serie . . . . . verschlossen, der Eisenbahnverwaltung zur Vorführung innerhalb . . . Tagen bei dem . . . . Amte zu . . . . übergeben worden ist.

. . . . . den . . ten . . . . . 19 . .

Kgl. . . . . .

(Siegel.)

Der bezeichnete Güterwagen ist am . . ten . . . . . 19 . . vor-/nach-/mittags . . Uhr hier eingetroffen und nach Abnahme des unverletzten Verschlusses sofort über die Grenze ausgegangen.

. . . . . den . . ten . . . . . 19 . .

Ausgangsbuch Kgl. . . . . .

Nr. . . . .

(Siegel.)

Auf Grund des vom . . . . Amte . . . . am . . . . . . 19 . . ausgestellten Erledigungsscheines über den diesamtlichen am . . . . 19 . . erledigten Uebergangsschein Nr. . . . . . vom . . . ten . . . . . . 19 . . wird bestätigt, daß die übenbezeichneten . . . . Fässer in . . . . richtig eingegangen sind.

. . . . . den . . ten . . . . . 19 . .

Kgl. . . . . .

(Siegel.)

Insoweit die angegebenen Ausfuhrbescheinigungen für die betreffenden Verkehrs-Verhältnisse nicht genügen, sind dieselben den letzteren entsprechend abzuändern.

[Seite 1]

Muster 2.
Zur Anlage A.
(MAVO. § 5 Abs. 1).

Anmeldebuch Nr.

Anmeldung
zur Ausfuhr von Bier in Flaschen.

D . . unterzeichnete (Brauereibesitzer) . . . . . in . . . . melde . hiemit d . . . . zu . . . ., daß . . beabsichtig . . . , das nachstehend näher angegebene inländische Bier in Flaschen innerhalb . . Tage (oder: am . . . .) be . . . . . zu . . . . zur Abfertigung zu stellen und über d . . . . . zu . . . . . (oder: mit Uebergangsschein auf d . . . . . zu . . . . .) an . . . . . in . . . . . auszuführen.

Die Verpackung der Flaschen wird erfolgen am . . . . . . vor-/nach-/mittags . . . Uhr.

D . . Unterzeichnete . . beantrag . . . . . . nach erfolgter Ausfuhr und auf Grund der desfallsigen Bescheinigung . . die angeordnete Rückvergütung des Malzaufschlags zu gewähren.

[Zu Seite 1]

Angabe des Versenders						Revisionsbefund						
Benennung, Zeichen und Nummer der einzelnen Packstücke	Gattung des Bieres	Zahl der im Packstück befindlichen Flaschen gleicher Größe	Menge des in der einzelnen Flasche befindlichen Bieres	Gesamtmenge des Bieres in allen Flaschen von gleicher Größe	Braustätte, aus welcher das Bier stammt	Buches: des Abfertigungs-	Buches: des Uebergangsschein-Ausfertigungs- (Transportschein-)	Benennung, Zeichen und Nummer der einzelnen Packstücke	Zahl der im Packstück befindlichen Flaschen gleicher Größe	Gattung und Menge des in der einzelnen Flasche befindlichen Bieres	Gesamtmenge des Bieres in Flaschen von gleicher Größe	Bemerkungen: a) über probeweise Ermittlung des Inhalts der Flaschen, b) über Anlage des Verschlusses, c) die Frist zur Vorführung beim Ausgangsamte
1	2	3	4	5	6	7		8	9	10	11	12
			l	hl l						l	hl l	

. . . den . . . 19 . .

Unterschrift des Versenders:

. . . .

Gesehen

. . . den . . . 19 . .

Kgl. . . . .

. . . .

(Siegel.)

Für die Richtigkeit der Ermittlungen

. . . . den . . . 19 . .

Kgl. . . . .

(Siegel.)

Bemerkungen: Spalte 6 ist nur von Nichtbrauern auszufüllen; Literbruchteile bleiben in Spalte 5 und 11 außer Ansatz.

[Seite 2]

Aus- beziehungsweise Eingangsbescheinigung.

Daß die übenbezeichneten . . . Packstücke, welche zusammen nach der amtlichen Feststellung . . . . . hl . . . . l Bier enthalten, am . . ten . . . . . . 19 . . vor-/nach-/mittags . . . Uhr dem Grenzaufseher . . . . . zur Begleitung an die Grenze übergeben worden sind, wird bescheinigt.

. . . . . . den . . ten . . . . . . 19 . .

Ausgangsbuch Kgl. . . . . . .

Nr. . . . .

(Siegel.)

Daß die übenbezeichneten . . . Packstücke, welche zusammen nach der amtlichen Feststellung . . . . . hl . . . . l Bier enthalten, am . . ten . . . . 19 . . vor-/nach-/mittags . . . Uhr nach selbstgenommener Ueberzeugung über die Grenze ausgegangen sind, wird bescheinigt.

. . . . . . den . . ten . . . . . . 19 . .

Ausgangsbuch Kgl. . . . . . .

Nr. . . . .

(Siegel.)

Daß die übenbezeichneten . . . Packstücke, welche zusammen nach der amtlichen Feststellung . . . . . hl . . . . l Bier enthalten, heute vor-/nach-/mittags . . . . . Uhr in der Richtung gegen die . . . . Grenze von hier abgegangen sind, wird mit dem Bemerken bescheinigt, daß dieselben innerhalb . . . Stunden bei der gegenüberliegenden Abfertigungsstelle zu . . . . . behufs der Eingangsbescheinigung vorzuführen sind.

. . . . . . den . . ten . . . . . . 19 . .

Ausgangsbuch Kgl. . . . . . .

Nr. . . . .

(Siegel.)

Daß die übenbezeichneten . . . Packstücke mit . . . hl . . . . l Bier gefüllt heute vor-/nach-/mittags . . . Uhr hier eingegangen sind, wird bescheinigt.

Die Uebergangssteuer ist mit . . . . . . M. . . ₰ entrichtet worden.

. . . . . den . . ten . . . . . 19 . .

(Siegel.)

Insoweit die angegebenen Ausfuhrbescheinigungen für die betreffenden Verkehrs-Verhältnisse nicht genügen, sind dieselben den letzteren entsprechend abzuändern.

Insoweit die angegebenen Ausfuhrbescheinigungen für die betreffenden Verkehrs-Verhältnisse nicht genügen, sind dieselben den letzteren entsprechend abzuändern.

[Seite 3]

Die übenbezeichneten . . . Packstücke sind in den Güterwagen Nr. . . . der . . . . . Bahn verladen, welcher heute vor-/nach-/mittags . . Uhr mit . . . . Schlössern Serie . . . . . verschlossen, der Eisenbahnverwaltung zur Vorführung innerhalb . . . Tagen bei dem . . . . Amte zu . . . . übergeben worden ist.

. . . . . den . . ten . . . . . 19 . .

Kgl. . . . . . .

(Siegel.)

Der bezeichnete Güterwagen ist am . . ten . . . . . 19 . . vor-/nach-/mittags . . Uhr hier eingetroffen und nach Abnahme des unverletzten Verschlusses sofort über die Grenze ausgegangen.

. . . . . den . . ten . . . . . 19 . .

Ausgangsbuch Kgl. . . . . . .

Nr. . . . .

(Siegel.)

Auf Grund des vom . . . . -Amte . . . . am . . . . . 19 . . ausgestellten Erledigungsscheines über den diesamtlichen am . . . . 19 . . erledigten Uebergangsschein Nr. . . . . vom . . . ten . . . . . 19 . . wird bestätigt, daß die übenbezeichneten . . . . Packstücke . . . . . . richtig eingegangen sind.

. . . . . den . . ten . . . . . 19 . .

Kgl. . . . . . .

(Siegel.)

[Seite 1]

Muster 3.
Zur Anlage A.
(MABO. § 6).

Hauptzollamtsbezirk.........

Anmelde-Buch

de...

N.................................. zu ....

für den Monat.................. 19....

über

Bier, welches mit Anspruch auf Rückvergütung des Malzaufschlags ausgeführt werden soll.

Dieses Buch enthält .....Blätter, welche mit einer angesiegelten Schnur durchzogen sind.

................., den.................. 19....

[Seite 2 und 3]

Fortlaufende Nr.	Tag der Anmeldung	Des Versenders			Anzahl der		Des Bieres		Die Abfertigung soll stattfinden bei dem Amte zu	Ausländisches Gebiet, wohin die Sendung bestimmt ist
		Name	Stand	Wohnort	Fässer	Flaschen	Menge in Litern	Gattung		
1	2	3	4	5	6		7	8	9	10*)

*) In Spalte 10 ist stets das Bestimmungsland anzugeben.

[Seite 1]

Muster 4.
Zur Anlage A.
(MAVO. § 12 Abs. 1)

Hauptzollamtsbezirk

Abfertigungsbuch

de

. . . .

über

Bier, welches mit dem Anspruch auf Rückvergütung des Malzaufschlags ausgeführt wird,

für den Monat . . . . 19.....

Dieses Buch enthält . Blätter, welche mit einer angesiegelten Schnur durchzogen sind.

............., den 19 ..

[Seite 2]

Laufende Nummer	Der Gestellung des Bieres zur Abfertigung		Des Warenführers Name und Wohnort	Des Versenders			Des Empfängers	
				Name und Stand	Wohnort		Name und Stand	Wohnort und Land
	Monat	Tag			zu	im Steuerbezirke		
1	2		3	4	5	6	7	8

[Seite 3]

Revisionsbefund						Die Anmeldung ist überwiesen			Bemerkungen
Gesamtzahl der Packstücke (Fässer, Kisten rc.)	Zeichen und Nummer der einzelnen Packstücke (Fässer, Kisten rc.)	Gesamtzahl der Flaschen	Des Bieres			dem Ausgangsamte zu	am		
			Gattung	Menge			Tag	Monat	
9	10	11	12	13		14	15		16
				hl	l				

Muster 5.
Zur Anlage A.
(MABO. § 12 Abs. 1).

[Seite 1]

Hauptzollamtsbezirk ....

Ausgangsbuch

de ..

N. ....

über

Bier, welches mit dem Anspruch auf Rückvergütung des Malzaufschlags ausgeführt wird,

für den Monat ....19.....

Dieses Buch enthält ... Blätter, welche mit einer angesiegelten Schnur durchzogen sind.

......, den .... 19..

....

[Seite 2]

Lfde. Nr.	Der Ausgangs-abfertigung		Des Warenführers Name und Wohnort	Des Versenders			Des Empfängers	
					Wohnort			
	Monat	Tag		Name und Stand	zu	im Steuer-bezirk	Name und Stand	Wohnort und Land
1	2		3	4	5	6	7	8

[Seite 3]

Die Haupt-abfertigung des Bieres hat statt-gefunden beim Amte	Revisionsbefund					Die Anmeldung ist über-wiesen			Bemerkungen
	Gesamt-zahl der Back-stücke	Zeichen und Nummer der ein-zelnen Back-stücke	Gesamt-zahl der Flaschen	des Bieres		dem Eingangs-amte zu	am		
				Gattung	Menge		Tag	Monat	
9	10	11	12	13	14	15	16		17
					hl l				

[Seite 1]

Muster 6.
Zur Anlage A.
(MABO. § 13 Abs. 2).

K. Steuer.............................

Nachweisung

über

Versendung von inländischem Biere in außerbayerisches Gebiet

mit Anspruch

auf Rückvergütung des Malzaufschlags

aus dem Bezirke

d..... K. Steuer.....................................

für den Monat .... 19.....

Mit ....Anmeldungen
und ....Anmeldebüchern.

[Seite 2]

Laufende Nr.	Des Versenders			Das Bier stammt aus der Brauerei		Das Bier ist laut amtlicher Bescheinigung	
	Name	Stand	Wohnort	des	zu	a) aus Bayern ausgeführt worden am	b) in außerbayerisches Gebiet eingeführt worden am
1	2	3	4	5	6	7	8

[Seite 3]

Sorte des ausgeführten Bieres	Menge des ausgeführten Bieres in				Gesamtmenge des ausgeführten Bieres		Bemerkungen
	a) Fässern		b) Flaschen				
	hl	l	hl	l	hl	l	
9	10		11		12		13

[Seite 1]

Muster 7.
Zur Anlage A.
(MABO. § 14 Abs. 1).

K. Hauptzollamt ...

Zusammenstellung

des

K. Hauptzollamts ....

über

Malzaufschlagrückvergütung für ausgeführtes Bier

für den Monat 19

[Seite 2]

Laufende Nr.	Des Versenders			Das Bier stammt aus der Brauerei		Hebestelle, bei welcher das Bier zur Ausfuhr angemeldet worden ist
	Name	Stand	Wohnort	des	zu	
1	2	3	4	5	6	7

[Seite 3]

Sorte des ausgeführten Bieres	Malzverwendung nach dem Sudbuchabschluß		Menge des ausgeführten Bieres		Malzverwendung für das ausgeführte Bier (berechnet aus Spalte 9 und 10)		Der f. die Brauerei im Kalenderjahre der Ausfuhr zutreffende Malzaufschlagsatz:	Betrag der Malzaufschlagrückvergütung (berechnet aus Spalte 11 und 12)		Bemerkungen
	im Kalendervierteljahre:	für 1 hl der ausgeführten Biersorte								
		kg	hl	l	dz	kg	M	M	Pf.	
8	9		10		11		12	13		14

Muster 8.
Zur Anlage A.
(MABO. § 15 Abs. 1).

[Seite 1]

Malzaufschlagvergütungsschein.

De . . . . in . . . . sind für aus Bayern ausgeführtes Bier nach Nr. . . . . der Zusammenstellung des unterfertigten Hauptzollamts für den Monat . . . . 19 . . an Malzaufschlag zu vergüten . . . . M . . S
(m. W. . . . .)

Dieser Betrag kann von dem obengenannten Versender bei der nächsten Bezahlung von Malzaufschlag statt barer Zahlung in Anrechnung gebracht oder vom . . . . . . 19 . . an beim unterfertigten Amte oder bei . . . . bar eingelöst werden.

Die Gültigkeit dieses Scheines erlischt am . . . . 19 . .

Im Falle des Verlustes des Scheines ist ein gerichtliches Aufgebotsverfahren unzulässig.

. . . . den . . . . 19 . .

K. Hauptzollamt.

(Amtssiegel.) . . . .

Bemerkung: Nichtzutreffendes ist zu durchstreichen.

[Seite 2]

Anrechnungsbestätigung.

Vorstehender Betrag ist mir/uns von dem . . . . in . . . . auf die Malzaufschlagschuldigkeit für das . . . Vierteljahr 19 . . angerechnet worden.

. . . . den . . . . 19 . .

. . . .

Quittung.

Umstehender Betrag ist mir/uns von dem . . . . in . . . . bar ausbezahlt worden.

. . . . den . . . . 19 . .

. . . .

Buchungsvermerk.

Der Vergütungsschein ist bei de . . . . in . . . . am . . . . 19 . . abgegeben worden.

Der darin ausgewiesene Betrag ist gebucht worden im . . . .

. . . .

L: . . . .

. . . .

Anlage B.
(M.A.Ausf.Best. §§ 51, 53 u. 59).

Anleitung zur Prüfung der selbsttätigen Wägevorrichtungen auf Malzmühlen.

I. Prüfung neu aufgestellter Wägevorrichtungen.

[1] Die Prüfung hat damit zu beginnen, daß sich die Anwesenden zunächst davon überzeugen, ob die Wägevorrichtung geeicht ist und in leerem Zustande richtig einspielt. Nichtgeeichte Wägevorrichtungen sind nicht zuzulassen.

[2] Spielt die Wägevorrichtung nicht richtig ein, so ist das Gleichgewicht durch Zulegen oder Herausnehmen von Bleistückchen in der in der Beschreibung der Wägevorrichtung angegebenen Weise herzustellen.

[3] Spielt die leere Wage genau ein, so erfolgt die Prüfung der einzelnen Füllungen.

[4] Die Prüfung der einzelnen Füllungen geschieht zunächst nach Maßgabe der in der Beschreibung der Wägevorrichtung gegebenen Anleitung, wobei die Mühle in Gang zu setzen ist. Steht die Wägevorrichtung nach der Befüllung nicht im Gleichgewichte, so ist das am Regulierhebel angebrachte Laufgewicht so weit nach der dem Ausschlag der Wagzunge entgegengesetzten Seite zu verschieben, bis die Zunge genau einspielt.

[5] Die zur Prüfung der einzelnen Füllungen verwendeten Malzmengen sind mittels des genau einzustellenden Prüfungsschiebers in ein neben der Wage aufzustellendes Gefäß abzuleiten.

[6] Die Einstellung des Prüfungsschiebers hat mit aller Sorgfalt zu geschehen, um das Herabfallen einzelner Malzkörner auf die Mühle zu verhüten.

7 Spielt die befüllte Wägevorrichtung genau ein, so sind mehrere einzelne Füllungen bei gleichzeitigem Gange des Mühlwerkes nachzuprüfen. Spielt bei einer Füllung die Wägevorrichtung nicht genau ein, so sind auf der Seite des Malzbehälters oder der Gewichtsschale so viele Gewichtsstücke an der hiefür bestimmten Stelle aufzulegen, als zur Herstellung des Gleichgewichts notwendig ist. Die Menge der zu diesem Zwecke aufgelegten Gewichtsstücke ist für jede Einzelfüllung in der Prüfungsverhandlung sorgfältig zu verzeichnen. Die zur Ausgleichung erforderlichen Gewichte haben die Steuerbeamten mit sich zu führen. Jede Füllung wird mittels des Prüfungsschiebers in das neben der Wage aufgestellte Gefäß entleert.

8 Die Nachprüfung der einzelnen Füllungen kann beendigt werden, wenn bei 30 unmittelbar aufeinanderfolgenden Nachwiegungen die Gesamtabweichung vom Sollgewichte bei je 10 Füllungen

bei der	5 kg	Wägevorrichtung	nicht mehr als	50 g,
„ „	10 kg	„	„ „ „	100 g und
„ „	20 kg	„	„ „ „	200 g

beträgt und außerdem jede Einzelfüllung vom Durchschnittsunterschiede der zusammengehörigen 10 Füllungen um nicht mehr als

25 g	bei der	5 kg	Wägevorrichtung,	
30 g	„ „	10 kg	„	und
40 g	„ „	20 kg	„	

abweicht. Kommen größere Unterschiede vor, so ist die Wage neuerdings durch Verschiebung des Laufgewichts zu regulieren und die Nachprüfung solange fortzusetzen, bis die vorstehend verlangte Übereinstimmung bei 30 unmittelbar aufeinanderfolgenden Füllungen erreicht ist.

9 Bei jeder Entleerung des Malzbehälters ist genau darauf zu achten, ob das Zählwerk richtig fortschreitet; außerdem ist zu prüfen, ob die Sicherheitsvorrichtungen ihre Aufgabe vollständig erfüllen.

10 Haben sich auch in dieser Hinsicht Beanstandungen nicht ergeben oder sind diese behoben worden, so erfolgt als Abschluß der Prüfung die Nachwiegung größerer

Malzmengen auf der Dezimalwage bei gleichzeitigem Gange des Mühlwerkes. Die zu dieser Nachwiegung verwendete Dezimalwage ist auf zuverlässige Genauigkeit in folgender Weise zu prüfen: man stellt die Dezimalwage zunächst lotrecht ein, überzeugt sich, ob die Wage im Gleichgewichte steht, stellt nötigenfalls das Gleichgewicht durch Auflegen von Bleistückchen auf die Schale oder Verschieben des Laufgewichts her und tariert sodann die Wage mit geeichten größeren Gewichten aus, indem man z. B. 10 kg auf die Brücke und 1 kg auf die Gewichtsschale stellt und zusieht, ob die Wage genau einspielt. Die genau austarierte Wage muß beim Auflegen von 50 g auf die Brücke noch einen merkbaren Ausschlag geben. Wagen, welche diesen Anforderungen nicht entsprechen, sind zurückzuweisen.

11 Zum Auffangen der einzelnen Füllungen der Wägevorrichtungen ist ein Gefäß zu verwenden, welches mindestens 12 Entleerungen des Malzbehälters der 5 kg Wägevorrichtung und mindestens 6 Entleerungen des Malzbehälters bei der 10 oder der 20 kg Wägevorrichtung aufzunehmen vermag. Die Dezimalwage ist mit dem leeren Gefäße genau auszutarieren, d. h. es sind auf die Wagschale und zwar zur Vermeidung von Irrungen in einem besonderen Behälter (einer Schachtel, Schale und dgl.), so viele Gewichtsstücke (gegebenen Falles auch Bleistücke) zu legen, als zur Herstellung des Gleichgewichts notwendig ist.

12 Die Nachwiegung hat in folgender Weise zu geschehen: Je 10 Entleerungen des Malzbehälters der 5 kg Wägevorrichtung oder je 5 Entleerungen der 10 und 20 kg Wägevorrichtung werden in dem hiezu bestimmten Gefäße (Abs. 11) aufgefangen und genau verwogen. Dies wird fünfmal wiederholt. Die Unterschiede zwischen dem auf der Dezimalwage ermittelten Gewichte des Malzes und der Anzeige des Zählwerkes der selbsttätigen Wägevorrichtung sind aufzurechnen; sodann ist festzustellen, welcher Unterschied hienach auf je 1 kg der vom Zählwerk angezeigten Malzmenge entfällt. Beträgt dieser Unterschied nicht mehr als 3 g, so ist die Prüfung der Wage als abgeschlossen zu betrachten. Ergeben sich

größere Unterschiede, so ist die Prüfung erforderlichen Falles unter Wiederholung der Einzelverwiegungen und neuerlicher Regulierung der Wägevorrichtung so lange fortzusetzen, bis die gebotene Übereinstimmung erzielt ist. Kann diese Übereinstimmung nicht erzielt werden, so ist die Wägevorrichtung zurückzuweisen bzw. deren Ausbesserung durch die Fabrik zu veranlassen.

13 Hat die Prüfung zu einem vollständig befriedigenden Ergebnisse geführt, so ist die Wägevorrichtung und die Mühle amtlich zu verschließen.

14 Über die Aufstellung und Prüfung der Wägevorrichtung und der Mühle ist eine Verhandlung nach Muster 1 aufzunehmen und dem Hauptzollamte vorzulegen (§ 51 Abs. 6 der AusfBest.). Muster 1.

15 Der in der Prüfungsverhandlung festgestellte Stand des Zählwerkes bei Beendigung der Verprobung ist von der Hebestelle im Mühlbuche vorzumerken.

II. Ordentliche Nachprüfung der selbsttätigen Wägevorrichtungen.

1 Zur Prüfung sind die Verschlußdeckel abzunehmen, sodann ist der Prüfungsschieber einzuführen.

2 Hierauf sind die inneren Teile der Wägevorrichtung und der Mühle mittels geeigneter vom Inhaber der Mühle bereit zu haltender Werkzeuge (Handfeger, Handblasebalg usw.) reinigen zu lassen.

3 Nach Vollendung der Reinigung sind zur Prüfung der Tätigkeit der Wägevorrichtung mindestens 10 Einzelfüllungen in der in Ziff. I Abs. 7 angegebenen Weise nachzuwiegen, wobei auf den richtigen Gang der Wägevorrichtung und des Zählwerkes sowie das zuverlässige Eingreifen der Sicherheitsvorrichtungen zu achten ist. Ergeben sich keinerlei Beanstandungen und keine größeren als die in Ziff. I Abs. 8 zugelassenen Unterschiede, so folgt die Nachwiegung größerer Malzmengen auf einer vorher genau zu prüfenden Dezimalwage in der in Ziff. I Abs. 10/12 angegebenen Weise. Hiebei genügt es, wenn bei der 5 kg Wägevorrichtung 100 kg und bei der 10 und 20 kg Wägevorrichtung je 200 kg nachgewogen werden. Ergeben sich auch hiebei keinerlei Beanstandungen und

keine größeren als die in Ziff. I Abs. 12 zugelassenen Unterschiede, so ist die Prüfung zu beendigen und die Mühle nach Wiederanlage des amtlichen Verschlusses zur Fortbenützung freizugeben.

[4] Der Stand des Zählwerkes nach der Prüfung ist im Mühlbuche vorzumerken.

[5] Ergeben sich größere als die in Ziff. I Abs. 8 und 12 zugelassenen Unterschiede, so ist zunächst eine eingehende Prüfung nach Maßgabe der Vorschriften unter Ziff. I vorzunehmen; kann auch durch diese Prüfung eine befriedigende Tätigkeit der Wägevorrichtung nicht erzielt werden oder hat sich schon bei der nach Ziff. II Abs. 3 vorgenommenen Prüfung gezeigt, daß die Sicherheitsvorrichtungen oder sonstige Teile der selbsttätigen Wägevorrichtung ihre Aufgabe nicht mehr vollständig erfüllen, so ist die Wägevorrichtung als beschädigt zu erklären und weiter nach § 59 der AusfBest. zu verfahren.

[6] Über die Prüfung ist eine Verhandlung nach Muster 2 aufzunehmen und dem Hauptzollamte vorzulegen, welches dieselbe nach erfolgter Prüfung an die Hebestelle zurückgibt. Muster 2.

III. Reinigungsprüfung der selbsttätigen Wägevorrichtungen.

[1] Bei den gemäß § 53 Abs. 2 der MAusfBest. vorzunehmenden Reinigungsprüfungen sind nach Abnahme der Verschlußdeckel und nach Einführung des Prüfungsschiebers 10 Entleerungen des Malzbehälters der Wägevorrichtung nach vorheriger Prüfung der Dezimalwage in der in Ziff. I Abs. 10/12 angegebenen Weise nachzuwiegen. Ergeben sich hiebei keinerlei Beanstandungen und keine größeren als die in Ziff. I Abs. 12 zugelassenen Unterschiede, so ist die Prüfung zu beenden und die Mühle nach Wiederanlage des amtlichen Verschlusses zur Fortbenützung freizugeben.

[2] Ergeben sich größere Unterschiede oder sonstige Beanstandungen, so ist das Triebrad der Mühle amtlich zu verschließen und dem Bezirksoberkontrolleur oder, wenn ein solcher nicht vorhanden ist, dem Steueramtsvorstande sofort Anzeige zu erstatten. Der Oberkontrol-

leur oder Steueramtsvorstand hat hienach sobald als möglich zunächst eine Nachprüfung der selbsttätigen Wägevorrichtung nach den Vorschriften unter Ziff. II und nötigenfalls weiter nach den Vorschriften unter Ziff. I oben vorzunehmen.

³ Das Ergebnis jeder Reinigungsprüfung ist etwa in nachstehender Weise in den Spalten 5/6 des Mühlbuchs zu vermerken: „Bei der heutigen Reinigungsprüfung der Malzsteuerwage wurden 10 Entleerungen des Malzbehälters auf der vorher geprüften Dezimalwage nachgewogen und hiebei ein Reingewicht von 50 kg 80 g ermittelt.

Zählwerksanzeige	nach der Verwiegung	5885 kg
	vor der „	5835 „
	daher Sollgewicht	50 kg

Das Zählwerk zeigte hienach zu wenig an 80 g, d. s. auf je 1 kg = 1,6 g.

Nachdem sich auch sonstige Beanstandungen nicht ergaben, wurde die Mühle wieder amtlich verschlossen und freigegeben.

Oder:

Nachdem hiernach der Unterschied gegenüber der Zählwerksanzeige mehr als 3 g für 1 kg beträgt, wurde das Triebrad der Mühle durch Anlegen eines Steuerbleies gesichert und dem mitunterfertigten Mühlbesitzer die unverletzte Erhaltung dieses Verschlusses ausdrücklich zur Pflicht gemacht.

Hausen, den 5. Juli 1910.

Franz Meiler
Mühlbesitzer.

Fröhlich
K. Steuerrevisor.

Muster 1.
Zur Anlage B.
(MAAusfBest. §§ 51, 53 u. 59).

Verhandlung
über
die Prüfung der in der *Bierbrauerei* des *Herrn Franz Meiler* in *Hausen* *neu* aufgestellten selbsttätigen Wägevorrichtung.

System: *Chronos* Modell: *1909* Größe Nr. *2* Fabrik-Nr. *1640.*

Hausen, den *10. März* 1910.

In Gegenwart der Unterzeichneten wurde *heute* in obiger *Brauerei* eine selbsttätige Wägevorrichtung aus der Fabrik *C. Reuther & Reisert* in *Hennef a/Sieg* . . . .
neu aufgestellt.

Die Aufstellung der Wägevorrichtung gab zu . . . . . Erinnerungen *keinen* Anlaß.

Die Wägevorrichtung ist mit dem Zwischenstück, dieses mit der Schrotmühle und letztere mit dem Boden derart fest verbunden, daß nach Anlegung der amtlichen Verschlüsse kein Malz auf die Schrotwalzen gelangen kann, ohne vorher den Malzbehälter der Wägevorrichtung zu durchlaufen.

Die Wägevorrichtung steht genau lotrecht.

Sämtliche Teile der Wägevorrichtung stimmen mit der von der Fabrik gelieferten Beschreibung und Zeichnung überein.

Zunächst wurde geprüft, ob die Wägevorrichtung vorschriftsmäßig geeicht ist und die leere Wägevorrichtung genau einspielt. Letzteres war *nicht* der Fall.

Es wurden daher an der Gewichtsschale so lange Bleistückchen herausgenommen, / zugelegt bis die Zunge der Wägevorrichtung genau einspielte.

Anmerkung: Nichtzutreffendes ist entsprechend zu ändern, Fehlendes zu ergänzen.

Hierauf wurde das Mühlwerk in Gang gesetzt und mit der Prüfung einzelner Füllungen begonnen, wobei die Wägevorrichtung so lange reguliert wurde, bis die Zunge wieder genau einspielte.

Das zur Prüfung der einzelnen Füllungen benützte Malz wurde mittels des sorgfältig eingeführten Prüfungsschiebers ebenso wie bei der weiteren Prüfung der Wägevorrichtung in ein neben der Malzmühle aufgestelltes Gefäß entleert.

Hierauf wurde zur Nachwägung einzelner Füllungen übergegangen. Dabei wurden auf der Malzgefäß- oder auf der Gewichtsseite immer so viel kleine Gewichtsstücke aufgelegt, als zum genauen Einspielen der Wägevorrichtung erforderlich waren.

Das Ergebnis war folgendes:

Lfd. Nr.	Abweichung gegenüber dem											
	Sollgewicht	Durchschnitts-unterschied	Sollgewicht	Durchschnitts-unterschied	Sollgewicht	Durchschnitts-unterschied	Sollgewicht	Durchschnitts-unterschied	Sollgewicht	Durchschnitts-unterschied	Sollgewicht	Durchschnitts-unterschied
	g	g	g	g	g	g	g	g	g	g	g	g
1	+12	—	−5	2	+6	3	−3	6				
2	−20	32*)	−5	2	−7	10	+4	1				
3	+10	2	−3	—	+8	5	+5	2				
4	+25	13	+4	7	+1	2	+5	2				
5	−11	23	2	1	—	3	+2	1				
6	+5	7	−4	1	+11	8	+2	1				
7	+48	36*)	−10	7	+4	1	+5	2				
8	+12	—	−2	1	+6	3	+2	1				
9	+26	14	−4	1	1	4	+9	6				
10	+10	2	−1	2	1	4	—	3				
Sa.	+148		−36		+36		+34					
d. i. Durchschnittsunterschied	−31		+4		−9		−3					
	=+117*)		−32		+27		+31					
	=+12		=−3		=+3		=+3					

*) daher reguliert

[Bem. des Verlags: In den letzten zwei Zeilen vorstehender Zahlen sind die Druckfehler verbessert, die sich bei dem Abdruck dieses Musters in der Handausgabe von Zapf eingeschlichen haben.]

Nachdem hiernach bei 30 unmittelbar aufeinander folgenden Füllungen die erforderliche Uebereinstimmung erzielt worden ist, auch das Zählwerk jede Entleerung des Malzbehälters richtig anzeigte und die Sicherheitsvorrichtungen ihre Aufgabe vollständig erfüllen, wurde zur Nachwiegung größerer Malzmengen bei fortgesetztem Gange des Mühlwerkes geschritten.

Je *5* Füllungen des Malzbehälters wurden mittels des Prüfungsschiebers in ein auf der Brücke einer gut gehenden, vorher genau geprüften und austarierten, neben der Wägevorrichtung aufgestellten Dezimalwage stehendes Gefäß entleert und verwogen, wobei sorgfältig darauf geachtet wurde, daß kein Malzkorn daneben fiel.

Hierbei ergab sich folgendes:

Zahl der Entleerungen	Stand des Zählwerkes vor Beginn der Nachwiegungen auf der Dezimalwage	Stand des Zählwerkes nach Beendigung der Nachwiegungen auf der Dezimalwage	Daher Anzeige des Zählwerkes kg	Abweichung des Gewichts des Malzes auf der Dezimalwage gegen die Anzeige des Zählwerkes g
5	*810*	*860*	*50*	+ *10*
5	*860*	*910*	*50*	— *35*
5	*910*	*960*	*50*	— *10*
5	*960*	*1010*	*50*	— *40*
5	*1010*	*1060*	*50*	— *30*
25			*250*	+ *10*
				—*115*
				—*105* *)
				d. i. *0,42 g* für je *1 kg* der Zählwerksanzeige.

Nachdem hiernach auch in dieser Richtung die erforderliche Uebereinstimmung erzielt war, wurde die Prüfung beendigt und die Wägevorrichtung mit den Verschlußdeckeln umgeben, welche die Wägevorrichtung auf allen Seiten so fest umschließen, daß ohne Lösung oder sichtbare Verletzung des amtlichen Verschlusses ein Eingriff in das Innere der Wägevorrichtung unmöglich ist.

Hierauf wurde die Wägevorrichtung durch Anlegung eines Steuerschlosses der Serie *642* verschlossen.

*) S. Note auf S. 212 unten.

Außerdem wurden Bleiverschlüsse angelegt an folgenden Stellen:
. . . . *1 Blei am Einlauftrichter* . . . .
. . . . *1 „ an der Prüfungsschieberklappe* . . . . .
. . . . . *je 1 „ „ den beiden Deckeln des Mühlgehäuses.*

Der Mühlbesitzer wurde besonders darauf aufmerksam gemacht, daß die Benützung der Mühle vor Erteilung der hauptamtlichen Genehmigung verboten ist.

(Dem Mühlbesitzer wurde hierauf eröffnet, daß der Fortbenützung der Mühle kein Hindernis mehr im Wege stehe.)

Der Stand des Zählwerkes bei Beendigung der Verprobung war *1060* kg.

Franz Meiler, Mühlbesitzer.
Karl Stöhr, Malzbrecher.
Johann Becher, Monteur der Fabrik *C. Reuther & Reisert.*
Fröhlich, K. Steuerrevisor.
Fürther, K. Steuerverwalter.
Heller, K. Steueroberkontrolleur.

Nr. . . . .

G. R. mit . . . . Beilage . . vorgelegt dem K. Hauptzollamt . . . . zur weiteren Verfügung.

. . . . den . . . . 19 . .

K. Steueramt.

Nr. . . . .

Verfügung des Hauptzollamts.

Mit . . . . Beilage . . zurück an das K. Steueramt . . . . zur Weiterleitung an die K. Steuerstelle . . . . mit dem Bemerken, daß die Prüfung vorstehender Verhandlungen zu . . . . . . Erinnerungen . . . . Anlaß gab.

. . . . den . . . . 19 . .

K. Hauptzollamt.

N. N.

Muster 2.
Zur Anlage B.
(MAAusfBest. §§ 51, 53 u. 59).

Verhandlung
über
die ordentliche Reinigung und Prüfung der in der *Brauerei* des *Herrn Franz Meiler* in *Hausen* aufgestellten selbsttätigen Wägevorrichtung.

System: *Riedinger* Modell *1910* Fabrik-Nr. *1640*.

Hausen, den *3. November* 19*10*.

In Gegenwart der Unterzeichneten wurde heute die *zweite* ordentliche Prüfung der in obiger *Brauerei* aufgestellten Wägevorrichtung vorgenommen.

Die äußere Besichtigung der Wägevorrichtung und der damit verbundenen Malzmühle gab zu . . . . . . Erinnerungen *keinen* Anlaß.

Die Ummantelung und der steueramtliche Verschluß befanden sich in *gutem* Zustand und zeigten *keinerlei* Spuren einer gewaltsamen Oeffnung oder des Versuchs einer solchen.

Hierauf wurde das Steuerschloß Serie *642* sowie das Blei an der Prüfungsschieberklappe abgenommen, der Prüfungsschieber sorgfältig eingeführt und die Wage entstaubt.

Die innere Besichtigung der Wägevorrichtung ergab, daß dieselbe noch genau lotrecht steht und die einzelnen Teile derselben keine wahrnehmbare Veränderung erlitten haben.

Die im Malzbehälter der Wägevorrichtung vorgefundene Malzmenge wurde nach Vervollständigung der Füllung entleert, hierauf

---

Anmerkung: Nichtzutreffendes ist entsprechend zu ändern, Fehlendes zu ergänzen.

das Mühlwerk in Gang gesetzt und mit der Nachwägung einzelner Füllungen begonnen. Hierbei wurden auf der Malzgefäß- oder auf der Gewichtsseite immer so viel kleine Gewichtsstücke aufgelegt, als zum genauen Einspielen der Wägevorrichtung erforderlich waren.

Das Ergebnis war folgendes:

Lfd. Nr.	Abweichung gegenüber dem			
	Sollgewicht g	Durchschnitts-unterschied g	Sollgewicht g	Durchschnitts-unterschied g
1	+ 5	2		
2	+ 3	—		
3	— 2	5		
4	+ 4	1		
5	+ 6	3		
6	+ 1	2		
7	—	3		
8	— 3	6		
9	+ 9	6		
10	+ 4	1		
Sa.	+32			
	— 5			
	+27			
d. i. Durchschnitts-unterschied	+ 3			

Nachdem hienach bei 10 unmittelbar aufeinander folgenden Füllungen die erforderliche Uebereinstimmung sich ergeben hat, auch das Zählwerk jede Entleerung des Malzbehälters der Wägevorrichtung richtig anzeigt und die Sicherheitsvorrichtungen ihre Aufgabe vollständig erfüllen, wurde zur Nachwiegung größerer Malzmengen bei fortgesetztem Gange des Mühlwerkes geschritten.

Je 5 Füllungen des Malzbehälters wurden mittels des Prüfungsschiebers in ein auf der Brücke einer gutgehenden, vorher genau geprüften und austarierten, neben der Wägevorrichtung aufgestellten Dezimalwage stehendes Gefäß entleert und verwogen, wobei sorgfältig darauf geachtet wurde, daß kein Malzkorn daneben fiel.

Hiebei ergab sich folgendes:

Zahl der Entleerungen	Stand des Zählwerkes vor Beginn der Nachwiegungen auf der Dezimalwage	Stand des Zählwerkes nach Beendigung der Nachwiegungen auf der Dezimalwage	Daher Anzeige des Zählwerkes	Abweichung des Gewichts des Malzes auf der Dezimalwage von der Zählwerksanzeige
5	215620	215670	50	+ 50
5	215670	215720	50	− 10
5	215720	215770	50	+ 40
5	215770	215820	50	− 20
20			200	+ 90
				− 30
				+ 60
				d. s. 0,3 g für je 1 kg der Zählwerksanzeige

Nachdem hienach auch in dieser Richtung die erforderliche Uebereinstimmung erzielt war, wurde die Prüfung beendet, die Wägevorrichtung nach Herausnahme des Prüfungsschiebers und Anbringung der Verschlußdeckel mit einem Steuerschlosse Serie *642* sowie die Prüfungsschieberklappe mit einem Steuerblei wieder verschlossen und die Mühle zur Fortbenützung freigegeben.

(Oder:

Nachdem sich bei den Nachwiegungen größere als die zulässigen Unterschiede ergaben, wurde eine eingehende Prüfung nach Ziff. I der Anlage B der Ausf.Best. vorgenommen und hierüber eine weitere Verhandlung nach Muster 1 angefertigt.

Oder:

Nachdem sich hiebei ergab, daß . . . .
. . . .
. . . .
. . . .
wurde die Wägevorrichtung als beschädigt erklärt, das Triebrad der Malzmühle durch Anlegen eines Steuerbleis gegen fernere Benützung gesichert und dem Mühlbesitzer die unverletzte Erhaltung dieses Verschlusses ausdrücklich zur Pflicht gemacht.)

Der Stand des Zählwerkes nach Abschluß der Prüfung d. s. *215820* kg wurde im Mühlbuche vorgemerkt.

(Der mitunterzeichnete Brauerei- und Mühlbesitzer erklärt, sein Malz bis zur Behebung der Beschädigung auf der . . . . Malzmühle des . . . . in . . . . . . schroten zu wollen.)

Karl Stöhr.
Malzbrecher.

Fürther,
K. Steuerverwalter.

Fröhlich,
K. Steuerrevisor.

E. Nr. . . . .

Vorgelegt dem K. Hauptzollamt . . . . zur weiteren Verfügung.

. . . . den . . . . 19 . .

K. Steuer . . . . . .

. . . .

E. Nr. . . . .

Verfügung des Hauptzollamts.

An d. . . K. Steuer . . . . ohne Erinnerung

oder:

mit nachstehenden Erinnerungen zurück:

. . . .

. . . .

. . . .

. . . .

. . . . den . . . . 19 . .

K. Hauptzollamt.

. . . .

(Angeordnet durch Entschl. d. K. St.-M. der Finanzen v. 8. Febr. 1912 Nr. 462 u. d. KG. d. D. Z. vom 21. Febr. 1912 Nr. 3788 Ia.)

Anlage C.
(MAAusfBest. § 71.)

Hilfstafel zur Berechnung der Ausbeute an Extrakt aus der Ausschlagwürze.

Saccharometer-Anzeige bei +17,5°C S %	Spezifisches Gewicht der Würze D $\frac{17,5}{17,5}$	F = 0,96 × × S × D	Saccharometer-Anzeige bei +17,5° C S %	Spezifisches Gewicht der Würze D $\frac{17,5}{17,5}$	F = 0,96 × × S × D
1	2	3	1	2	3
0,0	1,00000	0,00	3,0	1,01172	2,91
0,1	039	0,10	3,1	212	3,01
0,2	078	0,19	3,2	251	3,11
0,3	116	0,29	3,3	291	3,21
0,4	155	0,38	3,4	331	3,31
0,5	194	0,48	3,5	371	3,41
0,6	233	0,58	3,6	410	3,50
0,7	272	0,67	3,7	450	3,60
0,8	310	0,77	3,8	490	3,70
0,9	349	0,87	3,9	529	3,80
1,0	1,00388	0,96	4,0	1,01569	3,90
1,1	427	1,06	4,1	609	4,00
1,2	466	1,16	4,2	649	4,10
1,3	505	1,25	4,3	689	4,20
1,4	544	1,35	4,4	729	4,30
1,5	584	1,45	4,5	769	4,40
1,6	623	1,55	4,6	808	4,50
1,7	662	1,64	4,7	848	4,60
1,8	701	1,74	4,8	888	4,69
1,9	740	1,84	4,9	928	4,79
2,0	1,00779	1,93	5,0	1,01968	4,89
2,1	818	2,03	5,1	1,02008	4,99
2,2	858	2,13	5,2	048	5,09
2,3	897	2,23	5,3	089	5,19
2,4	936	2,33	5,4	129	5,29
2,5	976	2,42	5,5	169	5,39
2,6	1,01015	2,52	5,6	209	5,49
2,7	054	2,62	5,7	249	5,60
2,8	093	2,72	5,8	290	5,70
2,9	133	2,82	5,9	330	5,80

Saccharometer-Anzeige bei +17,5°C S%	Spezifisches Gewicht der Würze D $\frac{17,5}{17,5}$	F = 0,96 × × S × D	Saccharometer-Anzeige bei +17,5° C S%	Spezifisches Gewicht der Würze D $\frac{17,5}{17,5}$	F = 0,96 × × S × D
1	2	3	1	2	3
6,0	1,02370	5,90	9,0	1,03592	8,95
6,1	411	6,00	9,1	633	9,05
6,2	451	6,10	9,2	675	9,16
6,3	492	6,20	9,3	716	9,26
6,4	530	6,30	9,4	757	9,36
6,5	573	6,40	9,5	799	9,47
6,6	613	6,50	9,6	840	9,57
6,7	654	6,60	9,7	881	9,67
6,8	694	6,70	9,8	922	9,78
6,9	735	6,81	9,9	964	9,88
7,0	1,02775	6,91	10,0	1,04005	9,98
7,1	816	7,01	10,1	047	10,09
7,2	856	7,11	10,2	088	10,19
7,3	897	7,21	10,3	130	10,30
7,4	938	7,31	10,4	172	10,40
7,5	978	7,41	10,5	214	10,50
7,6	1,03019	7,52	10,6	255	10,61
7,7	060	7,62	10,7	297	10,71
7,8	101	7,72	10,8	339	10,82
7,9	141	7,82	10,9	380	10,92
8,0	1,03182	7,92	11,0	1,04422	11,03
8,1	223	8,03	11,1	464	11,13
8,2	264	8,13	11,2	506	11,24
8,3	305	8,23	11,3	548	11,34
8,4	346	8,33	11,4	590	11,45
8,5	387	8,44	11,5	632	11,55
8,6	428	8,54	11,6	673	11,66
8,7	469	8,64	11,7	715	11,76
8,8	510	8,74	11,8	757	11,87
8,9	551	8,85	11,9	799	11,97

Saccharometer-Anzeige bei +17,5° C S %	Spezifisches Gewicht der Würze $D \frac{17,5}{17,5}$	F = 0,96 × × S × D	Saccharometer-Anzeige bei +17,5° C S %	Spezifisches Gewicht der Würze $D \frac{17,5}{17,5}$	F = 0,96 × × S × D
1	2	3	1	2	3
12,0	1,04841	12,08	15,0	1,06118	15,28
12,1	883	12,18	15,1	161	15,39
12,2	926	12,29	15,2	204	15,50
12,3	968	12,39	15,3	247	15,61
12,4	1,05010	12,50	15,4	290	15,71
12,5	053	12,61	15,5	334	15,82
12,6	095	12,71	15,6	337	15,93
12,7	137	12,82	15,7	420	16,04
12,8	179	12,92	15,8	463	16,15
12,9	222	13,03	15,9	506	16,26
13,0	1,05264	13,14	16,0	1,06549	16,37
13,1	307	13,24	16,1	592	16,47
13,2	349	13,35	16,2	636	16,58
13,3	392	13,46	16,3	679	16,69
13,4	434	13,56	16,4	723	16,80
13,5	477	13,67	16,5	766	16,91
13,6	519	13,78	16,6	809	17,02
13,7	562	13,88	16,7	853	17,13
13,8	604	13,99	16,8	896	17,24
13,9	647	14,10	16,9	940	17,35
14,0	1,05689	14,20	17,0	1,06983	17,46
14,1	732	14,31	17,1	1,07027	17,57
14,2	775	14,42	17,2	071	17,68
14,3	818	14,53	17,3	114	17,79
14,4	861	14,63	17,4	158	17,90
14,5	904	14,74	17,5	202	18,01
14,6	946	14,85	17,6	246	18,12
14,7	989	14,96	17,7	290	18,23
14,8	1,06032	15,07	17,8	333	18,34
14,9	075	15,17	17,9	377	18,45

Saccharometer-Anzeige bei +17,5°C S %	Spezifisches Gewicht der Würze $D\frac{17,5}{17,5}$	F = 0,96 × × S × D	Saccharometer-Anzeige bei +17,5° C S %	Spezifisches Gewicht der Würze $D\frac{17,5}{17,5}$	F = 0,96 × × S × D
1	2	3	1	2	3
18,0	1,07421	18,56	19,5	084	20,23
18,1	465	18,67	19,6	128	20,35
18,2	509	18,78	19,7	170	20,46
18,3	553	18,89	19,8	217	20,57
18,4	597	19,01	19,9	262	20,68
18,5	642	19,12	20,0	1,08306	20,79
18,6	686	19,23	20,1	351	20,91
18,7	730	19,34	20,2	395	21,02
18,8	774	19,45	20,3	440	21,13
18,9	818	19,56	20,4	585	21,25
19,0	1,07862	19,67	20,5	530	21,36
19,1	906	19,79	20,6	574	21,47
19,2	951	19,90	20,7	619	21,58
19,3	995	20,01	20,8	664	21,70
19,4	1,08040	20,12	20,9	708	21,81

Anhang I.

(Kgl. VO., die Uebergangsabgabe für Bier und Malz betreffend. ABl. d. K. GD. d. Z. u. i. St. 1911 S. 525.)

Im Namen seiner Majestät des Königs.

Luitpold,

von Gottes Gnaden Königlicher Prinz von Bayern, Regent.

Wir finden Uns bewogen zu verordnen, was folgt:

§ 1. Die Übergangsabgabe für Bier wird vom 1. Oktober 1911 an unter Anwendung des Steuersatzes von 20 ℳ nach der im Herstellungslande der Steuervergütung bei der Ausfuhr des Bieres zugrunde gelegten, von der Steuerbehörde des Ausfuhrlandes im Abfertigungspapier in Kilogramm angegebenen Malzmenge, mindestens aber nach einer Malzmenge von 22 kg, vom 1. Oktober 1913 an mindestens nach einer Malzmenge von 21,5 kg, und bei der Einfuhr ohne steueramtliche Angabe der Malzverwendung nach einer Malzmenge von 30 kg für 1 hl Bier erhoben.

Bei der Berechnung der Übergangsabgabe sind Bruchteile von Kilogramm auf halbe Kilogramm nach oben abzurunden.

§ 2. Die Übergangsabgabe für einen Doppelzentner des zur Bierbereitung bestimmten geschroteten Malzes beträgt 20 ℳ.

Hohenschwangau, den 21. August 1911.

Luitpold,

Prinz von Bayern, des Königreichs Bayern Verweser.

(Entschl. der K. G.-D. d. Zölle vom 28. August 1911 Nr. 27885 I, die Uebergangsabgabe für Bier betr.)

Mit Entschließung des K. Staatsministeriums der Finanzen vom 25. August 1911 Nr. 28605 wurde zum Vollzuge der Königlichen Verordnung vom 21. August

1911 und des Bundesratsbeschlusses vom 22. Juni 1911,[1]) die Übergangsabgabe für Bier betreffend, mit Wirkung vom 1. Oktober 1911 an folgendes angeordnet:

1. Da bei der Berechnung der Übergangsabgabe für Bier mindestens eine Malzmenge von 22 kg, vom 1. Oktober 1913 an mindestens eine Malzmenge von 21,5 kg und bei der Einfuhr ohne steueramtliche Angabe der Malzverwendung eine Malzmenge von 30 kg zugrunde zu legen ist, so beträgt die Übergangsabgabe für 1 hl Bier vom 1. Oktober 1911 an mindestens 4 ℳ 40 Pf., vom 1. Oktober 1913 an mindestens 4 ℳ 30 Pf. und bei der Einfuhr ohne steueramtliche Angabe der Malzverwendung 6 ℳ.

Für Bier, bei dem die der Steuervergütung zugrunde gelegte Malzmenge nach der steueramtlichen Angabe im Abfertigungspapier die aufgestellte untere Grenze von 22 kg, vom 1. Oktober 1913 an von 21,5 kg für 1 hl überschreitet, ist der Erhebungssatz im Einzelfalle zu berechnen, wobei Bruchteile von Kilogramm auf halbe Kilogramm nach oben abzurunden sind. Die Übergangsabgabe beträgt also z. B. für Bier, für das im Abfertigungspapier eine Malzverwendung von 23,1 kg angegeben ist, 23,5 × 20 Pf. = 4 ℳ 70 Pf.

2. Für die Rückvergütung des Malzaufschlags sind Bruchteile von Kilogramm, die sich bei der Feststellung der Malzverwendung für 1 hl Bier nach dem Sudbuch ergeben, nicht auf halbe Kilogramm nach oben abzurunden.

Bei der Abfertigung des mit dem Anspruch auf Malzaufschlagvergütung zur Ausfuhr in ein anderes deutsches Brausteuergebiet angemeldeten Bieres ist in der Bemerkungsspalte des Abfertigungspapiers für jede Biersorte die der Aufschlagvergütung zugrunde zu legende Malzmenge für 1 hl ohne Abrundung nach oben anzugeben, wenn die Malzverwendung mehr als 22 kg — vom 1. Oktober 1913 an, wenn sie mehr als 21,5 kg — beträgt. Für die übrigen Biere ist ohne genaue Angabe der Malzverwendung nur zu bestätigen, daß

[1]) Amtsblatt 1911 S. 331.

die Malzmenge für 1 hl Bier nicht mehr als 22 kg — vom 1. Oktober 1913 an nicht mehr als 21,5 kg — beträgt.

Beispiel: Berechnet sich bei einer Biersendung die Malzverwendung für 1 hl auf 22,8 kg, so ist diese Ziffer im Abfertigungspapier anzugeben. Berechnet sich die Malzverwendung für 1 hl Bier auf 21,7 kg, so ist bis zum 30. September 1913 anzugeben, daß die Malzverwendung nicht mehr als 22 kg beträgt, während vom 1. Oktober 1913 an die genaue Ziffer der Malzverwendung von 21,7 kg anzugeben ist.

3. Die Steuerbehörden haben die Feststellung der Malzverwendung und der Aufschlagrückvergütung sowie die Ausgangsabfertigung von Bier mit größter Sorgfalt zu behandeln und namentlich auf die verschiedenen Biersorten ihr Augenmerk zu richten. Auch abgesehen von den im § 8 Abs. 6 MAVO. bezeichneten Fällen, in denen bei der Abfertigung die Entnahme von Bierproben zur Untersuchung angeordnet ist, wird es sich empfehlen, mitunter besonders von Bieren, deren Malzverwendung um die Grenze von 21,5 kg und darüber liegt, Proben zu entnehmen und an die Technische Prüfungs- und Lehranstalt der Verwaltung der Zölle und indirekten Steuern zur Untersuchung einzusenden.

4. Der zweite Absatz des § 4 der Malzaufschlag-Vergütungsordnung wird gestrichen.

5. Im § 71 Abs. 1 der Malzaufschlag-Ausführungsbestimmungen erhält der zweite Halbsatz folgende Fassung: „Bruchteile eines Hektoliters bleiben außer Betracht."

Demgemäß ist zur Richtigstellung des am Schlusse des § 71 gegebenen Beispiels der zweite Satz des Abs. 1 wie folgt zu ändern: „. . . . . . Benetzungsgrenze liegt zwischen Teilstrich 50 und 51 des Meßstabs."

Anhang II.

Reduktionstafel

zur

Bestimmung des wahren Extraktgehalts

aus der Angabe eines Balling'schen, d. i. eines bei 17.5° C richtigen Saccharometers und der gleichzeitig abgelesenen Temperatur.

Anleitung zum Gebrauch.

1. Soferne die zu untersuchende Bierwürze nicht die Normaltemperatur (+ 17.5° C) aufweist, kann mit dieser Tafel aus der auf dem Saccharometer abgelesenen (scheinbaren) Stärke und der Thermometeranzeige unmittelbar die wahre Stärke bestimmt werden.
2. Der mit Hilfe dieser Tafel ermittelte wahre Extraktgehalt ist erforderlichenfalls in der Weise auf Zehntel Prozent abzurunden, daß überschießende Hundertel, wenn sie mehr als 5 betragen, als ein Zehntel zu rechnen sind.

Abgelesene Temp. in C.°	0%	5%	5.1 %	5.2 %	5.3 %	5.4 %	5.5 %	5.6 %	5.7 %	5.8 %	5.9 %
	Abgelesene (d. i. scheinbare) Stärke in Gewichts-%										
	Wirkliche Stärke in Gewichtsprozenten										
0	— 0.18	4.66	4.76	4.85	4.95	5.05	5.14	5.24	5.34	5.44	5.53
5	— 0.23	4.67	4.77	4.87	4.96	5.06	5.16	5.26	5.36	5.45	5.55
5.5	— 0.23	4.68	4.77	4.37	4.97	5.07	5.17	5.27	5.36	5.46	5.56
6	— 0.23	4.68	4.78	4.88	4.98	5.07	5.17	5.27	5.37	5.47	5.57
6.5	— 0.23	4.69	4.78	4.88	4.98	5.08	5.18	5.28	5.38	5.47	5.57
7	— 0.23	4.69	4.79	4.89	4.99	5.09	5.18	5.28	5.38	5.48	5.58
7.5	— 0.23	4.70	4.80	4.90	5.00	5.10	5.19	5.29	5.39	5.49	5.59
8	— 0.23	4.71	4.81	4.91	5.01	5.10	5.20	5.30	5.40	5.50	5.60
8.5	— 0.23	4.72	4.82	4.92	5.02	5.12	5.21	5.31	5.41	5.51	5.61
9	— 0.22	4.73	4.83	4.93	5.03	5.13	5.22	5.32	5.42	5.52	5.62
9.5	— 0.21	4.74	4.84	4.94	5.04	5.14	5.24	5.84	5.43	5.53	5.63
10	— 0.20	4.75	4.85	4.95	5.05	5.15	5.25	5.35	5.44	5.54	5.64
10.5	— 0.19	4.77	4.86	4.96	5.06	5.16	5.26	5.36	5.46	5.56	5.66
11	— 0.18	4.78	4.88	4.98	5.08	5.18	5.28	5.38	5.47	5.57	5.67
11.5	— 0.18	4.80	4.89	4.99	5.09	5.19	5.29	5.39	5.49	5.59	5.69
12	— 0.17	4.81	4.91	5.01	5.11	5.21	5.31	5.41	5.50	5.60	5.70
12.5	— 0.16	4.83	4.92	5.02	5.12	5.22	5.32	5.42	5.52	5.62	5.72
13	— 0.15	4.84	4.94	5.04	5.14	5.21	5.34	5.44	5.53	5.63	5.73
13.5	— 0.14	4.86	4.95	5.05	5.15	5.25	5.35	5.45	5.55	5.65	5.75
14	— 0.12	4.87	4.97	5.07	5.17	5.27	5.37	5.47	5.57	5.67	5.76
14.5	— 0.11	4.89	4.99	5.09	5.19	5.29	5.39	5.49	5.59	5.69	5.78
15	— 0.09	4.90	5.00	5.10	5.20	5.30	5.40	5.50	5.60	5.70	5.80
15.5	— 0.08	4.92	5.02	5.12	5.22	5.32	5.42	5.52	5.62	5.72	5.82
16	— 0.06	4.94	5.04	5.14	5.24	5.34	5.44	5.54	5.64	5.74	5.84
16.5	— 0.04	4.96	5.06	5.16	5.26	5.36	5.46	5.56	5.66	5.76	5.86
17	— 0.02	4.98	5.08	5.18	5.28	5.38	5.48	5.58	5.68	5.78	5.88
17.5	0	5.00	5.10	5.20	5.30	5.40	5.50	5.60	5.70	5.80	5.90
18	+ 0.02	5.02	5.12	5.22	5.32	5.42	5.52	5.62	5.72	5.82	5.92
18.5	+ 0.04	5.04	5.14	5.24	5.34	5.44	5.54	5.64	5.74	5.84	5.94
19	+ 0.06	5.06	5.16	5.26	5.36	5.46	5.56	5.66	5.76	5.86	5.96
19.5	+ 0.08	5.09	5.19	5.29	5.39	5.49	5.59	5.69	5.79	5.89	5.99
20	+ 0.10	5.11	5.21	5.31	5.41	5.51	5.61	5.71	5.81	5.91	6.01
20.5	+ 0.13	5.14	5.24	5.34	5.44	5.54	5.64	5.74	5.84	5.94	6.04
21	+ 0.15	5.16	5.26	5.36	5.46	5.56	5.66	5.76	5.86	5.96	6.06
21.5	+ 0.18	5.19	5.29	5.39	5.49	5.59	5.69	5.79	5.89	5.99	6.09
22	+ 0.20	5.21	5.31	5.41	5.51	5.61	5.71	5.81	5.91	6.01	6.11
22.5	+ 0.23	5.24	5.34	5.44	5.54	5.64	5.74	5.84	5.94	6.04	6.14
23	+ 0.25	5.27	5.37	5.47	5.57	5.67	5.77	5.87	5.97	6.07	6.17
23.5	+ 0.28	5.30	5.40	5.50	5.60	5.70	5.80	5.90	6.00	6.10	6.20
24	+ 0.31	5.33	5.43	5.53	5.63	5.73	5.83	5.93	6.03	6.13	6.23
24.5	+ 0.33	5.36	5.45	5.56	5.66	5.76	5.86	5.96	6.06	6.16	6.26
25	+ 0.36	5.39	5.49	5.59	5.69	5.79	5.89	5.99	6.09	6.19	6.29

Abgelesene Temp. in C.°	Abgelesene (d. i. scheinbare) Stärke in Gewichts-%										
	6 %	6.1 %	6.2 %	6.3 %	6.4 %	6.5 %	6.6 %	6.7 %	6.8 %	6.9 %	7 %
	Wirkliche Stärke in Gewichtsprozenten										
0	5.63	5.73	5.82	5.92	6.02	6.12	6.21	6.31	6.41	6.50	6.60
5	5.65	5.75	5.85	5.95	6.05	6.14	6.24	6.34	6.44	6.54	6.63
5.5	5.66	5.76	5.86	5.95	6.05	6.15	6.25	6.35	6.45	6.54	6.64
6	5.66	5.76	5.86	5.96	6.06	6.16	6.25	6.35	6.45	6.55	6.65
6.5	5.67	5.77	5.87	5.97	6.06	6.17	6.26	6.36	6.46	6.56	6.66
7	5.68	5.78	5.87	5.97	6.07	6.17	6.27	6.37	6.47	6.56	6.66
7.5	5.69	5.79	5.89	5.98	6.08	6.18	6.28	6.38	6.48	6.58	6.67
8	5.70	5.80	5.90	5.99	6.09	6.19	6.29	6.39	6.49	6.59	6.69
8.5	5.71	5.81	5. 1	6.01	6.11	6.21	6.30	6.40	6.50	6.60	6.70
9	5.72	5.82	5.92	6.02	6.12	6.22	6.31	6.41	6.51	6.61	6.71
9.5	5.73	5.83	5.93	6.03	6.13	6.23	6.33	6.43	6.52	6.62	6.72
10	5.74	5.84	5.94	6.04	6.14	6.24	6.34	6.44	6.54	6.64	6.73
10.5	5.76	5.86	5.96	6.06	6.15	6.25	6.35	6.45	6.55	6.65	6.75
11	5.77	5.87	5.97	6.07	6.17	6.27	6.37	6.47	6.57	6.67	6.76
11.5	5.79	5.89	5.99	6.09	6.18	6.28	6.38	6.48	6.58	6.68	6.78
12	5.80	5.90	6.00	6.10	6.20	6.30	6.40	6.50	6.60	6.70	6.79
12.5	5.82	5.92	6.02	6.12	6.21	6.31	6.41	6.51	6.61	6.71	6.80
13	5.83	5.93	6.03	6.13	6.23	6.33	6.43	6.53	6.63	6.73	6.82
13.5	5.85	5.95	6.05	6.15	6.25	6.35	6.44	6.54	6.64	6.74	6.84
14	5.86	5.96	6.06	6.16	6.26	6.36	6.46	6.56	6.66	6.76	6.86
14.5	5.88	5 98	6.08	6.18	6.28	6.38	6.48	6.58	6.68	6.78	6.88
15	5.90	6.00	6.10	6.20	6.30	6.40	6.50	6.60	6.70	6.80	6.90
15.5	5.92	6.02	6.12	6.22	6.32	6.42	6.52	6.62	6.72	6.82	6.92
16	5.94	6.04	6.14	6.24	6.34	6.44	6.54	6.64	6.74	6.84	6.94
16.5	5.96	6.06	6.16	6.26	6.36	6.46	6.56	6.66	6.76	6.86	6.96
17	5.98	6.08	6.18	6.28	6.38	6.48	6.58	6.68	6.78	6.88	6.98
17.5	6.00	6.10	6.20	6.30	6.40	6.50	6.60	6.70	6.80	6.90	7.00
18	6.02	6.12	6.22	6.32	6.42	6.52	6.62	6.72	6.82	6.92	7.02
18.5	6.04	6.14	6.24	6.34	6.44	6.54	6.64	6.74	6.84	6.94	7.04
19	6.06	6.16	6.26	6.36	6.46	6.56	6.66	6.76	6.86	6.96	7.06
19.5	6.09	6.19	6.29	6.39	6.49	6.59	6.69	6.79	6.89	6.99	7.09
20	6.11	6.21	6.31	6.41	6.51	6.61	6.71	6.81	6.91	7.01	7.11
20.5	6.14	6.24	6.34	6.44	6.54	6.64	6.74	6.84	6.94	7.04	7.14
21	6.16	6.26	6.36	6.47	6.57	6.67	6.77	6.87	6.97	7.07	7.17
21.5	6.19	6.29	6.39	6.49	6.59	6.69	6.79	6.89	6.99	7.09	7.19
22	6.21	6.31	6.41	6.52	6.62	6.72	6.82	6.92	7.02	7.12	7.22
22.5	6.24	6.34	6.44	6.55	6.65	6.75	6.85	6.95	7.05	7.15	7.25
23	6.27	6.37	6.47	6.58	6.68	6.78	6.88	6.98	7.08	7.18	7.28
23.5	6.30	6.40	6.50	6.60	6.70	6.80	6.90	7.00	7.10	7.20	7.30
24	6.33	6.43	6.53	6.63	6.73	6.83	6.98	7.03	7.13	7.23	7.33
24.5	6.36	6.46	6.56	6.66	6.76	6.86	6.96	7.06	7.16	7.26	7.36
25	6.39	6.49	6.59	6.70	6.80	6.90	7.00	7.10	7.20	7.30	7.40

Abgelesene Temp. in C.°	Abgelesene (d. i. scheinbare) Stärke in Gewichts-%										
	7 %	7.1%	7.2 %	7.3 %	7.4 %	7.5 %	7.6 %	7.7 %	7.8 %	7.9 %	8 %
	Wirkliche Stärke in Gewichtsprozenten										
0	6.60	6.70	6.79	6.89	6.99	7.08	7.18	7.28	7.38	7.47	7.57
5	6.63	6.73	6.83	6.93	7.03	7.13	7.22	7.32	7.42	7.52	7.62
5.5	6.64	6.74	6.84	6.94	7.03	7.13	7.23	7.33	7.43	7.53	7.62
6	6.65	6.75	6.85	6.94	7.04	7.14	7.24	7.34	7.44	7.53	7.63
6.5	6.66	6.75	6.85	6.95	7.05	7.15	7.25	7.35	7.44	7.54	7.64
7	6.66	6.76	6.86	6.96	7.06	7.16	7.25	7.35	7.45	7.55	7.65
7.5	6.67	6.77	6.87	6.97	7.07	7.17	7.27	7.37	7.46	7.56	7.66
8	6.69	6.79	6.88	6.98	7.08	7.18	7.28	7.38	7.48	7.58	7.67
8.5	6.70	6.80	6.90	7.00	7.09	7.19	7.29	7.39	7.49	7.59	7.69
9	6.71	6.81	6.91	7.01	7.11	7.21	7.30	7.40	7.50	7.60	7.70
9.5	6.72	6.82	6.92	7.02	7.12	7.22	7.32	7.42	7.52	7.61	7.71
10	6.73	6.83	6.93	7.03	7.13	7.23	7.33	7.43	7.53	7.63	7.73
10.5	6.75	6.85	6.95	7.05	7.15	7.25	7.34	7.44	7.54	7.64	7.74
11	6.76	6.86	6.96	7.06	7.16	7.26	7.36	7.46	7.56	7.66	7.76
11.5	6.78	6.88	6.98	7.08	7.18	7.28	7.37	7.47	7.57	7.67	7.77
12	6.79	6.89	6.99	7.09	7.19	7.29	7.39	7.49	7.59	7.69	7.79
12.5	6.81	6.91	7.01	7.11	7.21	7.31	7.40	7.50	7.60	7.70	7.80
13	6.82	6.92	7.02	7.12	7.22	7.32	7.42	7.52	7.62	7.72	7.82
13.5	6.84	6.94	7.04	7.14	7.24	7.34	7.44	7.54	7.64	7.74	7.83
14	6.86	6.96	7.06	7.16	7.26	7.36	7.45	7.55	7.65	7.75	7.85
14.5	6.88	6.98	7.08	7.18	7.28	7.38	7.47	7.57	7.67	7.77	7.87
15	6.90	7.00	7.10	7.20	7.30	7.40	7.50	7.60	7.69	7.79	7.89
15.5	6.92	7.02	7.12	7.22	7.32	7.42	7.52	7.62	7.71	7.81	7.91
16	6.94	7.04	7.14	7.24	7.34	7.44	7.54	7.64	7.73	7.83	7.93
16.5	6.96	7.06	7.16	7.26	7.36	7.46	7.56	7.66	7.75	7.85	7.95
17	6.98	7.08	7.18	7.28	7.38	7.48	7.58	7.68	7.77	7.87	7.97
17.5	7.00	7.10	7.20	7.30	7.40	7.50	7.60	7.70	7.80	7.90	8.00
18	7.02	7.12	7.22	7.32	7.42	7.52	7.62	7.72	7.82	7.92	8.02
18.5	7.04	7.14	7.24	7.34	7.44	7.54	7.64	7.74	7.84	7.94	8.04
19	7.06	7.16	7.26	7.36	7.46	7.57	7.67	7.77	7.87	7.97	8.07
19.5	7.09	7.19	7.29	7.39	7.49	7.59	7.69	7.79	7.89	7.99	8.09
20	7.11	7.21	7.31	7.41	7.51	7.62	7.72	7.82	7.92	8.02	8.12
20.5	7.14	7.24	7.34	7.44	7.54	7.64	7.74	7.84	7.94	8.04	8.14
21	7.17	7.27	7.37	7.47	7.57	7.67	7.77	7.87	7.97	8.07	8.17
21.5	7.19	7.29	7.39	7.49	7.59	7.70	7.80	7.90	8.00	8.10	8.20
22	7.22	7.32	7.42	7.52	7.62	7.72	7.82	7.92	8.02	8.12	8.22
22.5	7.25	7.35	7.45	7.55	7.65	7.75	7.85	7.95	8.05	8.15	8.25
23	7.28	7.38	7.48	7.58	7.68	7.78	7.88	7.98	8.08	8.18	8.28
23.5	7.30	7.41	7.51	7.61	7.71	7.81	7.91	8.01	8.11	8.21	8.31
24	7.33	7.43	7.53	7.64	7.74	7.84	7.94	8.04	8.14	8.24	8.34
24.5	7.36	7.46	7.56	7.67	7.77	7.87	7.97	8.07	8.17	8.27	8.37
25	7.40	7.50	7.60	7.70	7.80	7.90	8.00	8.10	8.20	8.30	8.40

Abgelesene Temp. in C.°	Abgelesene (d. i. scheinbare) Stärke in Gewichts-%										
	8 %	8.1 %	8.2 %	8.3 %	8.4 %	8.5 %	8.6 %	8.7 %	8.8 %	8.9 %	9 %
	Wirkliche Stärke in Gewichtsprozenten										
0	7.57	7.67	7.76	7.86	7.96	8.05	8.15	8.25	8.35	8.44	8.54
5	7.62	7.71	7.81	7.91	8.01	8.11	8.21	8.30	8.40	8.50	8.60
5.5	7.62	7.72	7.82	7.92	8.02	8.12	8.21	8.31	8.41	8.51	8.61
6	7.63	7.73	7.83	7.93	8.03	8.12	8.22	8.32	8.42	8.52	8.62
6.5	7.64	7.74	7.84	7.94	8.03	8.13	8.23	8.33	8.43	8.53	8.63
7	7.65	7.75	7.85	7.95	8.04	8.14	8.24	8.34	8.44	8.54	8.63
7.5	7.66	7.76	7.86	7.96	8.06	8.16	8.25	8.35	8.45	8.55	8.65
8	7.67	7.77	7.87	7.97	8.07	8.17	8.27	8.37	8.47	8.57	8.66
8.5	7.69	7.79	7.89	7.98	8.08	8.18	8.28	8.38	8.48	8.58	8.68
9	7.70	7.80	7.90	8.00	8.10	8.20	8.29	8.39	8.49	8.59	8.69
9.5	7.71	7.81	7.91	8.01	8.11	8.21	8.31	8.41	8.51	8.61	8.70
10	7.73	7.83	7.93	8.02	8.12	8.22	8.32	8.42	8.52	8.62	8.72
10.5	7.74	7.84	7.94	8.04	8.14	8.24	8.34	8.44	8.54	8.63	8.73
11	7.76	7.86	7.96	8.05	8.15	8.25	8.35	8.45	8.55	8.65	8.75
11.5	7.77	7.87	7.97	8.07	8.17	8.27	8.37	8.47	8.57	8.66	8.76
12	7.79	7.89	7.99	8.08	8.18	8.28	8.38	8.48	8.58	8.68	8.78
12.5	7.80	7.90	8.00	8.10	8.20	8.30	8.40	8.50	8.59	8.69	8.79
13	7.82	7.92	8.02	8.11	8.21	8.31	8.41	8.51	8.61	8.71	8.81
13.5	7.83	7.93	8.03	8.13	8.23	8.33	8.43	8.53	8.63	8.73	8.83
14	7.85	7.95	8.05	8.15	8.25	8.35	8.45	8.55	8.65	8.75	8.85
14.5	7.87	7.97	8.07	8.17	8.27	8.37	8.47	8.57	8.67	8.77	8.87
15	7.89	7.99	8.09	8.19	8.29	8.39	8.49	8.59	8.69	8.79	8.89
15.5	7.91	8.01	8.11	8.21	8.31	8.41	8.51	8.61	8.71	8.81	8.91
16	7.93	8.03	8.13	8.23	8.33	8.43	8.53	8.63	8.73	8.83	8.93
16.5	7.95	8.05	8.15	8.25	8.35	8.45	8.55	8.65	8.75	8.85	8.95
17	7.97	8.07	8.17	8.27	8.37	8.47	8.57	8.67	8.77	8.87	8.97
17.5	8.00	8.10	8.20	8.30	8.40	8.50	8.60	8.70	8.80	8.90	9.00
18	8.02	8.12	8.22	8.32	8.42	8.52	8.62	8.72	8.82	8.92	9.02
18.5	8.04	8.14	8.24	8.34	8.44	8.54	8.64	8.74	8.84	8.94	9.04
19	8.07	8.17	8.27	8.37	8.47	8.57	8.67	8.77	8.87	8.97	9.07
19.5	8.09	8.19	8.29	8.39	8.49	8.59	8.69	8.79	8.89	8.99	9.09
20	8.12	8.22	8.32	8.42	8.52	8.62	8.72	8.82	8.92	9.02	9.12
20.5	8.14	8.24	8.34	8.44	8.55	8.65	8.75	8.85	8.95	9.05	9.15
21	8.17	8.27	8.37	8.47	8.57	8.67	8.77	8.87	8.98	9.08	9.18
21.5	8.20	8.30	8.40	8.50	8.60	8.70	8.80	8.90	9.00	9.10	9.20
22	8.22	8.32	8.42	8.52	8.62	8.72	8.82	8.92	9.03	9.13	9.23
22.5	8.25	8.35	8.45	8.55	8.65	8.75	8.85	8.95	9.06	9.16	9.26
23	8.28	8.38	8.48	8.58	8.68	8.78	8.88	8.98	9.09	9.19	9.29
23.5	8.31	8.41	8.51	8.61	8.71	8.81	8.91	9.01	9.11	9.21	9.32
24	8.34	8.44	8.54	8.64	8.74	8.84	8.94	9.04	9.14	9.24	9.34
24.5	8.37	8.47	8.57	8.67	8.77	8.87	8.97	9.07	9.17	9.27	9.38
25	8.40	8.50	8.60	8.70	8.80	8.90	9.00	9.10	9.21	9.31	9.41

Abgelesene Temp. in C.°	Abgelesene (d. i. scheinbare) Stärke in Gewichts-%										
	9 %	9.1 %	9.2 %	9.3 %	9.4 %	9.5 %	9.6 %	9.7 %	9.8 %	9.9 %	10 %
	Wirkliche Stärke in Gewichtsprozenten										
0	8.54	8.64	8.73	8.83	8.93	9.03	9.12	9.22	9.32	9.41	9.51
5	8.60	8.70	8.79	8.89	8.99	9.09	9.19	9.29	9.38	9.48	9.58
5.5	8.67	8.71	8.80	8.90	9.00	9.10	9.20	9.30	9.39	9.49	9.59
6	8.62	8.71	8.81	8.91	9.01	9.11	9.21	9.31	9.40	9.50	9.60
6.5	8.63	8.72	8.82	8.92	9.02	9.12	9.22	9.32	9.41	9.51	9.61
7	8.63	8.73	8.83	8.93	9.03	9.13	9.23	9.33	9.42	9.52	9.62
7.5	8.65	8.75	8.85	8.94	9.04	9.14	9.24	9.34	9.44	9.54	9.64
8	8.66	8.76	8.86	8.96	9.06	9.16	9.26	9.35	9.45	9.55	9.65
8.5	8.68	8.78	8.87	8.97	9.07	9.17	9.27	9.37	9.47	9.57	9.67
9	8.69	8.79	8.89	8.99	9.09	9.19	9.28	9.38	9.48	9.58	9.68
9.5	8.70	8.80	8.90	9.00	9.10	9.20	9.30	9.40	9.50	9.60	9.70
10	8.72	8.82	8.92	9.02	9.12	9.21	9.31	9.41	9.51	9.61	9.71
10.5	8.73	8.83	8.93	9.03	9.13	9.23	9.33	9.43	9.53	9.63	9.73
11	8.75	8.85	8.95	9.05	9.15	9.24	9.34	9.44	9.54	9.64	9.74
11.5	8.76	8.86	8.96	9.06	9.16	9.26	9.36	9.46	9.56	9.66	9.76
12	8.78	8.88	8.98	9.08	9.18	9.27	9.37	9.47	9.57	9.67	9.77
12.5	8.79	8.89	8.99	9.09	9.19	9.29	9.39	9.49	9.59	9.69	9.79
13	8.81	8.91	9.01	9.11	9.21	9.30	9.40	9.50	9.60	9.70	9.80
13.5	8.83	8.93	9.03	9.13	9.23	9.32	9.42	9.52	9.62	9.72	9.82
14	8.85	8.95	9.05	9.15	9.24	9.34	9.44	9.54	9.64	9.74	9.84
14.5	8.87	8.97	9.07	9.17	9.27	9.37	9.47	9.57	9.67	9.77	9.87
15	8.89	8.99	9.09	9.19	9.29	9.39	9.49	9.59	9.69	9.79	9.89
15.5	8.91	9.01	9.11	9.21	9.31	9.41	9.51	9.61	9.71	9.81	9.91
16	8.93	9.03	9.13	9.23	9.33	9.43	9.53	9.63	9.73	9.83	9.93
16.5	8.95	9.05	9.15	9.25	9.35	9.45	9.55	9.65	9.75	9.85	9.95
17	8.97	9.07	9.17	9.27	9.37	9.47	9.57	9.67	9.77	9.87	9.97
17.5	9.00	9.10	9.20	9.30	9.40	9.50	9.60	9.70	9.80	9.90	10.00
18	9.02	9.12	9.22	9.32	9.42	9.52	9.62	9.72	9.82	9.92	10.02
18.5	9.04	9.14	9.24	9.34	9.44	9.54	9.64	9.74	9.84	9.94	10.05
19	9.07	9.17	9.27	9.37	9.47	9.57	9.67	9.77	9.87	9.97	10.07
19.5	9.09	9.19	9.29	9.39	9.49	9.59	9.69	9.79	9.89	9.99	10.10
20	9.12	9.22	9.82	9.42	9.52	9.62	9.72	9.82	9.92	10.02	10.12
20.5	9.15	9.25	9.35	9.45	9.55	9.65	9.75	9.85	9.95	10.05	10.15
21	9.18	9.28	9.38	9.48	9.58	9.68	9.78	9.88	9.98	10.08	10.18
21.5	9.20	9.30	9.40	9.50	9.60	9.70	9.80	9.90	10.00	10.10	10.21
22	9.23	9.33	9.43	9.53	9.68	9.78	9.83	9.93	10.03	10.13	10.23
22.5	9.26	9.36	9.46	9.56	9.66	9.76	9.86	9.96	10.06	10.16	10.26
23	9.29	9.39	9.49	9.59	9.69	9.79	9.89	9.99	10.09	10.19	10.29
23.5	9.32	9.42	9.52	9.62	9.72	9.82	9.92	10.02	10.12	10.22	10.32
24	9.34	9.45	9.55	9.65	9.75	9.85	9.95	10.05	10.15	10.25	10.35
24.5	9.38	9.48	9.58	9.68	9.78	9.88	9.98	10.08	10.18	10.28	10.38
25	9.41	9.51	9.61	9.71	9.81	9.91	10.01	10.11	10.21	10.81	10.41

Abgelesene Temp. in C.°	Abgelesene (d. i. scheinbare) Stärke in Gewichts-% 10 %	10.1 %	10.2 %	10.3 %	10.4 %	10.5 %	10.6 %	10.7 %	10.8 %	10.9 %	11 %
	Wirkliche Stärke in Gewichtsprozenten										
0	9.51	9.61	9.71	9.80	9.90	10.00	10.10	10.19	10.29	10.39	10.49
5	9.58	9.68	9.78	9.88	9.97	10.07	10.17	10.27	10.37	10.47	10.56
5.5	9.59	9.69	9.79	9.89	9.98	10.08	10.18	10.28	10.38	10.48	10.58
6	9.60	9.70	9.80	9.90	9.99	10.09	10.19	10.29	10.39	10.49	10.59
6.5	9.61	9.71	9.81	9.91	10.01	10.10	10.20	10.30	10.40	10.50	10.60
7	9.62	9.72	9.82	9.92	10.02	10.12	10.21	10.31	10.41	10.51	10.61
7.5	9.64	9.73	9.83	9.93	10.03	10.13	10.23	10.33	10.43	10.53	10.63
8	9.65	9.75	9.85	9.95	10.05	10.15	10.24	10.34	10.44	10.54	10.64
8.5	9.67	9.76	9.86	9.96	10.06	10.16	10.26	10.36	10.46	10.56	10.66
9	9.68	9.78	9.88	9.98	10.08	10.18	10.27	10.37	10.47	10.57	10.67
9.5	9.70	9.79	9.89	9.99	10.09	10.19	10.29	10.39	10.49	10.59	10.69
10	9.71	9.81	9.91	10.01	10.11	10.21	10.31	10.41	10.50	10.60	10.70
10.5	9.73	9.82	9.92	10.02	10.12	10.22	10.32	10.42	10.52	10.62	10.72
11	9.74	9.84	9.94	10.04	10.14	10.24	10.34	10.44	10.54	10.63	10.73
11.5	9.76	9.85	9.95	10.05	10.15	10.25	10.35	10.45	10.55	10.65	10.75
12	9.77	9.87	9.97	10.07	10.17	10.27	10.37	10.47	10.57	10.67	10.77
12.5	9.79	9.88	9.98	10.08	10.18	10.28	10.38	10.48	10.58	10.68	10.78
13	9.80	9.90	10.00	10.10	10.20	10.30	10.40	10.50	10.60	10.70	10.80
13.5	9.82	9.92	10.02	10.12	10.22	10.32	10.42	10.52	10.62	10.72	10.82
14	9.84	9.94	10.04	10.14	10.24	10.34	10.44	10.54	10.64	10.74	10.84
14.5	9.87	9.96	10.06	10.16	10.26	10.36	10.46	10.56	10.66	10.76	10.86
15	9.89	9.99	10.09	10.19	10.29	10.39	10.49	10.59	10.69	10.79	10.89
15.5	9.91	10.01	10.11	10.21	10.31	10.41	10.51	10.61	10.71	10.81	10.91
16	9.93	10.03	10.13	10.23	10.33	10.43	10.53	10.63	10.73	10.83	10.93
16.5	9.95	10.05	10.15	10.25	10.35	10.45	10.55	10.65	10.75	10.85	10.95
17	9.97	10.07	10.17	10.27	10.37	10.47	10.57	10.67	10.77	10.87	10.97
17.5	10.00	10.10	10.20	10.30	10.40	10.50	10.60	10.70	10.80	10.90	11.00
18	10.02	10.12	10.22	10.32	10.42	10.52	10.62	10.72	10.82	10.92	11.02
18.5	10.05	10.15	10.25	10.35	10.45	10.55	10.65	10.75	10.85	10.95	11.05
19	10.07	10.17	10.27	10.37	10.47	10.57	10.67	10.77	10.87	10.97	11.07
19.5	10.10	10.20	10.30	10.40	10.50	10.60	10.70	10.80	10.90	11.00	11.10
20	10.12	10.22	10.32	10.42	10.52	10.62	10.72	10.82	10.92	11.02	11.12
20.5	10.15	10.25	10.35	10.45	10.55	10.65	10.75	10.85	10.95	11.05	11.15
21	10.18	10.28	10.38	10.48	10.58	10.68	10.78	10.88	10.98	11.08	11.18
21.5	10.21	10.31	10.41	10.51	10.61	10.71	10.81	10.91	11.01	11.11	11.21
22	10.23	10.33	10.43	10.53	10.63	10.73	10.83	10.93	11.03	11.13	11.23
22.5	10.26	10.36	10.46	10.56	10.66	10.76	10.86	10.96	11.06	11.16	11.26
23	10.29	10.39	10.49	10.59	10.69	10.79	10.89	10.99	11.09	11.19	11.29
23.5	10.32	10.42	10.52	10.62	10.72	10.82	10.92	11.02	11.12	11.22	11.32
24	10.35	10.45	10.55	10.65	10.75	10.85	10.95	11.05	11.15	11.25	11.35
24.5	10.38	10.48	10.58	10.68	10.78	10.88	10.98	11.08	11.18	11.28	11.38
25	10.41	10.51	10.61	10.71	10.81	10.91	11.01	11.11	11.21	11.31	11.42

Abgelesene Temp. in C.°	Abgelesene (d. i. scheinbare) Stärke in Gewichts-%										
	11 %	11.1 %	11.2 %	11.3 %	11.4 %	11.5 %	11.6 %	11.7 %	11.8 %	11.9 %	12 %
	Wirkliche Stärke in Gewichtsprozenten										
0	10.49	10.58	10.68	10.78	10.88	10.97	11.07	11.17	11.27	11.36	11.46
5	10.56	10.66	10.76	10.86	10.96	11.06	11.16	11.26	11.35	11.45	11.55
5.5	10.58	10.67	10.77	10.87	10.97	11.07	11.17	11.27	11.36	11.46	11.56
6	10.59	10.68	10.78	10.88	10.98	11.08	11.18	11.28	11.38	11.47	11.57
6.5	10.60	10.70	10.79	10.89	10.99	11.09	11.19	11.29	11.39	11.49	11.59
7	10.61	10.71	10.81	10.91	11.00	11.10	11.20	11.30	11.40	11.50	11.60
7.5	10.63	10.72	10.82	10.92	11.02	11.12	11.22	11.32	11.42	11.52	11.61
8	10.64	10.74	10.84	10.94	11.04	11.14	11.23	11.33	11.43	11.53	11.63
8.5	10.66	10.75	10.85	10.95	11.05	11.15	11.25	11.35	11.45	11.55	11.65
9	10.67	10.77	10.87	10.97	11.07	11.17	11.26	11.36	11.46	11.56	11.66
9.5	10.69	10.79	10.89	10.98	11.08	11.18	11.28	11.38	11.48	11.58	11.68
10	10.70	10.80	10.90	11.00	11.10	11.20	11.30	11.40	11.50	11.60	11.69
10.5	10.72	10.82	10.92	11.02	11.12	11.21	11.31	11.41	11.51	11.61	11.71
11	10.73	10.83	10.98	11.03	11.13	11.23	11.33	11.43	11.53	11.63	11.73
11.5	10.75	10.84	10.94	11.04	11.14	11.24	11.34	11.44	11.54	11.64	11.74
12	10.77	10.86	10.96	11.06	11.16	11.26	11.36	11.46	11.56	11.66	11.76
12.5	10.78	10.88	10.98	11.08	11.18	11.28	11.38	11.48	11.58	11.68	11.78
13	10.80	10.90	11.00	11.10	11.20	11.30	11.40	11.49	11.59	11.69	11.79
13.5	10.82	10.92	11.02	11.12	11.22	11.32	11.42	11.52	11.62	11.72	11.82
14	10.84	10.94	11.04	11.14	11.24	11.34	11.44	11.54	11.64	11.74	11.84
14.5	10.86	10.96	11.06	11.16	11.26	11.36	11.46	11.56	11.66	11.76	11.86
15	10.89	10.99	11.09	11.19	11.29	11.39	11.49	11.59	11.69	11.79	11.89
15.5	10.91	11.01	11.11	11.21	11.31	11.41	11.51	11.61	11.71	11.81	11.91
16	10.93	11.03	11.13	11.23	11.33	11.43	11.53	11.63	11.73	11.83	11.93
16.5	10.95	11.05	11.15	11.25	11.35	11.45	11.55	11.65	11.75	11.85	11.95
17	10.97	11.07	11.17	11.27	11.37	11.47	11.57	11.67	11.77	11.87	11.97
17.5	11.00	11.10	11.20	11.30	11.40	11.50	11.60	11.70	11.80	11.90	12.00
18	11.02	11.12	11.22	11.32	11.42	11.52	11.62	11.72	11.82	11.92	12.02
18.5	11.05	11.15	11.25	11.35	11.45	11.55	11.65	11.75	11.85	11.95	12.05
19	11.07	11.17	11.27	11.37	11.47	11.57	11.67	11.77	11.87	11.97	12.07
19.5	11.10	11.20	11.30	11.40	11.50	11.60	11.70	11.80	11.90	12.00	12.10
20	11.12	11.22	11.32	11.42	11.52	11.62	11.72	11.82	11.92	12.02	12.12
20.5	11.15	11.25	11.35	11.45	11.55	11.65	11.75	11.85	11.95	12.05	12.15
21	11.18	11.28	11.38	11.48	11.58	11.68	11.78	11.88	11.98	12.08	12.18
21.5	11.21	11.31	11.41	11.51	11.61	11.71	11.81	11.91	12.01	12.11	12.21
22	11.23	11.33	11.43	11.53	11.63	11.73	11.83	11.93	12.04	12.14	12.24
22.5	11.26	11.36	11.46	11.56	11.66	11.76	11.86	11.97	12.07	12.17	12.27
23	11.29	11.39	11.49	11.59	11.69	11.80	11.90	12.00	12.10	12.20	12.30
23.5	11.32	11.42	11.52	11.62	11.72	11.83	11.93	12.03	12.13	12.23	12.33
24	11.35	11.46	11.56	11.66	11.76	11.86	11.96	12.06	12.16	12.26	12.36
24.5	11.39	11.49	11.59	11.69	11.79	11.89	11.99	12.09	12.19	12.29	12.39
25	11.42	11.52	11.62	11.72	11.82	11.92	12.02	12.12	12.22	12.32	12.42

Abgelesene Temp. in C.°	Abgelesene (d. i. scheinbare) Stärke in Gewichts-%										
	12 %	12.1 %	12 2 %	12.3 %	12.4 %	12.5 %	12.6 %	12.7 %	12.8 %	12.9 %	13 %
	Wirkliche Stärke in Gewichtsprozenten										
0	11.46	11.56	11.66	11.75	11.85	11.95	12.05	12.15	12.24	12.34	12.44
5	11.55	11.65	11.75	11.84	11.94	12.04	12.14	12.24	12.34	12.43	12.53
5.5	11.56	11.66	11.76	11.86	11.96	12.06	12.15	12.25	13.35	12.45	12.54
6	11 57	11.67	11.77	11.87	11.97	12.07	12.16	12.26	12.36	12.46	12.56
6.5	11.59	11.69	11.78	11.88	11.98	12.08	12.18	12.28	12.38	12.47	12.57
7	11.60	11.70	11.79	11.89	11.99	12.09	12.19	12.29	12.39	12.48	12.58
7.5	11.61	11.71	11.81	11.91	12.01	12.11	12.21	12.31	12.41	12.50	12.60
8	11.63	11.73	11.83	11.93	12.03	12.13	12.22	12.32	12.42	12.52	12.62
8.5	11.65	11.75	11.85	11.94	12.04	12.14	12.24	12.34	12.44	12.54	12.64
9	11.66	11.76	11.86	11.96	12.06	12.16	12.25	12.35	12.45	12.55	12.65
9.5	11.68	11.78	11.88	11.98	12.07	12.17	12.27	12.37	12.47	12.57	12.67
10	11.69	11.79	11.89	11.99	12.09	12.19	12.29	12.39	12.49	12.59	12.69
10.5	11.71	11.81	11.91	12.01	12.11	12.21	12.31	12.41	12.50	12.60	12.70
11	11.73	11.83	11.93	12.03	12.13	12.23	12.32	12.42	12.52	11.62	12.72
11.5	11.74	11.84	11.94	12.04	12.14	12.24	12.34	12.44	12.54	12.64	12.74
12	11.76	11.86	11.96	12.06	12.16	12.26	12.36	12.46	12.56	12.66	12.76
12.5	11.78	11.88	11.98	12.08	12.18	12.28	12.37	12.47	12.57	12.67	12.77
13	11.79	11.89	11.99	12.09	12.19	12.29	12.39	12.49	12.59	12.69	12.79
13.5	11.82	11.91	12.01	12.11	12.21	12.31	12.41	12.51	12.61	12.71	12.81
14	11.84	11.94	12.04	12.14	12.24	12.34	12.44	12.54	12.63	12.73	12.83
14.5	11.86	11.96	12.06	12.16	12.26	12.36	12.46	12.56	12.66	12.76	12.86
15	11.89	11.99	12.09	12.19	12.29	12.39	12.49	12.59	12.68	12.78	12.88
15.5	11.91	12.01	12.11	12.21	12.31	12.41	12.51	12.61	12.70	12.80	12.90
16	11.93	12.03	12.13	12.23	12.33	12.43	12.53	12.63	12.72	12.82	12.92
16.5	11.95	12.05	12.15	12.25	12.35	12.45	12.55	12.65	12.75	12.85	12.95
17	11.97	12.07	12.17	12.27	12.37	12.47	12.57	12.67	12.77	12.87	12.97
17.5	12.00	12.10	12.20	12.30	12.40	12.50	12.60	12.70	12.80	12.90	13.00
18	12.02	12.12	12.22	12.32	12.42	12.52	12.62	12.72	12.82	12.92	13.02
18.5	12.05	12.15	12.25	12.35	12.45	12.55	12.65	12.75	12.85	12.95	13.05
19	12.07	12.17	12.27	12.37	12.47	12.57	12.67	12.77	12.87	12.97	13.07
19.5	12.10	12.20	12.30	12.40	12.50	12.60	12.70	12.80	12.90	13.00	13.10
20	12.12	12.22	12.32	12.42	12.52	12.63	12.73	12.83	12.93	13.03	13.13
20.5	12.15	12.25	12.35	12.45	12.55	12.66	12.76	12.86	12.96	13.06	13.16
21	12.18	12.28	12.38	12.48	12.58	12.69	12.79	12.89	12.99	13.09	13.19
21.5	12.21	12.31	12.41	12.51	12.61	12.71	12.81	12.91	13.01	13.11	13.21
22	12.24	12.34	12.44	12.54	12.64	12.74	12.84	12.94	13.04	13.14	13.24
22.5	12.27	12.37	12.47	12.57	12.67	12.77	12.87	12.97	13.07	13.17	13.27
23	12.30	12.40	12.50	12.60	12.70	12.80	12.90	13.00	13.10	13.20	13.30
23.5	12.33	12.43	12.53	12.63	12.73	12.83	12.93	13.03	13.13	13.23	13.33
24	12.36	12.46	12.56	12.66	12.76	12.86	12.96	13.06	13.16	13.26	13.37
24.5	12.39	12.49	12.59	12.69	12.79	12.89	12.99	13.09	13.19	13.29	13.40
25	12.42	12.52	12.62	12.72	12.82	12.92	13.02	13.12	13.22	13.32	13.43

Abgelesene Temp. in C.°	Abgelesene (d. i. scheinbare) Stärke in Gewichts-%										
	13 %	13.1 %	13.2 %	13.3 %	13.4 %	13.5 %	13.6 %	13.7 %	13.8 %	13.9 %	14 %
	Wirkliche Stärke in Gewichtsprozenten										
0	12.44	12.53	12.63	12.73	12.83	12.92	13.02	13.12	13.22	13.32	13.41
5	12.53	12.63	12.73	12.83	12.93	13.02	13.12	13.22	13.32	13.42	13.52
5.5	12.54	12.64	12.74	12.84	12.94	13.04	13.14	13.23	13.33	13.43	13.53
6	12.56	12.66	12.75	12.85	12.95	13.05	13.15	13.25	13.35	13.44	13.54
6.5	12.57	12.67	12.77	12.87	12.97	13.07	13.16	13.26	13.36	13.46	13.56
7	12.58	12.68	12.78	12.88	12.98	13.08	13.17	13.27	13.37	13.47	13.57
7.5	12.60	12.70	12.80	12.90	13.00	13.10	13.19	13.29	13.39	13.49	13.59
8	12.62	12.72	12.82	12.92	13.02	13.12	13.21	13.31	13.41	13.51	13.61
8.5	12.64	12.74	12.84	12.93	13.03	13.13	13.23	13.33	13.43	13.53	13.63
9	12.65	12.75	12.85	12.95	13.05	13.15	13.24	13.34	13.44	13.54	13.64
9.5	12.67	12.77	12.87	12.97	13.07	13.16	13.26	13.36	13.46	13.56	13.66
10	12.69	12.79	12.89	12.98	13.08	13.18	13.28	13.38	13.48	13.58	13.68
10.5	12.70	12.80	12.90	13.00	13.10	13.20	13.30	13.40	13.50	13.60	13.70
11	12.72	12.82	12.92	13.02	13.12	13.22	13.32	13.42	13.52	13.62	13.72
11.5	12.74	12.84	12.94	13.04	13.14	13.24	13.34	13.44	13.54	13.64	13.73
12	12.76	12.86	12.95	13.05	13.15	13.25	13.35	13.45	13.55	13.65	13.75
12.5	12.77	12.87	12.97	13.07	13.17	13.27	13.37	13.47	13.57	13.67	13.77
13	12.79	12.89	12.99	13.09	13.19	13.29	13.39	13.49	13.59	13.69	13.79
13.5	12.81	12.91	13.01	13.11	13.21	13.31	13.41	13.51	13.61	13.71	13.81
14	12.83	12.93	13.03	13.13	13.23	13.33	13.43	13.53	13.63	13.73	13.83
14.5	12.86	12.96	13.06	13.16	13.26	13.36	13.46	13.56	13.66	13.76	13.86
15	12.88	12.98	13.08	13.18	13.28	13.38	13.48	13.58	13.68	13.78	13.88
15.5	12.90	13.00	13.10	13.20	13.30	13.40	13.50	13.60	13.70	13.80	13.90
16	12.92	13.02	13.12	13.22	13.32	13.42	13.52	13.62	13.72	13.82	13.92
16.5	12.95	13.05	13.15	13.25	13.35	13.45	13.55	13.65	13.75	13.85	13.95
17	12.97	13.07	13.17	13.27	13.37	13.47	13.57	13.67	13.77	13.87	13.97
17.5	13.00	13.10	13.20	13.30	13.40	13.50	13.60	13.70	13.80	13.90	14.00
18	13.02	13.12	13.22	13.32	13.42	13.52	13.62	13.72	13.82	13.92	14.02
18.5	13.05	13.15	13.25	13.35	13.45	13.55	13.65	13.75	13.85	13.95	14.05
19	13.07	13.17	13.27	13.37	13.47	13.57	13.67	13.77	13.87	13.97	14.07
19.5	13.10	13.20	13.30	13.40	13.50	13.60	13.70	13.80	13.90	14.00	14.10
20	13.13	13.23	13.33	13.43	13.53	13.63	13.73	13.83	13.93	14.03	14.13
20.5	13.16	13.26	13.36	13.46	13.56	13.66	13.76	13.86	13.96	14.06	14.16
21	13.19	13.29	13.39	13.49	13.59	13.69	13.79	13.89	13.99	14.09	14.19
21.5	13.21	13.31	13.41	13.51	13.61	13.71	13.81	13.91	14.01	14.11	14.22
22	13.24	13.34	13.44	13.54	13.64	13.74	13.84	13.94	14.04	14.14	14.24
22.5	13.27	13.37	13.47	13.57	13.67	13.77	13.87	13.97	14.07	14.17	14.27
23	13.30	13.40	13.50	13.60	13.70	13.80	13.90	14.00	14.11	14.21	14.31
23.5	13.33	13.43	13.53	13.63	13.73	13.84	13.94	14.04	14.14	14.24	14.34
24	13.37	13.47	13.57	13.67	13.77	13.87	13.97	14.07	14.17	14.27	14.37
24.5	13.40	13.50	13.60	13.70	13.80	13.90	14.00	14.10	14.20	14.30	14.40
25	13.43	13.53	13.63	13.73	13.83	13.93	14.03	14.13	14.23	14.33	14.43

Abgelesene Temp. in C.°	Abgelesene (d. i. scheinbare) Stärke in Gewichts-% 14 %	14.1 %	14.2 %	14.3 %	14.4 %	14.5 %	14.6 %	14.7 %	14.8 %	14.9 %	15 %
	Wirkliche Stärke in Gewichtsprozenten										
0	13.41	13.51	13.61	13.70	13.80	13.90	14.00	14.09	14.19	14.29	14.39
5	13.52	13.62	13.72	13.81	13.91	14.01	14.11	14.20	14.30	14.40	14.50
5.5	13.53	13.63	13.73	13.83	13.92	14.02	14.12	14.22	14.32	14.42	14.52
6	13.54	13.64	13.74	13.84	13.94	14.04	14.13	14.23	14.33	14.43	14.53
6.5	13.56	13.66	13.76	13.86	13.96	14.05	14.15	14.25	14.35	14.45	14.55
7	13.57	13.67	13.77	13.87	13.97	14.06	14.16	14.26	14.36	14.46	14.56
7.5	13.59	13.69	13.79	13.89	13.99	14.08	14.18	14.28	14.38	14.48	14.58
8	13.61	13.71	13.81	13.91	14.01	14.10	14.20	14.30	14.40	14.50	14.60
8.5	13.63	13.73	13.83	13.93	14.02	14.12	14.22	14.32	14.42	14.52	14.62
9	13.64	13.74	13.84	13.94	14.04	14.14	14.23	14.33	14.43	14.53	14.63
9.5	13.66	13.76	13.86	13.96	14.06	14.16	14.25	14.35	14.45	14.55	14.65
10	13.68	13.78	13.88	13.98	14.08	14.17	14.27	14.37	14.47	14.57	14.67
10.5	13.70	13.80	13.90	13.99	14.09	14.19	14.29	14.39	14.49	14.59	14.69
11	13.72	13.82	13.92	14.01	14.11	14.21	14.31	14.41	14.51	14.61	14.71
11.5	13.73	13.83	13.93	14.03	14.13	14.23	14.33	14.43	14.53	14.63	14.73
12	13.75	13.85	13.95	14.05	14.15	14.25	14.35	14.45	14.55	14.65	14.75
12.5	13.77	13.87	13.97	14.07	14.17	14.27	14.37	14.47	14.57	14.67	14.77
13	13.79	13.89	13.99	14.09	14.19	14.29	14.39	14.49	14.59	14.69	14.79
13.5	13.81	13.91	14.01	14.11	14.21	14.31	14.41	14.51	14.61	14.71	14.81
14	13.83	13.93	14.08	14.13	14.23	14.33	14.43	14.53	14.63	14.73	14.83
14.5	13.86	13.96	14.06	14.16	14.26	14.36	14.46	14.56	14.66	14.76	14.86
15	13.88	13.98	14.08	14.18	14.28	14.38	14.48	14.58	14.68	14.78	14.88
15.5	13.90	14.00	14.10	14.20	14.30	14.40	14.50	14.60	14.70	14.80	14.90
16	13.92	14.02	14.12	14.22	14.32	14.42	14.52	14.62	14.72	14.82	14.92
16.5	13.95	14.05	14.15	14.25	14.35	14.45	14.55	14.65	14.75	14.85	14.95
17	13.97	14.07	14.17	14.27	14.37	14.47	14.57	14.67	14.77	14.87	14.97
17.5	14.00	14.10	14.20	14.30	14.40	14.50	14.60	14.70	14.80	14.90	15.00
18	14.02	14.12	14.22	14.32	14.42	14.52	14.62	14.72	14.82	14.92	15.02
18.5	14.05	14.15	14.25	14.35	14.45	14.55	14.65	14.75	14.85	14.95	15.05
19	14.07	14.17	14.27	14.37	14.47	14.57	14.67	14.77	14.87	14.97	15.07
19.5	14.10	14.20	14.30	14.40	14.50	14.60	14.70	14.80	14.90	15.00	15.10
20	14.13	14.23	14.33	14.43	14.53	14.63	14.73	14.83	14.93	15.03	15.13
20.5	14.16	14.26	14.36	14.46	14.56	14.66	14.76	14.86	14.96	15.06	15.16
21	14.19	14.29	14.39	14.49	14.59	14.69	14.79	14.89	14.99	15.09	15.19
21.5	14.22	14.32	14.42	14.52	14.62	14.72	14.82	14.92	15.02	15.12	15.22
22	14.24	14.34	14.44	14.54	14.65	14.75	14.85	14.95	15.05	15.15	15.25
22.5	14.27	14.37	14.47	14.57	14.68	14.78	14.88	14.98	15.08	15.18	15.28
23	14.31	14.41	14.51	14.61	14.71	14.81	14.91	15.01	15.11	15.21	15.31
23.5	14.34	14.44	14.54	14.64	14.74	14.84	14.94	15.04	15.14	15.24	15.34
24	14.37	14.47	14.57	14.67	14.77	14.87	14.97	15.07	15.17	15.27	15.38
24.5	14.40	14.50	14.60	14.70	14.80	14.90	15.00	15.10	15.20	15.30	15.41
25	14.45	14.58	14.63	14.73	14.83	14.93	15.03	15.13	15.23	15.33	15.44

Abgelesene Temp. in C.°	Abgelesene (d. i. scheinbare) Stärke in Gewichts-%										
	15 %	15.1 %	15.2 %	15.3 %	15.4 %	15.5 %	15.6 %	15.7 %	15.8 %	15.9 %	16 %
	Wirkliche Stärke in Gewichtsprozenten										
0	14.39	14.49	14.59	14.68	14.78	14.88	14.98	15.08	15.17	15.27	15.37
5	14.50	14.60	14.70	14.80	14.89	14.99	15.09	15.19	15.29	15.39	15.48
5.5	14.52	14.61	14.71	14.82	14.91	15.01	15.11	15.21	15.31	15.41	15.50
6	14.53	14.63	14.73	14.83	14.92	15.02	15.12	15.22	15.32	15.42	15.52
6.5	14.55	14.64	14.74	14.84	14.94	15.04	15.14	15.24	15.34	15.44	15.54
7	14.56	14.66	14.76	14.86	14.96	15.05	15.15	15.25	15.35	15.45	15.55
7.5	14.58	14.68	14.78	14.88	14.98	15.07	15.17	15.27	15.37	15.47	15.57
8	14.60	14.70	14.80	14.90	15.00	15.10	15.19	15.29	15.39	15.49	15.59
8.5	14.62	14.71	14.81	14.91	15.01	15.11	15.21	15.31	15.41	15.51	15.61
9	14.63	14.73	14.83	14.93	15.03	15.13	15.23	15.33	15.42	15.52	15.62
9.5	14.65	14.75	14.85	14.95	15.05	15.15	15.25	15.35	15.44	15.54	15.64
10	14.67	14.77	14.87	14.97	15.07	15.17	15.27	15.37	15.46	15.56	15.66
10.5	14.69	14.79	14.89	14.99	15.09	15.18	15.28	15.38	15.48	15.58	15.68
11	14.71	14.81	14.91	15.01	15.11	15.21	15.31	15.40	15.50	15.60	15.70
11.5	14.73	14.83	14.93	15.03	15.13	15.23	15.33	15.42	15.52	15.62	15.72
12	14.75	14.84	14.94	15.04	15.14	15.24	15.34	15.44	15.54	15.64	15.74
12.5	14.77	14.86	14.96	15.06	15.16	15.26	15.36	15.46	15.56	15.66	15.76
13	14.79	14.88	14.98	15.08	15.18	15.28	15.88	15.48	15.58	15.68	15.78
13.5	14.81	14.91	15.01	15.11	15.21	15.81	15.41	15.51	15.61	15.71	15.81
14	14.83	14.93	15.03	15.13	15.23	15.33	15.43	15.53	15.63	15.73	15.83
14.5	14.86	14.95	15.05	15.15	15.25	15.35	15.45	15.55	15.65	15.75	15.85
15	14.88	14.98	15.08	15.18	15.28	15.38	15.48	15.58	15.68	15.78	15.88
15.5	14.90	15.00	15.10	15.20	15.30	15.40	15.50	15.60	15.70	15.80	15.90
16	14.92	15.02	15.12	15.22	15.32	15.42	15.52	15.62	15.72	15.82	15.92
16.5	14.95	15.05	15.15	15.25	15.35	15.45	15.54	15.64	15.74	15.84	15.94
17	14.97	15.07	15.17	15.27	15.37	15.47	15.57	15.67	15.77	15.87	15.97
17.5	15.00	15.10	15.20	15.30	15.40	15.50	15.60	15.70	15.80	15.90	16.00
18	15.02	15.13	15.23	15.33	15.43	15.53	15.63	15.73	15.83	15.93	16.03
18.5	15.05	15.15	15.25	15.35	15.45	15.56	15.65	15.75	15.85	15.95	16.05
19	15.07	15.18	15.28	15.38	15.48	15.58	15.68	15.78	15.88	15.98	16.08
19.5	15.10	15.20	15.80	15.40	15.50	15.60	15.70	15.80	15.90	16.00	16.10
20	15.13	15.23	15.33	15.43	15.53	15.63	15.73	15.83	15.93	16.03	16.13
20.5	15.16	15.26	15.36	15.46	15.56	15.66	15.76	15.86	15.96	16.06	16.16
21	15.19	15.29	15.39	15.49	15.59	15.69	15.79	15.89	15.99	16.09	16.19
21.5	15.22	15.32	15.42	15.52	15.62	15.72	15.82	15.92	16.02	16.12	16.22
22	15.25	15.35	15.45	15.55	15.65	15.75	15.85	15.95	16.05	16.15	16.25
22.5	15.28	15.38	15.48	15.58	15.68	15.78	15.88	15.98	16.08	16.18	16.28
23	15.31	15.41	15.51	15.61	15.71	15.81	15.91	16.01	16.11	16.21	16.31
23.5	15.34	15.44	15.54	15.64	15.74	15.84	15.94	16.05	16.15	16.25	16.35
24	15.38	15.48	15.58	15.68	15.78	15.88	15.98	16.08	16.18	16.28	16.38
24.5	15.41	15.51	15.61	15.71	15.81	15.91	16.01	16.11	16.21	16.31	16.41
25	15.44	15.54	15.64	15.74	15.84	15.94	16.04	16.14	16.24	16.34	16.44

Abgelesene Temp. in C.°	Abgelesene (d. i. scheinbare) Stärke in Gewichts-%										
	16 %	16.1 %	16.2 %	16.3 %	16.4 %	16.5 %	16.6 %	16.7 %	16.8 %	16.9 %	17 %
	Wirkliche Stärke in Gewichtsprozenten										
0	15.37	15.47	15.56	15.66	15.76	15.86	15.96	16.05	16.15	16.25	16.35
5	15.48	15.58	15.68	15.78	15.88	15.98	16.08	16.18	16.27	16.37	16.47
5.5	15.50	15.60	15.69	15.79	15.89	15.99	16.09	16.19	16.29	16.39	16.49
6	15.52	15.62	15.71	15.81	15.91	16.01	16.11	16.21	16.31	16.41	16.51
6.5	15.54	15.64	15.73	15.83	15.93	16.03	16.13	16.23	16.33	16.43	16.53
7	15.55	15.65	15.75	15.85	15.95	16.05	16.14	16.24	16.34	16.44	16.54
7.5	15.57	15.67	15.77	15.87	15.97	16.07	16.16	16.26	16.36	16.46	16.56
8	15.59	15.69	15.79	15.89	15.99	16.09	16.18	16.28	16.38	16.48	16.58
8.5	15.61	15.71	15.81	15.91	16.00	16.10	16.20	16.30	16.40	16.50	16.60
9	15.62	15.72	15.82	15.92	16.02	16.12	16.22	16.32	16.42	16.51	16.61
9.5	15.64	15.74	15.84	15.94	16.04	16.14	16.24	16.34	16.44	16.53	16.63
10	15.66	15.76	15.86	15.96	16.06	16.16	16.26	16.36	16.46	16.56	16.65
10.5	15.68	15.78	15.88	15.98	16.08	16.18	16.28	16.38	16.48	16.58	16.68
11	15.70	15.80	15.90	16.00	16.10	16.20	16.30	16.40	16.50	16.60	16.70
11.5	15.72	15.82	15.92	16.02	16.12	16.22	16.32	16.42	16.52	16.62	16.72
12	15.74	15.84	15.94	16.04	16.14	16.24	16.34	16.44	16.54	16.64	16.74
12.5	15.76	15.86	15.96	16.06	16.16	16.26	16.36	16.46	16.56	16.66	16.76
13	15.78	15.88	15.98	16.08	16.18	16.28	16.38	16.48	16.58	16.68	16.78
13.5	15.81	15.91	16.01	16.11	16.21	16.31	16.41	16.50	16.60	16.70	16.80
14	15.83	15.93	16.03	16.13	16.23	16.33	16.43	16.53	16.63	16.73	16.83
14.5	15.85	15.95	16.05	16.15	16.25	16.35	16.45	16.55	16.65	16.75	16.85
15	15.88	15.98	16.08	16.18	16.28	16.38	16.48	16.58	16.68	16.78	16.88
15.5	15.90	16.00	16.10	16.20	16.30	16.40	16.50	16.60	16.70	16.80	16.90
16	15.92	16.02	16.12	16.22	16.32	16.42	16.52	16.62	16.72	16.82	16.92
16.5	15.94	16.04	16.14	16.24	16.34	16.44	16.54	16.64	16.74	16.84	16.94
17	15.97	16.07	16.17	16.27	16.37	16.47	16.57	16.67	16.77	16.87	16.97
17.5	16.00	16.10	16.20	16.30	16.40	16.50	16.60	16.70	16.80	16.90	17.00
18	16.03	16.13	16.23	16.33	16.43	16.53	16.63	16.73	16.83	16.93	17.03
18.5	16.05	16.15	16.25	16.35	16.45	16.55	16.65	16.75	16.85	16.95	17.05
19	16.08	16.18	16.28	16.38	16.48	16.58	16.68	16.78	16.88	16.98	17.08
19.5	16.10	16.20	16.30	16.40	16.50	16.60	16.70	16.80	16.90	17.00	17.11
20	16.13	16.23	16.33	16.43	16.53	16.63	16.73	16.83	16.93	17.03	17.13
20.5	16.16	16.26	16.36	16.46	16.56	16.66	16.76	16.86	16.96	17.06	17.16
21	16.19	16.29	16.39	16.49	16.59	16.69	16.79	16.89	16.99	17.09	17.19
21.5	16.22	16.32	16.42	16.52	16.62	16.72	16.82	16.92	17.02	17.12	17.22
22	16.25	16.35	16.45	16.55	16.65	16.75	16.85	16.95	17.05	17.15	17.25
22.5	16.28	16.38	16.48	16.58	16.68	16.78	16.88	16.98	17.08	17.18	17.28
23	16.31	16.41	16.51	16.62	16.72	16.82	16.92	17.02	17.12	17.22	17.32
23.5	16.35	16.45	16.55	16.65	16.75	16.85	16.95	17.05	17.15	17.25	17.35
24	16.38	16.48	16.58	16.68	16.78	16.88	16.98	17.08	17.18	17.28	17.39
24.5	16.41	16.51	16.61	16.71	16.81	16.91	17.01	17.11	17.21	17.31	17.42
25	16.44	16.54	16.64	16.74	16.84	16.94	17.04	17.14	17.24	17.34	17.45

Abgelesene Temp. in C.°	Abgelesene (d. i. scheinbare) Stärke in Gewichts-%										
	17 %	17.1 %	17.2 %	17.3 %	17.4 %	17.5 %	17.6 %	17.7 %	17.8 %	17.9 %	18 %
	Wirkliche Stärke in Gewichtsprozenten										
0	16.35	16.45	16.54	16.64	16.74	16.84	16.94	17.04	17.13	17.23	17.33
5	16.47	16.57	16.67	16.77	16.87	16.96	17.06	17.16	17.26	17.30	17.46
5.5	16.49	16.59	16.69	16.79	16.89	16.98	17.08	17.18	17.28	17.38	17.48
6	16.51	16.60	16.70	16.80	15.90	17.00	17.10	17.20	17.30	17.40	17.49
6.5	16.53	16.62	16.72	16.82	16.92	17.02	17.12	17.22	17.32	17.41	17.51
7	16.54	16.64	16.74	16.84	16.94	17.04	17.13	17.23	17.33	17.43	17.53
7.5	16.56	16.66	16.76	16.86	16.96	17.06	17.16	17.26	17.35	17.45	17.55
8	16.58	16.68	16.78	16.88	16.98	17.08	17.17	17.27	17.37	17.47	17.57
8.5	16.60	16.70	16.80	16.90	16.99	17.09	17.19	17.29	17.39	17.49	17.59
9	16.61	16.71	16.81	16.91	17.01	17.11	17.21	17.31	17.41	17.51	17.61
9.5	16.63	16.73	16.83	16.93	17.03	17.13	17.23	17.33	17.43	17.53	17.63
10	16.65	16.75	16.85	16.95	17.05	17.15	17.25	17.35	17.45	17.55	17.65
10.5	16.68	16.77	16.87	16.97	17.07	17.17	17.27	17.37	17.47	17.57	17.67
11	16.70	16.79	16.89	16.99	17.09	17.19	17.29	17.39	17.49	17.59	17.69
11.5	16.72	16.81	16.91	17.01	17.11	17.21	17.31	17.41	17.51	17.61	17.71
12	16.74	16.83	16.93	17.03	17.13	17.23	17.33	17.43	17.53	17.63	17.73
12.5	16.76	16.86	16.96	17.06	17.16	17.26	17.36	17.45	17.55	17.65	17.75
13	16.78	16.88	16.98	17.08	17.18	17.28	17.38	17.48	17.58	17.68	17.78
13.5	16.80	16.90	17.00	17.10	17.20	17.30	17.40	17.50	17.60	17.70	17.80
14	16.83	16.93	17.03	17.13	17.23	17.33	17.43	17.52	17.62	17.72	17.82
14.5	16.85	16.95	17.05	17.15	17.25	17.35	17.45	17.55	17.65	17.75	17.85
15	16.88	16.98	17.08	17.18	17.28	17.38	17.47	17.57	17.67	17.77	17.87
15.5	16.90	17.00	17.10	17.20	17.30	17.40	17.49	17.59	17.69	17.79	17.89
16	16.92	17.02	17.12	17.22	17.32	17.42	17.52	17.62	17.71	17.81	17.91
16.5	16.94	17.04	17.14	17.24	17.34	17.44	17.54	17.64	17.74	17.84	17.94
17	16.97	17.07	17.17	17.27	17.37	17.47	17.57	17.67	17.77	17.87	17.97
17.5	17.00	17.10	17.20	17.30	17.40	17.50	17.60	17.70	17.80	17.90	18.00
18	17.03	17.13	17.23	17.33	17.43	17.53	17.63	17.73	17.83	17.93	18.03
18.5	17.05	17.15	17.25	17.35	17.45	17.55	17.65	17.75	17.85	17.95	18.05
19	17.08	17.18	17.28	17.38	17.48	17.58	17.68	17.78	17.88	17.98	18.08
19.5	17.11	17.21	17.31	17.41	17.51	17.61	17.71	17.81	17.91	18.01	18.11
20	17.13	17.23	17.33	17.43	17.53	17.64	17.74	17.84	17.94	18.04	18.14
20.5	17.16	17.26	17.36	17.46	17.56	17.67	17.77	17.87	17.97	18.07	18.17
21	17.19	17.29	17.39	17.49	17.59	17.70	17.80	17.90	18.00	18.10	18.20
21.5	17.22	17.32	17.42	17.52	17.62	17.72	17.82	17.92	18.02	18.12	18.23
22	17.25	17.35	17.45	17.55	17.65	17.75	17.85	17.95	18.05	18.15	18.26
22.5	17.28	17.38	17.48	17.59	17.69	17.79	17.89	17.99	18.09	18.16	18.29
23	17.32	17.42	17.52	17.62	17.72	17.82	17.92	18.02	18.12	18.25	18.32
23.5	17.35	17.45	17.55	17.65	17.75	17.85	17.95	18.05	18.16	18.29	18.36
24	17.39	17.49	17.59	17.69	17.79	17.89	17.99	18.09	18.19	18.22	18.39
24.5	17.42	17.52	17.62	17.72	17.82	17.92	18.02	18.12	18.22	18.32	18.42
25	17.45	17.55	17.65	17.75	17.85	17.95	18.05	18.15	18.25	18.39	18.45

Abgelesene Temp. in C.°	Abgelesene (d. i. scheinbare) Stärke in Gewichts-%										
	18 %	18.1 %	18.2 %	18.3 %	18.4 %	18.5 %	18.6 %	18.7 %	18.8 %	18.9 %	19 %
	Wirkliche Stärke in Gewichtsprozenten										
0	17.33	17.43	17.58	17.63	17.72	17.82	17.92	18.01	18.11	18.21	18.31
5	17.46	17.56	17.66	17.75	17.85	17.95	18.05	18.15	18.25	18.35	18.44
5.5	17.48	17.57	17.67	17.77	17.87	17.97	18.07	18.17	18.27	18.36	18.46
6	17.49	17.59	17.69	17.79	17.89	17.99	18.09	18.19	18.28	18.38	18.48
6.5	17.51	17.61	17.71	17.81	17.91	18.01	18.11	18.21	18.31	18.40	18.50
7	17.53	17.63	17.73	17.83	17.93	18.03	18.12	18.22	18.32	18.42	18.52
7.5	17.55	17.65	17.75	17.85	17.95	18.05	18.14	18.24	17.34	18.44	18.54
8	17.57	17.67	17.77	17.87	17.97	18.07	18.16	18.26	18.36	18.46	18.56
8.5	17.59	17.69	17.79	17.89	17.99	18.09	18.18	18.28	18.38	18.48	18.58
9	17.61	17.71	17.81	17.90	18.00	18.10	18.20	18.30	18.40	18.50	18.60
9.5	17.63	17.73	17.83	17.92	18.02	18.12	18.22	18.32	18.42	18.52	18.62
10	17.65	17.75	17.85	17.94	18.04	18.14	18.24	18.34	18.44	18.54	18.64
10.5	17.67	17.77	17.87	17.97	18.07	18.16	18.26	18.36	18.46	18.56	18.66
11	17.69	17.79	17.89	17.99	18.09	18.19	18.29	18.39	18.49	18.59	18.69
11.5	17.71	17.81	17.91	18.01	18.11	18.21	18.31	18.41	18.51	18.61	18.71
12	17.73	17.83	17.93	18.03	18.13	18.23	18.33	18.43	18.53	18.63	18.73
12.5	17.75	17.85	17.95	18.05	18.15	18.25	18.35	18.45	18.55	18.65	18.75
13	17.78	17.88	17.98	18.08	18.18	18.27	18.37	18.47	18.57	18.67	18.77
13.5	17.80	17.90	18.00	18.10	18.20	18.30	18.40	18.50	15.60	18.70	18.80
14	17.82	17.92	18.02	18.12	18.22	18.32	18.42	18.52	18.62	18.72	18.82
14.5	17.85	17.95	18.05	18.15	18.25	18.35	18.45	18.55	18.65	18.75	18.85
15	17.87	17.97	18.07	18.17	18.27	18.37	18.47	18.57	18.67	18.77	18.57
15.5	17.89	17.99	18.09	18.19	18.29	18.39	18.49	18.59	18.69	18.79	18.89
16	17.91	18.01	18.11	18.21	18.31	18.41	18.51	18.61	18.71	18.81	18.91
16.5	17.94	18.04	18.14	18.24	18.34	18.44	18.54	18.64	18.74	18.84	18.94
17	17.97	18.07	18.17	18.27	18.37	18.47	18.57	18.67	18.77	18.87	18.97
17.5	18.00	18.10	18.20	18.30	18.40	18.50	18.60	18.70	18.80	18.90	19.00
18	18.03	18.13	18.23	18.33	18.43	18.53	18.63	18.78	18.83	18.93	19.03
18.5	18.05	18.15	18.25	18.35	18.45	18.55	18.65	18.75	18.85	18.95	19.05
19	18.08	18.18	18.28	18.38	18.48	18.58	18.68	18.78	18.88	18.98	19.08
19.5	18.11	18.21	18.31	18.41	18.51	18.61	18.71	18.81	18.91	19.01	19.11
20	18.14	18.24	18.34	18.44	18.54	18.64	18.74	18.84	18.94	19.04	19.14
20.5	18.17	18.27	18.37	18.47	18.57	18.67	18.77	18.87	18.97	19.07	19.17
21	18.20	18.30	18.40	18.50	18.60	18.70	18.80	18.90	19.00	19.10	19.20
21.5	18.23	18.33	18.43	18.53	18.63	18.78	18.83	18.93	19.03	19.13	19.23
22	18.26	18.36	18.46	18.56	18.66	18.76	18.86	18.96	19.06	19.16	19.26
22.5	18.29	18.39	18.49	18.59	18.69	18.79	18.89	18.99	19.09	19.19	19.30
23	18.32	18.42	18.52	18.62	18.72	18.82	18.92	19.02	19.13	19.23	19.33
23.5	18.36	18.46	18.56	18.66	18.76	18.86	18.96	19.06	19.16	19.26	19.36
24	18.39	18.49	18.59	18.69	18.79	18.89	18.99	19.09	19.19	19.29	19.40
24.5	18.42	18.52	18.62	18.72	18.82	18.92	19.02	19.12	19.22	19.32	19.43
25	18.45	18.55	18.65	18.75	18.85	18.95	19.05	19.15	19.25	19.35	19.46

Abgelesene Temp. in C.°	Abgelesene (d. i. scheinbare) Stärke in Gewichts-%										
	19 %	19.1 %	19.2 %	19.3 %	19.4 %	19.5 %	19.6 %	19.7 %	19.8 %	19.9 %	20 %
	Wirkliche Stärke in Gewichtsprozenten										
0	18.31	18.41	18.51	18.61	18.70	18.80	18.90	19.00	19.09	19.19	19.29
5	18.44	18.54	18.64	18.74	18.84	18.94	19.04	19.13	19.23	19.33	19.43
5.5	18.46	18.56	18.66	18.76	18.86	18.96	19.06	19.15	19.25	19.35	19.45
6	18.48	18.58	18.68	18.78	18.88	18.98	19.08	19.17	19.27	19.37	19.47
6.5	18.50	18.60	18.70	18.80	18.90	19.00	19.10	19.19	19.29	19.39	19.49
7	18.52	18.62	18.72	18.82	18.92	19.02	19.11	19.21	19.31	19.41	19.51
7.5	18.54	18.64	18.74	18.84	18.94	19.04	19.13	19.23	19.33	19.43	19.53
8	18.56	18.66	18.76	18.86	18.96	19.06	19.15	19.25	19.35	19.45	19.55
8.5	18.58	18.68	18.78	18.88	18.98	19.08	19.17	19.27	19.37	19.47	19.57
9	18.60	18.70	18.80	18.90	19.00	19.10	19.19	19.29	19.39	19.49	19.59
9.5	18.62	18.72	18.82	18.92	19.02	19.12	19.21	19.31	19.41	19.51	19.61
10	18.64	18.74	18.84	18.94	19.04	19.14	19.23	19.33	19.43	19.53	19.63
10.5	18.66	18.76	18.86	18.96	19.06	19.16	19.26	19.36	19.46	19.56	19.66
11	18.69	18.79	18.89	18.98	19.08	19.18	19.28	19.38	19.48	19.58	19.68
11.5	18.71	18.81	18.91	19.00	19.10	19.20	19.30	19.40	19.50	19.60	19.70
12	18.73	18.83	18.93	19.02	19.12	19.22	19.32	19.42	19.52	19.62	19.72
12.5	18.75	18.85	18.95	19.05	19.15	19.25	19.35	19.45	19.55	19.65	19.75
13	18.77	18.87	18.97	19.07	19.17	19.27	19.37	19.47	19.57	19.67	19.77
13.5	18.80	18.90	19.00	19.10	19.20	19.30	19.40	19.50	19.60	19.70	19.80
14	18.82	18.92	19.02	19.12	19.22	19.32	19.42	19.52	19.62	19.72	19.82
14.5	18.85	18.95	19.05	19.15	19.25	19.35	19.45	19.55	19.65	19.75	19.85
15	18.87	18.97	19.07	19.17	19.27	19.37	19.47	19.57	19.67	19.77	19.87
15.5	18.89	18.99	19.09	19.19	19.29	19.39	19.49	19.59	19.69	19.79	19.89
16	18.91	19.01	19.11	19.21	19.31	19.41	19.51	19.61	19.71	19.81	19.91
16.5	18.94	19.04	19.14	19.24	19.34	19.44	19.54	19.64	19.74	19.84	19.94
17	18.97	19.07	19.17	19.27	19.37	19.47	19.57	19.67	19.77	19.87	19.97
17.5	19.00	19.10	19.20	19.30	19.40	19.50	19.60	19.70	19.80	19.90	20.00
18	19.03	19.13	19.23	19.33	19.43	19.53	19.63	19.73	19.83	19.93	20.03
18.5	19.05	19.15	19.25	19.35	19.45	19.55	19.65	19.75	19.85	19.95	20.05
19	19.08	19.18	19.28	19.38	19.48	19.58	19.68	19.78	19.88	19.98	20.08
19.5	19.11	19.21	19.31	19.41	19.51	19.61	19.71	19.81	19.91	20.01	20.11
20	19.14	19.24	19.34	19.44	19.54	19.64	19.74	19.84	19.94	20.04	20.14
20.5	19.17	19.27	19.37	19.47	19.57	19.67	19.77	19.87	19.97	20.07	20.17
21	19.20	19.30	19.40	19.50	19.60	19.70	19.80	19.90	20.00	20.10	20.20
21.5	19.23	19.33	19.43	19.53	19.63	19.73	19.83	19.93	20.03	20.13	20.23
22	19.26	19.36	19.46	19.56	19.66	19.76	19.86	19.96	20.06	20.16	20.26
22.5	19.29	19.39	19.49	19.59	19.69	19.79	19.89	19.99	20.09	20.19	20.30
23	19.33	19.43	19.53	19.63	19.73	19.83	19.93	20.03	20.13	20.23	20.33
23.5	19.36	19.46	19.56	19.66	19.76	19.86	19.96	20.06	20.16	20.26	20.37
24	19.40	19.50	19.60	19.70	19.80	19.90	20.00	20.10	20.20	20.30	20.40
24.5	19.43	19.53	19.63	19.73	19.83	19.93	20.03	20.13	20.23	20.33	20.43
25	19.46	19.56	19.66	19.76	19.86	19.96	20.06	20.16	20.26	20.36	20.46

Anhang III.

Allgemeines Ausschreiben der K. Generaldirektion der Zölle und indirekten Steuern vom 21. Juli 1911 Nr. 24691 a Saccharometer betr.

Um bei den Bierwürzeuntersuchungen eine tunlichste Übereinstimmung zwischen den auf aräometrischem Wege mittels der amtlichen Saccharometer und den mit dem Pyknometer erzielten Ergebnissen herbeizuführen, hat das K. Staatsministerium der Finanzen mit Entschließung vom 14. Juli 1911 Nr. 21816 genehmigt, daß die Saccharometeranzeige bis auf weiteres am Kapillaritätsmeniskus nicht unten sondern oben abgelesen wird.

Demgemäß ist künftig die Angabe der amtlichen Saccharometer — an Stelle des in § 70 Absatz 7 der Malzaufschlag-Ausführungsbestimmungen vorgeschriebenen Verfahrens — nicht an derjenigen Linie abzulesen, in welchen der Flüssigkeitsspiegel die Spindel schneidet, sondern am oberen Rande des kleinen Flüssigkeitswulstes, der sich um die Spindel bildet. Liegt die Ablesungslinie zwischen zwei Skalenstrichen, so ist die niedrigere Anzeige zu wählen. In der gleichen Weise ist seitens der Brauer bei der Benützung von Saccharometern zu verfahren, die von der K. Normaleichungs-Kommission geeicht sind oder die zwar noch von den Brauereiversuchsanstalten geprüft worden sind, aber von den amtlichen Saccharometern um mehr als 0,1 v. H. abweichen. Brauer, die noch von den Brauereiversuchsanstalten geprüfte und von den amtlichen Saccharometern um mehr als 0,1 v. H. abweichende Saccharometer fortbenützen, haben nach wie vor die Ablesung am unteren Rande des kleinen Flüssigkeitswulstes vorzunehmen, der sich um die Spindel bildet; hierbei ist — soweit nicht durch die verschiedene Art der Ablesung der Unterschied gegenüber den amtlichen Saccharometern auf 0,1 v. H. oder weniger zurückgeführt wird — die im Allgemeinen Ausschreiben vom 21. Februar 1911 Nr. 7546 Ia, Saccharometer betr. (Amtsblatt Seite 87), vorgeschriebene Berichtigung vorzunehmen.

Anhang IV.

Anleitung zur Festsetzung des Schwundes der Brauereien.

Kgl. General-Direktion der Zölle und indirekten Steuern.

Die Festsetzung eines Schwundes einer Brauerei, d. i. der Gesamtverlust vom Ausschlagen der Würze aus der Sudpfanne bis zum Abfüllen des Bieres im Lagerkeller (MAAusfBest. § 71 Abs. 3) ist von besonderer Wichtigkeit, weil von der zuverlässigen Feststellung des Schwundes die richtige Ermittelung der erzeugten Biermenge und der zu einem Hektoliter Bier verwendeten Malzmenge abhängt, was namentlich für die an der Bierausfuhr beteiligten Brauereien und die Berechnung der Malzaufschlagrückvergütung von großer Bedeutung ist.

Nach den neueren wissenschaftlichen Beobachtungen und praktischen Erfahrungen darf angenommen werden, daß der Schwund in den verschiedenen Brauereibetrieben in der Regel zwischen 14—26 v H. der heißen Ausschlagwürze schwankt und sich in nachstehender Weise zusammensetzt:

1.	Zusammenziehung der heißen Würze durch Abkühlung und Würzeverdrängung durch den Hopfen	4— 4 v. H.
2.	Verdunstung	5— 9 v. H.
3.	Verlust durch Hopfen- und Kühlgeläger und Benetzung	1— 3 v. H.
4.	Verlust vom Gärkeller bis zum Ausstoß	4—10 v. H.
	zusammen	14—26 v. H.

Im allgemeinen kann als Anhaltspunkt dienen, daß der Gesamtschwund

in sehr guten Betrieben nicht mehr als	16 v. H.
in guten Betrieben „ „ „	18 „ „
in mittelmäßigen Betrieben „ „ „	20 „ „
in schlechten Betrieben mehr als . .	20 „ „

der heißen Ausschlagwürze beträgt. Bei der Unterscheidung der Brauereien ist sowohl die Brauereieinrichtung als die Betriebsleitung und die mehr oder minder sorgsame Arbeitsweise zu berücksichtigen. Keinesfalls kann die Größe des Betriebs für sich allein als ein genügend zuverlässiges Unterscheidungsmerkmal erachtet werden.

Der unter Ziffer 1 angegebene Schwund durch Zusammenziehen der heißen Würze und Würzeverdrängung durch den Hopfen ist für alle Brauereien gleich; er stellt eine einfache Volumenveränderung mit gleichbleibendem Extrakt der Würze dar.

Der unter Ziffer 2 bezeichnete Schwund durch Verdunstung bedeutet ebenfalls keinen Extraktverlust, sondern nur einen Wasserverlust und ist abhängig von der Art und Zeitdauer der Abkühlung der heißen Würze.

Brauereien, welche zum Abkühlen der heißen Würze besondere Kühlapparate benützen, haben einen geringeren Verdunstungsschwund als Brauereien, welche die Würze sehr lange auf dem Kühlschiff stehen lassen. Bei Brauereien, welche ohne Kühlschiff arbeiten, scheidet der Schwund durch Verdunstung in der Regel fast ganz aus.

Den besten Anhaltspunkt zur Beurteilung des durch Verdunstung entstandenen Schwundes bietet der Vergleich der Saccharometeranzeigen der Ausschlag- und der Anstellwürze bei + 17,5 ° C; je größer der Unterschied zwischen diesen beiden Anzeigen ist, desto größer muß auch der Verdunstungsschwund sein, da die Würze im gleichen Verhältnis der Wasserverdunstung extraktreicher wird.

Der Verdunstungsschwund läßt sich deshalb aus der Menge der Ausschlagwürze und dem Extraktgehalt der Ausschlag- und Anstellwürze unter Benützung der Hilfstafel zur Berechnung der Ausbeute an Extrakt aus der Ausschlagwürze (Anlage C der MAAusfBest.) berechnen. Bedeutet V den Verdunstungsschwund in Hundertteilen, F_1 den der Saccharometeranzeige der Ausschlagwürze und F_2 den der Saccharometeranzeige der Anstellwürze entsprechenden Faktor aus vorbezeichneter Anlage C Spalte 1 und 3) so ist $V = 96 \cdot \frac{F_2 - F_1}{F_2}$.

Der Verlust durch Hopfen- und Kühlgeläger kann durch Auspressen nach vorherigem Übergießen mit heißem

Wasser sowie durch Ausspritzen des Hopfens und Verwendung von Trubsäcken, noch mehr aber durch Benützung von Filter- oder Trubpressen wesentlich vermindert und sehr wohl bis auf 1 v. H. herabgedrückt werden.

Der Schwund vom Gärkeller bis zum Ausstoß kann durch Auspressen des Vor- und Unterzeugs sowie des Zeugs und des Faßgelägers ebenfalls erheblich vermindert werden, besonders aber auch durch sorgfältiges Arbeiten beim Abfüllen des Bieres. Eine weitere Abminderung dieses Verlustes haben diejenigen Brauereien zu verzeichnen, welche ohne Fuhrfaß arbeiten und ihr Bier durch eine Rohrleitung aus den Gärbottichen direkt in den Lagerkeller überführen können. Bei sehr gutem Betrieb kann man vom Anstellen der Würze im Gärkeller bis zum Ausstoß mit einem Verlust von 4--5 v. H. rechnen; bei gutem bis mittlerem Betrieb beträgt dieser Verlust 6—8 v. H., bei schlechtem Betrieb über 8—10 v. H.

Zur Herbeiführung eines gleichheitlichen Verfahrens bei Festsetzung der Schwundsätze erscheint es angezeigt, für jeden Steueramts-, Oberkontroll- und Hauptzollamtsbezirk Übersichten nach dem anliegenden Muster über die Feststellung der Schwundsätze für die einzelnen Brauereien und die hierfür in Betracht kommenden Anhaltspunkte anzufertigen. Die Übersichten der Hauptzollämter sind alle 3 Jahre jeweils mit den Malzaufschlagbüchern und -Belegen des 3. Vierteljahres der K. Generaldirektion zur Einsichtnahme vorzulegen.

Übersicht

über

die Feststellung der Schwundsätze

für die Brauereien

im Bezirke

des K. Steueramts ..

der K. Steuer-/Grenz- Oberkontrolle

des K. Hauptzollamts . ...

Bemerkung:

In Spalte 5 ist anzugeben, ob der Betrieb als ein sehr guter, guter, mittelmäßiger oder schlechter anzusehen ist.

[Seite 2]

Lfd. Nr.	Name des Brauereibesitzers	Ort der Brauerei	Gesamtmalzverbrauch im Vorjahre dz	Art des Betriebes	der erzeugten Biersorten			Art und Zeitdauer der Abkühlung der Würze
					Art	durchschnittlicher Extraktgehalt der Ausschlag- Würze im Vorjahre	durchschnittlicher Extraktgehalt der Anstell- Würze im Vorjahre	
1	2	3	4	5	6	7	8	9

[Seite 3]

Wird: a) der Hopfen, b) das Kühlgeläger, c) das Gärgeläger, d) das Faßgeläger ausgepreßt?	Werden Fuhrfässer zum Lagerkeller benützt?	Schwundsatz nach		Wurde hiergegen Beschwerde eingelegt?	Endgültig festgesetzter Schwundsatz	Bemerkungen
		dem Antrag des Oberkontrolleurs oder Steueramtsvorstandes	der hauptamtlichen Festsetzung			
10	11	12	13	14	15	16

Alphabetisches Sachregister.

(Die Zahlen bedeuten die Seiten).

B.

Buchert, Karl, Rat d. K. b. Verwaltungsgerichtshofes.

Sammlung in der Praxis oft angewandter Verwaltungsgesetze nebst einer Anzahl derartiger Verordnungen ꝛc. für Bayern. 3. Aufl. gr. 8°. 1590 S. 1911. In Leinen geb. Mk. 12.50

Harster, Dr. Theodor, Regierungsassessor bei der Polizeidirektion in München und Cassimir, Dr. Joseph, Oberregierungsrat im Bayer. Verkehrsministerium.

Kommentar zum Bayer. Wassergesetz. Mit zahlr. Abbild. Lex. 8°. (XV, 922 S.). 1908. In Ganzleinen geb. Mk. 19.50

Kutzer, Th., Oberbürgermeister der Stadt Fürth i. B.

Das bayerische Heimatrecht, systematisch dargestellt und durch Beispiele erläutert. gr. 8°. (620 S.). 1905. In Ganzl. geb. Mk. 10.—

Fischer, Dr. Karl H., Rechtsrat in Nürnberg.

Lindner-Haucks Bayerische Gemeindeordnung für die Landesteile diesseits des Rheins nebst dem Gemeindewahlgesetz, dem Umlagengesetz und der Gemeindewahlordnung. 4. gänzl. neubearb. Auflage. gr. 8°. Geb. ca. Mk. 8.50

═ Erscheint in Lieferungen. ═

Frank, A., Amtsrichter in München.

Sammlung der ortspolizeilichen Vorschriften der K. Polizeidirektion München. gr. 8°. (XII, 226 S.). Geb. Mk. 4.—

Sammlung von Gesetzen, Verordnungen und Ministerialerlassen strafrechtlichen Inhalts für bayer. Polizeiorgane. 2. Aufl. 8°. (418 S.). 1910. kart. Mk. 4.—

Schiedermair, J., Landgerichtsrat in München.

Die strafrechtlichen Nebengesetze Bayerns. Erläutert. Lex. 8°. XII, 937 S. Geb. Mk. 21.—

Müller, Dr. Ernst, Oberl.-Ger.-Rat, M. d. R. u. des Bayr. Landtags und Schmid, Dr. Gg., Regierungsassessor in Stuttgart.

Das Vereinsgesetz mit den Vollzugsvorschriften der Bundesstaaten. 8° (XII, 399 S.). 1909. In Leinen gebunden Mk. 7.—

Reindl, Dr. Max, Oberregierungsrat im Bayer. Verkehrsministerium

Kommentar zum Beamtengesetz. gr. 8°. Im Erscheinen. Liefrg. 1/7 Art. (1—161). Mk. 13.30
Schlußlieferung erscheint im Laufe des Jahres 1912. (Komplett etwa Mk. 16.—).

J. Schweitzer Verlag (Arthur Sellier) München u. Berlin.

FSC
www.fsc.org
MIX
Papier | Fördert gute Waldnutzung
FSC® C083411

Kolibri 360 GmbH
Ferdinand-Jühlke-Straße 7
99095 Erfurt, Deutschland
produktsicherheit@kolibri360.de